샘터 자녀교육 전문가 시리즈 · 3

시들시들한 글이 싱싱하게 살아나는 글쓰기 지도

아이가 하고 싶은 말을 효과적으로 표현하도록 돕는
갈래별 글쓰기

유준재 1976년 서울에서 태어나 홍익대학교에서 섬유미술을 공부하였습니다.
〈누가 더 높은 곳에서 뛰어내릴까?〉로 그림책 작업을 시작하게 되었고, 〈화성에 간 내 동생〉〈황소 아저씨〉
〈단군신화〉〈고대 이집트〉 등에 그림을 그렸습니다. 현재 대학원에서 시각디자인을 공부하고 있습니다.
www.greengireen.net

시들시들한 글이 싱싱 하게 살아나는 글쓰기 지도

 아이가 하고 싶은 말을 효과적으로 표현하도록 돕는
갈래별 글쓰기

1판 1쇄 펴냄 2006년 1월 15일
1판 10쇄 펴냄 2015년 4월 15일

글쓴이 이가령
그린이 유준재
펴낸이 김성구

제작 신태섭 | **마케팅** 최윤호 손기주 송영호 차안나 | **관리** 김현영

인쇄 서진인쇄 | **제본** 대흥제책 | **용지** 월드페이퍼

펴낸곳 (주)샘터사
등록 2001년 10월 15일 제1-2923호
주소 서울 종로구 대학로 116(110-809)
전화 아동서팀 (02)763-8963 마케팅부 (02)763-8966
팩스 (02)3672-1873
e-mail kidsbook@isamtoh.com

ⓒ글 이가령, 그림 유준재 2006
ISBN 978-89-464-1435-8 14370   ISBN 978-89-464-1432-7 (세트)

• 이 도서의 국립중앙도서관 출판시도서목록(CIP)은 e-CIP 홈페이지(http://www.nl.go.kr/cip.php)에서
  이용하실 수 있습니다. (CIP제어번호 : CIP2005002902)
• 샘터 1% 나눔 실천 샘터는 모든 책 인세의 1%를 '샘터파랑새기금'으로 조성하여 아름다운재단의 소년소녀 가장 주거비로 기부하고 있습니다.
  2014년까지 6,300여만 원을 아름다운재단에 기부하였으며, 앞으로도 샘터의 모든 책은 1% 나눔 실천을 계속할 것입니다.

샘터 자녀교육 전문가 시리즈 · 3

시들시들한 글이 싱싱하게 살아나는 글쓰기 지도

아이가 하고 싶은 말을 효과적으로 표현하도록 돕는
갈래별 글쓰기

이가령 글

샘터

책 머리에
하고 싶은 말을 분명하게 전하기 위해

　그 동안 글쓰기와 관련해 여러 가지 이론이 연구되어 왔고, 그런 연구들은 글쓰기가 사람의 머릿속에서 어떤 절차로 일어나는지까지 밝혀 냈습니다. 반가운 일이지요. 그러나 안타깝게도 아이들은 여전히 글쓰기를 싫어하고 어려워합니다. 어떻게 하면 즐겁고 재미있게 글을 쓸 수 있을까요?

　이 책은 그런 물음에 대한 답을 궁리하고 실천한 것을 바탕으로 글쓰기 지도에 관심이 있는 선생님과 학부모님께 도움을 드리고자 쓴 것입니다. 원래 〈시들시들한 글이 싱싱하게 살아나는 글쓰기 지도 1〉과 한몸으로 붙어 있던 것인데, 책을 내는 과정에서 내용과 분량을 고려하여 두 권으로 나누어 내게 되었습니다. 그 가운데 갈래별 글쓰기를 중심으로 이 책을 엮었습니다. (글쓰기 교육과 학년별 중심의 글쓰기 지도 방법은 1권에서 다룹니다.)

　아이들 글쓰기를 지도하면서 갈래를 굳이 나눌 필요가 있는가? 하고 묻는 사람도 있습니다. 물론 아이들은 그저 즐겁게, 머리에 떠오르는 대로 글을 쓰면 그만입니다. 그러면서 차츰 자신이 말하고자 하는 바를 똑똑하게 전달하는 글쓰기로 나아가면 되는 것입니다.

　하지만 자신이 말하고자 하는 바를 분명하게 전달하기 위해서는 그 말에 알맞은 갈래를 찾아 글을 쓰는 것이 도움이 됩니다. 갈래별 글의 특징을 잘 알면 자기가 말하고자 하는 내용을 훨씬 선명하게 전달할 수 있거든요. 아울러 초등 교과 과정에서 논술을 어떻게 다루어야 할지에 대해서도 생각해 보았습니다.

　오늘날 '논술'이라는 말은 좋든 싫든 우리 교육을 말하면서 누구나 한마디씩 하는 단어가 되었습니다. 얼마 전 어떤 분이 그 동안 아이들과 글쓰기 공부를 해 왔는데, 이번 방학에는 '논리 트기'라는 제목으로 아이들을 모집하기로 했다고 합니다. 그래야 논술을 대비하게 하는 느낌도 들고 논리적인 글을 쓰게 할 것도 같은 느낌이 들기 때문이라는 것이었습니다.

   그런데 더 큰 문제는 이와 비슷한 생각을 하는 사람들이 너무 많다는 데 있습니다. 교육의 중심에 아이들이 있는 것이 맞는 일일 텐데, 이렇게 말도 안 되는 일을 '교육'이라는 미명 아래 저지르고 있으니까요. 이 책이 논술의 우상을 깨는 데 겨자씨만큼의 도움이라도 되었으면 좋겠습니다. 귀한 글을 보내 주신 나명희, 박미애, 조용명 선생님께도 감사의 마음을 전합니다.

   이 책에는 아이들의 글이 많이 나옵니다. 저와 함께 공부한 아이들의 글도 있지만 다른 선생님과 공부한 아이들의 글도 많이 있습니다. 일일이 밝히지 못하는 점을 죄송하게 생각합니다. 널리 양해해 주시면 감사하겠습니다.

2006년 1월

이가령

 아이가 하고 싶은 말을 효과적으로 표현하도록 돕는
갈래별 글쓰기

차례

책 머리에 하고 싶은 말을 분명하게 전하기 위해 이가령 **004**

제1장 갈래별 글쓰기 지도

갈래별 글쓰기, 어떻게 지도할까? **015**

모든 글의 뿌리가 되는 서사문 쓰기 **019**

서사문이란 어떤 글인가? **019**
서사문 쓰기 지도 **019**

때와 곳을 잘 밝혀 써야 | 자세하고 정확하게 | 일이 일어난 차례대로 | 지금, 그 때의 순으로 쓰기도
본 일, 들은 일도 좋은 글감 | 말로 나타내지 않은 느낌도 살아나게 | 지금 막 겪은 일, 방금 전의 일을 쓴다
꼭 필요한 말로 정확하게 | 느낌을 나타내는 여러 가지 말을 잘 쓰면

 대표적인 글쓰기 방법 **039**

사실을 잘 알 수 있도록 풀이하는 설명문 쓰기 **041**

설명문이란 어떤 글인가? **041**
설명문 쓰기 지도 **043**

내가 잘 아는 사람을 소개한다 | 내가 잘 아는 내 버릇 | 내가 잘 아는 ○○ 만드는 법 | 잘 아는 놀이
내가 잘하는 과목 | 다른 사람이 잘 안 쓰는 글감도 잘 생각해서 쓰면

느낌과 생각을 선명하게 나타내는 감상문 쓰기 057

감상문이란 어떤 글인가? 057
감상문 쓰기 지도 058

나만의 생각을 쓰게 한다 | 감상을 떠올리게 된 자리를 잘 밝혀 쓰게 한다
내 마음이 담긴 생활 속 이야기 | 사회에서 일어난 일에 관심을 갖고 | 자신의 걱정거리를 써 보게 한다
궁금한 일을 써 보게 한다 | 상상한 것을 써 보게 한다 | 영화나 비디오를 감상하고

책 읽은 감동을 고스란히 담아 내는 독후감 쓰기 075

독후감을 쓰기 전에 생각할 것들 076
현재 우리 아이들의 모습 077
독후감 쓰기 지도 077

편안한 마음으로 쓰게 한다 | 만만찮은 줄거리 간추리기, 이렇게 해 보자 | 느낌이 살아 있는 독후감을 쓰려면
'논술식 독후감'이라는 말에 주눅들지 않는다 | 독서 감상문 대상을 받은 작품과 심사평

한·걸·음·더 좋은 책 고르기 106

자세히 보고 본 대로 표현하는 사생문 쓰기 109

사생문이란 어떤 글인가? 109
사생문 쓰기 지도 110

자연 속에서 | 글 쓰는 친구의 모습도 글감으로 | 작은 것도 자세히 보자 | 시장에서 | 관찰글 쓰기

자기 주장을 조리 있게 펼치는 논설문 쓰기 121

논설문이란 어떤 글인가? 121
논설문에 대한 오해 122

논설문과 논술의 관계 | 논설문은 어려운 글? | 논리와 전문 지식

논설문 쓰기 지도 124

주장거리는 어디서 찾을까? | 형식은 나중에, 또렷한 할 말 찾기가 먼저
글을 쓰는 차례를 정하고 형식의 옷을 입힙니다

논술 이야기 137
논술은 어떤 글인가? 137
자신의 '의견'을 적는 글 | 흔히 말하는 독서 과정과 일치하는 것 | 내용을 알아야 의견도 세울 수 있지요
글을 정확하게 읽는 능력이 필수 | 논술을 좀 더 쉽게 재미있게

바람직한 논술 교육의 방향 147
책읽기와 논술의 관계 | 글쓰기와 논술 | 그런데 아이들은 왜 논리적인 글을 못쓰는가?
너무 어렵고 무겁게 가르치는 논술 | 어린이와 논술 | 생활 속에서 찾은 생각거리

한·걸·음·더 생각하는 법 154

짧은 글에 담긴 놀라운 감동, 시 쓰기 157
시가 뭘까? 157
살아 있는 시, 굳어 있는 시 160
자연을 노래한 시 164
실제 지도에서 168

자연을 친구처럼 | 나만의 느낌이 살아나요 | 아름다움을 느끼는 마음 | 머릿속의 생각만으로 말을 만들지 말고
말 없는 사물을 보고 | 도움말 써 주기에 대해 | 계절을 느끼며 | 생활 속의 글감들

한·걸·음·더 관찰하는 것과 관심을 갖는 것 182

제2장 수업 사례

내가 살아온 이야기 쓰기 187
부모님 어렸을 때 이야기 듣고 190
어린이를 살리는 감각 교육 193
〈제랄다와 거인〉을 읽고 199
동물들의 꼬리 자랑_노래극 대본 206
전쟁과 아이들_세상일에 대해 관심 갖기 211
체육 시간 217
중학생의 갈래별 글쓰기 221
책읽기와 내 생각_조용명 선생님 225
보고 듣고 한 것으로 시 쓰기_나명희 선생님 231

부록 | 갈래별 글쓰기 상담 Q&A 237
학년별 추천 도서 257

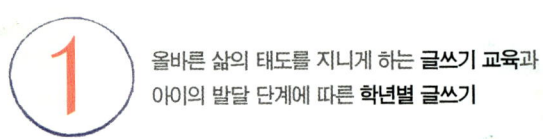

1
올바른 삶의 태도를 지니게 하는 **글쓰기 교육**과
아이의 발달 단계에 따른 **학년별 글쓰기**

차례_미리 보기

책 머리에 글쓰기를 가르치는 까닭 이가령

제1장 이 글을 먼저 읽어 주세요

솔직하게 쓰기의 어려움

삶이 풍요로워야 글도 풍요롭지요
　　일하기 | 둘레에 관심과 애정 갖기 | 몸으로 겪어 보기

어떤 글이 좋은 글일까?
　　마음이 따뜻해져 오는 글 | 실감나게 쓴 글 | 울림을 주는 글
　　자기의 삶을 당당하게 드러낸 글 | 가치 있는 생각, 가치 있는 태도가 드러난 글

지도하기에 앞서 알아 둘 일
　　언제부터 글쓰기를 시작할까? | 글쓰기 준비 작업 몇 가지 | 맞춤법, 너무 걱정 마세요
　　이젠 '꼬꼬'가 아니라 '닭'이라 가르쳐 주세요 | 무엇이든 쓸 수 있다는 믿음을 갖게 해 주세요
　　아이가 '쓰고 싶은' 것을 쓰게 해야

　　한·걸·음·더 글쓰기 지도, 이것만은 지키자

제2장 글쓰기 지도의 실제

단계에 따른 글쓰기 지도
　　쓰기 전 지도 | 쓸 때 지도 | 쓰고 난 후 지도

아이들을 글로 쑥 들어가게 하는 방법
　　내 이야기를 먼저 풀어 놓아라 | 수업에 어려운 '문패'를 달지 마라 | 보기글을 재미있게 읽어 주어라
　　칭찬을 재미있게 해 주어라 | 글쓰기 싫어하는 아이는 유형에 따라 이렇게

글다듬기에 대하여

글 쓰는 힘 키우기
　　"느낌을 더 많이 써 보자."라는 말 대신에 | 아이다움이 살아 있게 | 꾸며내지 않고 사실대로 쓰기
　　자세히 쓰기 | 섬세하게 붙잡아 표현하기

한·걸·음·더 단락 나누기 지도를 어떻게 할까?

제3장 학년별 글쓰기 지도

학년별 글쓰기 지도

취학 전_마주이야기 지도

입말이 글로 나오는 1학년
　　　1학년 아이들의 특성 | 글의 특징 | 1학년, 이 정도는 알게 해 주세요 · 이렇게 지도하세요

글에 조리가 생기기 시작하는 2학년
　　　2학년 아이들의 특성 | 글의 특징 | 2학년, 이 정도는 알게 해 주세요 · 이렇게 지도하세요

관찰 기록문을 쓸 수 있는 3, 4학년
　　　3, 4학년 아이들의 특성 | 글의 특징 | 3, 4학년, 이 정도는 알게 해 주세요 · 이렇게 지도하세요

자기 주장을 또렷하게 담는 5, 6학년
　　　5, 6학년 아이들의 특성 | 글의 특징 | 5, 6학년, 이 정도는 알게 해 주세요 · 이렇게 지도하세요

한·걸·음·더 문장 부호와 원고지 사용법

제4장 수업 사례

겨울 밭에는 무슨 일이 있을까?
우리 가족의 한 해 소망과 다짐
책 읽고 이야기 나누기
봄이 왔어요
신나는 여름 방학, 신나는 우리들 1
신나는 여름 방학, 신나는 우리들 2
목욕_자세하고 정확하게 쓰기
떡먹기 내기_옛이야기 대본
꽃, 풀, 땅, 마을 이름으로 해 본 우리말 공부_나명희 선생님
우리 엄마_박미애 선생님

부록 | 학년별 글쓰기 상담 Q&A
　　　학년별, 월별 글감표

1 갈래별 글쓰기 지도

글쓰기 교육에서 갈래를 나누고 그에 따른 글쓰기 지도를 하는 이유는 무엇일까요? 그것은 아이가 하고 싶은 말을 충분히 잘 전달할 수 있도록 도와 주기 위해서입니다. 하고 싶은 말을 글로 썼을 때, 그것이 충분히 전해질 수도 있지만 적절하게 표현되지 못할 때도 많이 있어요. 사실이나 근거를 차근차근 밝혀 써야 할 글에서 어떻게 써야 할지를 몰라 지나치게 감정만 드러내는 경우도 있지요. 이럴 때는 갈래별 글의 특징이나 쓰는 방법을 함께 공부하여 스스로 갈래에 따른 적절한 글 쓰는 방법을 알게 하는 것이 좋습니다.

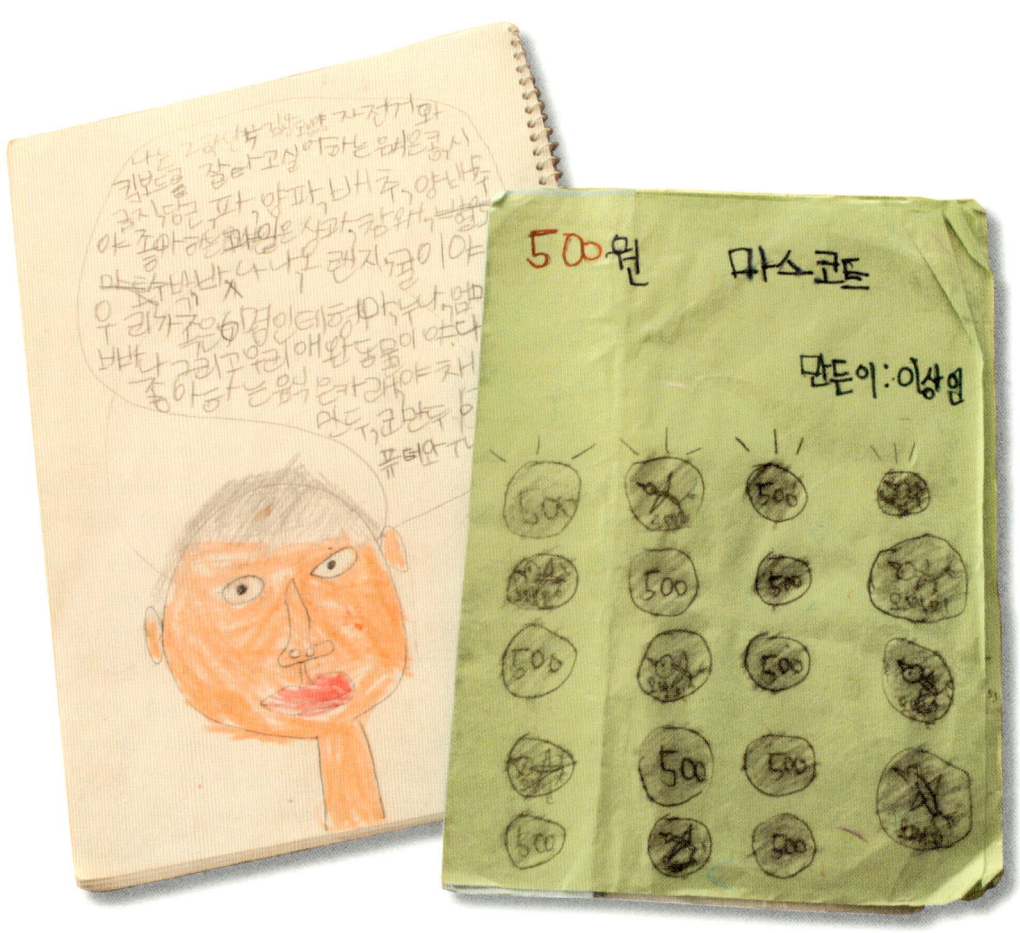

갈래별 글쓰기, 어떻게 지도할까?

일반적으로 갈래는 장르(문예 작품에서 형태상의 다양한 분류)의 개념으로, 시·소설·희곡·평론·수필·동시·동화 따위로 나누어 생각해 왔습니다. 그런데 아이들의 글은 대부분 생활글입니다. 그래서 아이들하고 글쓰기 공부를 할 때는 시·소설·희곡…… 하는 식으로 갈래를 생각하기보다는 생활글을 기본으로 갈래를 나누는 것이 더 좋습니다.

생활글은 자기가 겪은 일을 중심으로 쓰는 글입니다. 따라서 서사문, 설명문, 감상문, 기행문 혹은 시에 이르기까지 다양한 형태로 나타날 수 있어요. 또 자기가 잘 알고 있고, 가장 관심을 가지고 있는 삶의 문제로 글쓰기에 접근할 수 있다는 장점을 가지고 있습니다.

가끔 '생활글은 사변적인 이야기만 늘어놓는 것에 불과해서 큰 가치가 없다.'고 말하는 사람이 있습니다. 물론 글쓰기가 단순한 감정을 표출해 놓은 것이나 단순한 사실을 나열해 놓은 것의 수준을 넘어서 가치 있는 삶의 진실을 말해야 하는 데까지 나아가야 한다는 것은 중요한 일입니다. 그러나 아이들에게 그런 것은 차츰 자라면서 배워 갈 일이고, 지금은 자신이 겪은 것을 차근히 적어 보이면 그만입니다. 즐거워서 글을 쓸 수 있으면 되는 것이지요. 그런 글 가운데서 오히려 어른들을 깨닫게 하는 글도 많이 만날 수 있지 않나요?

요즈음 많은 분들이 갈래를 나누어서 글쓰기 지도를 하고 있어요. 갈래의 특징을 알게 하고 거기에 맞게 글을 쓰도록 하는 일은 아이들이 '기존 문화'에 익숙해지면서 글을 좀 더 쉽게 쓸 수 있도록 도와 주는 방법입니다.

하지만 어떤 점에서 보면 '갈래'란 지도하는 사람의 편의에 의해서 나누어 놓은 것이 아닌가 하는 생각이 들 때도 있어요. 왜냐하면 사람은 누구나 절실하게 할 말이 있으면 갈래에 대해 특별히 배운 적이 없더라도 자기가 쓰기 편한 갈래를 골라서 쓰게 됩니다. 예를 들어 초등 학교 1학년인 예지는 아빠가 집에서 담배를 피우시는 것이 불만스럽고 걱정스러웠습니다. 그래서 이런 글을 썼어요.

> **＊ 우리 아빠**
> 나예지 (대방)
>
> 우리! 아빠는 담배를 많이 펴요. 집에 와서도 담배를 펴요. 그래서 우리! 엄마랑 싸워요. 나는 우리! 아빠가 담배를 안 피면좋겠어요. 아빠 담배 피지! 마세요. 아빠. 담배피면 눈이 아프고요 목도 아파요. 아빠 담배 끊어주세요.

　예지가 절실하게 하고 싶은 말은 "아빠 담배 끊어 주세요."입니다. 아빠에게 호소하는 글이지요. 그렇다면 이 글은 '논설문'으로 볼 수 있겠지요? 논설문은 자기의 의견(주장)을 쓰는 글이고, 그 하위 갈래에는 '호소하는 글'이 있어요. 어떤 갈래의 글을 쓰겠다고 의도한 것은 아니지만, 예지는 이렇게 절실한 쓸 거리가 있어서 거기에 맞는 갈래를 스스로 찾아 낸 것이지요. 대부분 글을 쓰는 사람들에게는 이런 능력이 있다고 볼 수 있습니다. 그리고 글을 쓰면서 꼭 갈래를 구분해서 써야 하는 것도 아니고, 같은 글도 보는 사람에 따라 갈래를 다르게 생각할 수도 있습니다.

　그렇다면 우리는 왜 글쓰기 교육에서 갈래를 나누고 그에 따른 글쓰기 지도를 하는 것일까요? 그것은 아이가 하고 싶은 말을 충분히 잘 전달하도록 해 주기 위해서입니다. 하고 싶은 말을 글로 썼을 때 그것이 충분히 전해질 수도 있지만, 적절하게 표현하지 못할 때도 많이 있습니다. 사실이나 근거를 차근차근 밝혀 써야 할 글에서 어떻게 써야 할지를 몰라 지나치게 감정만 드러내는 경우도 있지요. 저학년들이라면 갈래에 대한 설명 없이 교사가 그때 그때 어떻게 써야 할지 도와 주면 되지만, 고학년들이라면 갈래별 글의

＊ 아이들의 글은 가능한 한 맞춤법, 띄어쓰기를 그대로 옮겼습니다.

특징이나 쓰는 방법을 함께 공부하여 스스로 갈래에 따른 적절한 글 쓰는 방법을 알게 하는 것이 좋습니다. 다시 말하자면 갈래별 글쓰기 지도는 내가 쓰고 싶은 이야기를 어떻게 써야 하는가까지를 알게 하는 공부라 할 수 있습니다.

다만, 갈래별로 글쓰기를 가르칠 때 조금 염두에 두었으면 좋겠다 싶은 것이 있습니다. 갈래별 글쓰기 지도는 글을 또렷하게 쓰는 데 도움이 되는 것은 틀림없지만, 다른 한편으로는 어떤 특정한 갈래의 관습이 글쓰기의 제약으로 작용하기도 한다는 점입니다. 예를 들어 기행문을 쓰려고 할 때 다른 어느 곳에서 읽었던 기행문의 '형식'이 글 쓰는 이에게 긍정으로 작용하는 수도 있지만, 그것이 또 하나의 틀로 인식되어 별 생각 없이 형식에 내용을 맞추는 식의 글쓰기가 될 수도 있다는 것입니다.

글쓰기 교육에서는 가능한 한 제약을 줄이거나 없애 주어 아이들이 자유롭게 자기 표현을 할 수 있도록 도와 주어야겠지요. 그렇다면 기존의 갈래에 맞는 글도 좋지만, 꼭 고정된 갈래를 고집할 것이 아니라 아이들이 글을 쓰면서 그림을 그리거나 사진을 활용하는 것을 허용하는 인식도 필요하지 않을까 생각합니다.

결국 어떤 갈래로 글을 썼느냐, 운문이냐 산문이냐의 문제보다는 얼마만큼 자유롭고 진실한 삶의 내용을 표현했는가가 문제가 되겠지요.

모든 글의 뿌리가 되는 서사문 쓰기

서사문이란 어떤 글인가?

글을 처음 쓰기 시작할 때에는 이야기를 글로 써 보는 것이 좋습니다. 이야기란 겪은 일, 나 또는 남이 한 행동, 주위에서 일어난 사건…… 따위를 들려 주는 것이지요. 이야기는 우리가 살아가는 모습을 보여 주는 것이기에 누구나 말하기도 좋아하고 듣기도 좋아합니다. 그런 이야기들 가운데서 한 토막을 말로 하듯이 글로 적으면 서사문이 됩니다.

서사敍事란 일을 차례대로 펼쳐 놓은 것을 말합니다. 아이들이 쓰는 글은 대부분 서사문입니다. 일기도 서사문이고 견학문도 서사문이고 감상문도 그 뿌리에는 서사문이 있습니다. 서사문 쓰기는 글쓰기 지도에서 가장 힘을 들여야 할 부분입니다. 서사문 쓰기 공부를 제대로 하지 않고는 어떤 갈래의 글도 제대로 쓰기 어렵습니다.

또 어른들이 쓰는 소설이나 동화나 수필도 이 서사문이 발전해서 된 문학의 갈래라고 할 수 있습니다. 이렇듯 서사문 쓰기는 모든 글쓰기의 출발점이 되는 대단히 중요한 일이지요.

서사문 쓰기 지도

서사문은 '본 대로 들은 대로 한 대로 정직하

생활문과 서사문

보통 줄글을 지칭할 때는 '생활문'이라는 말을 많이 씁니다. 생활하면서 있었던 일을 글감으로 해서 쓴 글이니 생활문이라는 말이 틀리지 않습니다.

그러나 생활하면서 있었던 일을 글감으로 해서 서사문을 쓸 수도 있고, 시를 쓸 수도 있고, 감상문을 쓸 수도 있지요. 그렇기 때문에 막연히 생활문이라고 하면 그 범위가 너무 넓어집니다. 마치 우리가 가게에 가서 "사과 주세요." 해야 할 것을 "과일 주세요." 하는 식으로 말하는 것과 같습니다.

그러니 생활문이라고 하는 것보다는 서사문이라고 하는 것이 더 맞는 말입니다. 아이들과 공부할 때는 되도록 쉬운 말로 '겪은 일 쓰기' 정도로 말하는 것이 좋겠습니다.

게' 써야 합니다. 이런 기본 태도를 먼저 갖추고 나서 그 다음에 쓰는 방법을 알아야 할 것입니다.

서사문은 "누가, 언제, 어디서, 무엇을, 어떻게 하여, 어찌 되었다."고 하는 여섯 가지의 '무엇'을 뚜렷하게 밝히는 일입니다. 이 여섯 가지를 제대로 밝히지 못하면 자기가 하고자 하는 말을 또렷하게 전달할 수 없겠지요.

때와 곳을 잘 밝혀 써야

> **핸드폰 소리**
> 임하나 (녹천4)
>
> 사촌 언니와 엄마와 동생과 드림랜드에 갈려고 전철을 탔다.
> 종로 3가에서 "아침 일찍 일어나서~" 핸드폰 소리가 났다.
> 앞에 있던 아저씨가 핸드폰을 받았다.
> 옆에 주무시던 할아버지께서 시끄러워 일어나셨다. 핸드폰은 편리하지만 시끄럽기도 하다.

전철 안에서 마구 울려 대는 핸드폰 소리가 시끄러웠다는 이야기를 하고 있는데 언제 있었던 일인지는 나타나 있지 않습니다.

아이들이 글을 쓰면서 가장 잘 빠뜨리는 것이 '언제'와 '어디서' 입니다. 글 쓰는 자신은 잘 알고 있으니까 안 써도 되겠지 하는 생각때문이기도 하고, 일기를 쓸 때 '나는 오늘'을 쓰지 말라고 지도하는 탓도 있지요. 그러나 글은 자신만 읽으려고 쓰는 것이 아니라는 것을 알고 처음부터 빠짐없이 쓰도록 지도하면 좋겠습니다.

그렇다고 해서 언제나 글 앞머리에 언제, 어디에서를 의식적으로 밝혀야 되는 것은 아니에요. 자기가 한 일을 정확하고 또렷하게 쓰기만 하면 때와 자리가 저절로 드러나게 된답니다.

> ### 트럭 탈 때
> 박미정(6학년)
>
> 막 논에서 오는 길이다. 딸기 싣는 트럭을 타고 왔는데 어떻게 타면 재미있는지 이야기 해 줄게.
>
> 트럭을 탈 때는 뒤에 탈 때가 제일 재미있거든. 뒤에 타도 그냥 앉아 있으면 재미가 없다. 일어서서 딸기 묶는 줄을 잡고 서 있는다. 머리를 풀면 더 재미있다. 차가 속력을 좀 내면 머리카락을 막 휘날리기 때문에 내가 나는 느낌이 난다.
>
> 굴다리 안에 들어갈 때는 앉지 말고 서 봐! 내가 굴다리 만하게 커지는 것 같다니까! 굴다리가 낮으면 앉고.
>
> 가까운 거리로 트럭 탈 땐 꼭 뒤에 타 봐! 진짜 재미있다. 넘어지지 않게 조심해서 타래이!
>
> _〈글쓰기 회보〉에서_

이 글을 읽으면 자연스럽게 언제(방금 전), 어디서(논, 길) 있었던 일인지 알 수 있습니다. 그리고 아주 실감나게 쓰고 있어서 읽는 사람도 달리는 트럭 뒤칸에서 머리카락을 휘날리고 있는 느낌이 듭니다. 굴다리에 들어갈 때 일어서 보면 '내가 굴다리만하게 커지는 것 같다.'고 하는 말은 실제 체험한 사람만이 할 수 있는 생생한 말이지요.

자세하고 정확하게

서사문을 쓰는 방법 중 빠뜨릴 수 없는 것이 자세하고 정확하게 쓴다는 것입니다. 그러려면 자기가 겪었던 일을 자세하게 떠올려 내야 하지요. 자기가 쓰려고 하는 그 일을 잘 생각해 보아서 마치 지금 겪는 것처럼 생생하게 떠올릴 수 있어야만 좋은 글을 쓸 수 있습니다.

그런데 아이들이 생각하기를 참 싫어해요. 어떤 일을 놓치지 않고 끝까지 떠올려 보려는 마음이 없으니 글도 그저 대충 떠오르는 대로 써 놓고 맙니다.

선생님들도 이 점이 안타까워서 어떻게든 자세하고 정확한 글을 써 보게 하려고 애쓰고 있습니다만, 아이들은 그저 빨리 끝내고 놀고만 싶어하니 딱할 수밖에요. 그렇다고 뾰족한 방법이 있어 보이지도 않고 애만 탑니다. 아이들의 그런 버릇이 하루 이틀에 생긴 것이 아니어서 하루 이틀 사이에 고치기도 어렵습니다. 다만, 어느 부분 요즈음 아이들을 인정하고 꾸준히 공부하는 수밖에 없겠다 싶습니다.

(1권 제2장 '자세히 쓰기'에 이어지는 내용이 있습니다.)

> **동생 돌보기** (4학년)
>
> 엄마가 시장에 가셨다. 나는 동생을 돌봐야 했다. 그런데 내 동생은 밖에 나가자고 했다. 내가 동생을 타일렀다. 그런데 예상 밖이었다. 내 동생이 떼를 썼다. 내 동생을 막았다. 그리고 다시 달랬다. 20분 정도 지나니까 엄마가 오셨다. 힘이 든 하루이긴 하지만 동생이 울어서 미안했다.

어머니가 안 계실 때 동생을 돌본 이야기를 쓰고 있습니다. 20분이 하루처럼 느껴졌나 봐요. 아주 힘들고 애를 많이 쓴 것 같은데 이 글에는 애쓰는 모습이 잘 나타나 있지 않습니다. 설명으로 간단간단하게 적고 있는 전형적인 '뼈대글'입니다.

4학년이라면 좀 더 정확하고 분명하게 그 상황을 표현할 수 있어야 할 것입니다. 동생 돌보기가 힘들었다는 이야기이니까 다른 장면은 그만두더라도 동생을 돌보는 장면, 예를 들면 동생을 어떻게 타일렀는지, 동생이 어떻게 떼를 썼는지 같은 모습이라도 자세히 써 주어야겠지요.

일이 일어난 차례대로

서사문은 본 일, 들은 일, 한 일들을 시간의 흐름에 따라 차례로 쓰는 것이 무난하고 가장 널리 쓰는 방법입니다.

얼마 전 한 선생님이 제 홈페이지에 올린 아이글을 한번 볼까요?

> **내가 쑥** (3학년)
>
> 어느 날 엄마 꿈에 -아침에- 아빠가 차를 타고 성 주위를 돌고 있는데 성안에서 어떤 어린왕자가 인사를 했다. <u>그래서 내가 태어났다.</u> 이렇게 해서 나는 2월 7일 낮 12시에 병원에 입원했다. 진통이 안 돼서 유도분만촉진제 주사를 맞고 진통이 시작됐다. 그래서 나를 2월 8일 새벽6시 34분에 났다. 엄마는 내가 태어나서 기뻐했다.

아이는 자기가 태어난 날에 있었던 일을 듣고 이 글을 썼습니다. 그런데 도무지 무슨 말인지 잘 알 수 없게 되어 있습니다.

이 글이 잘 읽히지 않는 까닭은 들은 이야기와 자기 이야기가 뒤섞여 있기 때문이기도 하지만, 그것보다 더 큰 문제는 글 가운데 '그래서 내가 태어났다.'라는 문장이 잘못 들어와 일의 순서를 가늠하기 어렵게 만든 데 있습니다. 글의 흐름으로 보면,

① 어느 날 아침 엄마가 꿈을 꾸었다.
② 2월 7일 낮 12시에 엄마는 병원에 입원을 했다.
③ 진통이 안 돼서 유도분만촉진 주사를 맞고 진통이 시작됐다.
④ 2월 8일 새벽에 내가 태어났다.
⑤ 엄마는 내가 태어나서 기뻐했다.

이렇게 정리해 볼 수 있습니다. 그런데 아이 글에는 ①번 다음에 ④번 글이 놓여 있어서 무슨 말인지 이해하기 어렵게 되어 버린 것입니다.(아마 아이 글에서 밑줄 친 부분은 '그래서 내가 생겼다.' 또는 '그것이 태몽이었다고 한다.'는 말을 쓰려고 했던 것 같습니다.)

이것을, 아이 글을 많이 다치게 하지 않고 조금만 정리를 해 봅니다.

> 어느 날 엄마 꿈에 아빠가 차를 타고 어떤 성 주위를 돌고 있는데 성안에서 어린왕자가 인사를 했다고 한다. 엄마는 그 꿈을 꾸고 나서 2월 7일 낮 12시에 병원에 입원했다고 한다. 진통이 안 돼서 유도분만촉진제 주사를 맞고 진통이 시작됐다. 그래서 나는 2월 8일 새벽 6시 34분에 났다. 엄마는 내가 태어나서 기뻤다고 하셨다.

자, 이제 어떤 이야기인지 좀 더 잘 알 수 있지요? 이 아이에게는 무엇보다 일이 일어난 순서대로 글을 적는 것을 가르쳐 주면 좋겠습니다. 일이 일어난 순서대로 적으면 생각하기도 쉽고 글로 쓰기도 쉽습니다.

죽음

노지혜 (송내5)

> 우리 집에는 뽀삐라는 강아지가 있다. 그런데 어머니와 삼촌께서 나가 보니 강아지 새끼 3마리가 잔디밭에 있고 양수는 저쪽에 있다고 하신다. 그러나 어머니께서는 털도 없고 눈도 못 떠서 어제 목욕을 하여서 놀래 새끼를 일찍 낳아서 죽은 것이라며 슬퍼하셨다.
> 밤에 삼촌께서 개와 놀려고 개집에 가 보니 "삐삐." 그런 소리가 들려서 후레시를 들고 나갔다. 나도 따라 나갔다. 개집에 후레시를 비추어 뽀삐 때문에 보이지 않아 내일 아침에 보려고 했다. 잠을 자고 내일 보니 보통 때보다 뽀삐가 나오지 않았다. 내가 나오라고 했지만 잘 나오지 않았다.
>
> (줄임)

이 글은 읽기가 참 힘이 듭니다. 개가 새끼를 낳았는데 세 마리가 다 죽었다는 내용으로 또 읽고 또 읽고 해서 겨우 알아 냈습니다.

글이 이렇게 된 원인은 일이 일어난 차례를 뒤죽박죽 써 놓은 것과, 한 문장에 너무 여러 가지를 담고 있어서 그 뜻이 두루뭉수리처럼 되어 버린 점에 있습니다.

'어머니께서는 털도 없고 눈도 못 떠서 어제 목욕을 하여 놀래 새끼를 일찍 낳아서 죽은 것이라고 하셨다.' 라는 문장을 보면 이 때의 새끼는 이미 죽은 것을 말하고 있지요? 그런데 다시 밤에(아직 새끼가 죽은 것을 알기 전에) 있었던 이야기가 이어집니다. 그리고 이 문장 안에는 '어제 개를 목욕시켰다.' '그 때문에 개가 놀라서 새끼를 일찍 낳았다.' '그 새끼는 털도 없고 눈도 못 뜨고 있었다.' 라는 여러 가지 이야기가 뒤섞여 있습니다. 꽤 길게 썼지만 들인 공에 비해 전달력이 대단히 떨어집니다.

글을 이렇게 쓰는 아이에게 꼭 해 주어야 할 말은 '일이 일어난 차례대로 쓴다.' 는 것입니다. 아울러 한 문장에 너무 많은 이야기를 담지 말고 둘 이상을 넘지 않도록 쓰게 합니다. 그렇게 쓰면 문장이 단문이 되어서 세련된 맛은 없지만 적어도 읽는 사람을 헷갈리게 하지는 않습니다.

이 글을, 일이 일어난 차례대로 쓰면 대충 이런 이야기가 아닐까 싶습니다. 꼭 이렇게 쓰라는 이야기가 아니고 일의 순서를 가늠해 본 것입니다.

죽음

우리 집에는 뽀삐라는 강아지가 있다. 그런데 어제 밤에 새끼를 낳았다. 어제 밤에 삼촌이 개와 놀고 싶어서 개집에 가 보았더니 "삐삐" 하는 소리가 났다고 했다.

삼촌이 개 집을 본다고 후레쉬를 들고 나가길래 나도 따라 나갔다. 개집에 후레쉬를 비추어 보니 뽀삐 때문에 새끼가 있는지 보이지가 않았다. 그래서 '내일 아침에 다시 보자.' 하면서 들어왔다.

오늘 아침, 뽀삐는 개집에서 나오지 않고 있었다. 보통 때와는 달랐다. 내가 나오라고 했지만 뽀삐는 나오지 않았다. 마지막으로 내가 한 번 더 나오라고 하니까 뽀삐가 나왔다. 그런데 뽀삐가 낳은 새끼들이 있었다.

> 털도 없고 눈도 못 뜨고 있어서 4마리가 죽은 것 같았다.
> 엄마는 "어제 목욕을 시켰더니 놀라서 새끼를 일찍 낳게 되어 죽은 것 같다."고 슬퍼하셨다.

이와는 다르게 일이 일어난 차례대로 써 나간 글을 하나 보겠습니다.

> ### 이불을 펴고 누워서 생긴 일
> 김성준(양재1)
>
> 잠자기 전 이불을 펴고 누웠을 때 일이었다. 나는 갑자기 똥구멍이 간지러워서 나도 모르는 사이에 똥구멍을 만지고 말았다. 그런데 그 모습을 보신 어머니께서
> "아이 더러워 너 이 녀석 빨리 가서 손 씻어."
> 하시며 엉덩이를 찰싹 때리셨다. 나는 너무 재미있어서 어머니 코에다 손가락을 갖다 댔다. 그리고 옆에 누워 계신 아버지 코에다도 갖다 댔다. 그랬더니 어머니께선
> "으악 똥 냄새"하며 웃으셨다. 아버지께선
> "으으으흐"하며 눈을 감으셨다. 그래서 나는 '그렇게 냄새가 심하나?'하며 내 코에다 대 보았다. 그 순간 "오액, 기절맨"하며 눈을 귀신처럼 하고 기절한 척을 하였다. 그래서 어머니께서 내 손을 잡고 목욕탕에 가서 똥구멍을 씻어 주셨다. 씻고 나니 똥구멍이 시원하셨다.

이 글은 일이 일어난 순서에 따라 잘 쓰고 있어서 읽는 사람이 무슨 일이 있었는지 금방 알아볼 수 있습니다. 1학년 어린이의 글 솜씨가 아주 좋습니다. 우습긴 하지만 어느 집에서나 있는 이야기입니다. 또 아이가 냄새나는 손가락을 갖다 대었을 때 어머니 아버지가 한 행동이 그대로 잘 드러나고 있어 아주 재미있게 읽힙니다.

지금, 그 때의 순으로 쓰기도

깡패
이웅식(6학년)

즐거운 첫째 시간이 지나면 나는 꼭 습관처럼 화장실을 간다. 매일 가다가 안 가면 무언가 허전하다. 그래서 나는 그날 첫째시간이 지나고 화장실에 갔다.

그런데 화장실 안에는 무엇인가 이상했다. 평소에는 보지 못하던 일이 벌어지고 있었던 것이다. 덩치가 아주 큰 형 한 사람, 그리고 6학년 1반 아니 바로 옆 반이니 내 친구라고 할 수 있는 아이 여섯 명이 있었다.

알고 보니 그 불곰 같이 덩치가 큰 형은 바로 깡패였다. 나는 겁이 났다. 그 형은 나와 내 친구들을 세워 놓고 돈 다 내놓으라며 내 친구를 때리려고 했다. 나는 그 깡패의 으시시한 목소리에 오줌이 찔끔 나올 뻔했다.

나는 그 형을 자세히 보았다. 땀구멍까지 보일 정도로 그 형을 뚫어지게 쳐다보았다. 순간 불길한 예감이 스쳐 지나갔다. 나는 그 형을 어디선가 본 것 같았다.

갑자기 5학년 때 생각이 떠올랐다.

그 날 나는 시험 공부를 하고 있었다. 그 이유는 바로 그 다음날이 시험이기 때문이다. 그런데 딩동딩동 소리가 들리며 철주의 목소리가 들려 왔다. "웅식아!" 나는 반가워서 얼른 달려가 문을 열어 주었다. 문 밖에는 철주와 태혁이 그리고 처음 보는 아이가 있었다.

철주와 태혁은 좋은 친구다. 그리고 우리는 같은 동아 아파트에 살고, 태혁이와는 같은 동이다. 그래서 아주 친하다. 그리고 우리 셋은 같은 5학년 2반이다. 그러나 철주 옆에 서 있는 아이는 처음 보는 아이였다. 철주가 말하기를

"얘는 내일 우리 반에 전학 온대. 아까 놀이터에서 놀고 있는데 얘가 나에게 다가와서 이러는 거야. '야, 너 혹시 월천초등학교 다니니?' 그래서 내가 그렇다고 했지. 그랬더니 얘가 이러는 거야. '야, 참 반갑구나. 나 있잖아 내일 월천초등학교 5학년 2반에 전학 가는데' 5학년 2반 아이들을 소개해 달라고 해서 태혁이네서 놀다가 곧장 너희 집에 온 거야."
라고 말이다.

그래서 나는 너무 반가워 빨리 방으로 들어왔다. 우리는 내방에서 재미있게 놀았다. 나는 내 소개를 한 뒤 그 아이에 대하여 들었다. 그 아이의 이름은 박권이라고 하며 동생이 두 명 있다고 한다. 그리고 자기는 공부를 꽤 잘한다고 으시댔다. 뭐, 시험에서 한 개를 틀렸다는 둥, 그런데 그 틀린 한 문제가 양날톱의 사용을 잘못 써서 틀렸다고 했다.

그런데 그 때는 생각 못했지만 그 아이가 간 뒤 생각이 났는데 양날톱은 1학기 책에 있는 것이 아니라 2학기에 나오는 것이고 요번 시험은 2학기 처음 보는 시험이기 때문에 뭔가 이상하다고 생각했다.

그런데 시험이 끝났는데 그 박권이라는 아이는 전학 오지 않았다. 너무 이상했다. 그런데 철주가 말하기를 그 아이는 떠돌이라고 했다. 그런데 그 아이를 만난 지 1년이 지난 뒤 우리 학교 화장실에서 만났더니……. 나는 그 아이가 나를 알아볼까 봐 고개를 푹 숙이고 말도 안 했다.

친구들이 계속 돈이 없다고 하니 그 깡패는 욕을 하며 우리에게 나 여기 왔다고 말하면 죽인다고 했다. 그리고 중앙 현관 쪽으로 도망갔다. 그러자 우리들은 즉시 1반 선생님께 말했다. 정말 무서웠다.

　이 글에는 이야기 속에 또 하나의 이야기가 들어 있습니다. 소설식으로 말하면 액자식 구성이라고 할 수 있습니다. 꽤 긴 글인데도 아주 자세히 쓰고 있습니다. 이 정도로 써

나가려면 끈기도 상당히 필요하겠지요.

그리고 이야기의 순서도 6학년인 지금 화장실에서 어떤 아이를 만난 일을 썼고, 그 아이를 자세히 보는 순간 5학년 때의 일이 생각나서 자연스럽게 5학년 때의 일을 적고 있습니다. 이야기의 흐름상 아주 자연스러운 순서를 따르고 있는 것이지요.

간혹 독자의 흥미를 끌기 위해 어떤 사건이 한창 벌어지고 있는 장면을 맨 앞에 내어 보이는 경우도 있으나, 이런 것을 어떤 기법으로 일부러 지도할 필요는 없다고 봅니다. 아이들은 자신이 꼭 하고 싶은 말이 있으면 글의 갈래나 글 쓰는 순서 따위는 스스로 맞추어서 쓰곤 하지요. 어떤 기법, 수법이 그렇게 중요하지 않다는 것을 반증하는 것이랍니다.

본 일, 들은 일도 좋은 글감

아이들이 글을 쓸 때 제일 먼저 떠올리는 글감이 '한 일'입니다. '한 일'은 여러 가지 경험 가운데 가장 강렬한 인상으로 남기 때문이지요.

그런데 한 일만 죽 늘어놓다 보면 밋밋하고 재미없는 글이 되기 십상입니다. 아이들이 글을 쓸 때 '한 일' 중심에서 벗어나도록 도와 주는 것도 좋은 지도 방법입니다.

> **벚꽃**
> 박민정(백산3)
>
> 오늘 집에 오다가 2동 앞에 벚꽃이 아주 많이 핀 것을 봤다. 언제 저렇게 활짝 폈지? 벚꽃은 가지마다 하나 가득 피어 있었다. 가지는 안 보이고 꽃만 있는 것 같았다. 그래서 길게 보니 벚꽃이 줄줄이 다 펴 있었다. 아래는 떨어진 벚꽃이 하얗게 떨어져 있었다. 나는 속으로 '엄청나다.' 하고 생각했다. 우리 동네가 꽃잔치를 하는 것 같다.

무심코 다니던 길에 어느 틈엔가 벚꽃이 만발하게 피어 있었습니다. 벚꽃이 이 나무에만 피어 있는 것이 아니라 '길게(멀리) 보니' 나무마다 줄줄이 다 피어 있었네요. 그것

을 보면서 우리 동네가 꽃잔치를 하는 것 같다고 생각했습니다. 자기가 본 것, 느낀 것을 차분하게 잘 썼습니다.

어떤 일을 제삼자로서 '본' 것은 내가 직접 '한' 일보다 경험이 강렬하지 않아 저학년 어린이들은 쉽게 떠올리 못하는데, 본 일을 잊지 않고 잘 생각해 냈습니다. 이런 글을 보기글로 보여 주면 자연스럽게 '본 일도 글감이 되는구나.' 하고 아이들도 느낄 수 있을 거예요.

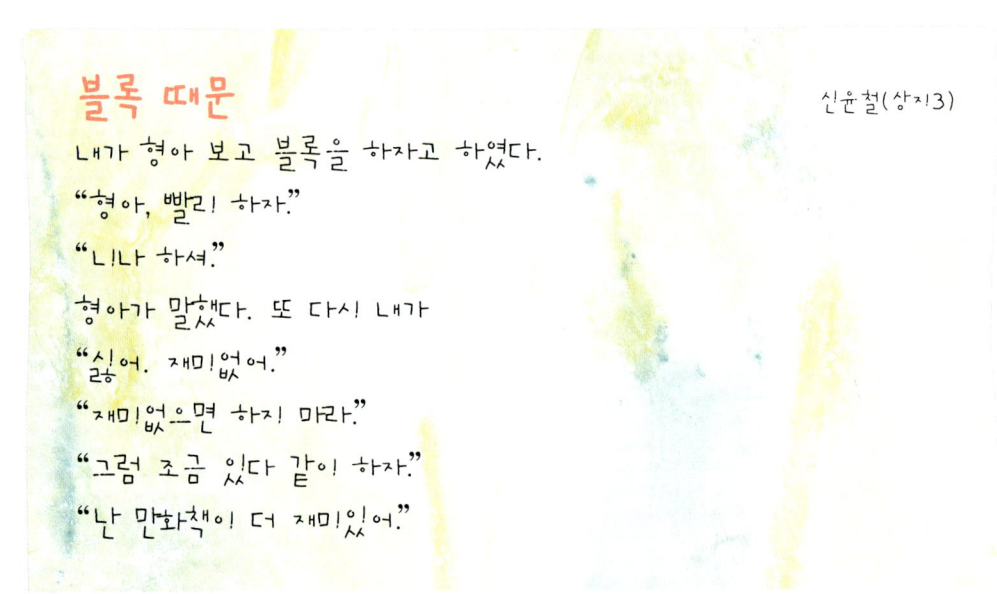

블록 때문

신윤철(상지3)

내가 형아 보고 블록을 하자고 하였다.
"형아, 빨리 하자."
"니나 하셔."
형아가 말했다. 또 다시 내가
"싫어. 재미없어."
"재미없으면 하지 마라."
"그럼 조금 있다 같이 하자."
"난 만화책이 더 재미있어."

"그거 내가 빌려잖아."
"내가 안 하는 이유는 만화책이 더 재미있어."
"그럼 뺏어 내가 읽는다."
"알겠어. 안 그러면 되잖아."
"그럼 빨리 읽으셔."
이렇게 길게 말싸움이 벌어졌다.

짧은 순간 형과 주고받은 말을 잘 기억해서 썼습니다. 이 말만으로도 형제가 놀 때의 분위기를 읽을 수 있답니다. 이처럼 주고받은 말만 생생하게 써도 좋은 글이 될 수 있습니다. 또 이 글과 같이 직접 인용의 형식으로 글을 쓰면 내용이나 분위기가 더 잘 전달됩니다.

코 고는 소리
서혜원(포이2.)

매일 밤에는 아빠의 코고는 소리가 들리는데 밤에 자려고 눈을 감을려고 하니까 "코오옹카"하고 들렸다. 중간쯤 자다가 잠깐 눈을 떴다가 이불을 다시 덮으니까 "크으응, 드르르릉"하는 소리가 갑자기 나서 깜짝 놀라 눈을 꼭 감았다. 한 번 코를 골기 시작하니까 끝이 없이 코를 골았다. 엄마도 시끄러워서 조용히 하라고 하셨다. 자꾸 "크으응 코와"하는 소리가 들려서 정말 시끄러웠다.

코 고는 소리가 이렇게 여러 가지입니다. '코오옹카, 크으응 드르르릉, 크으응 코와' 이런 시늉말들이 정말 실감납니다. 잘 듣고 잘 썼어요. 코 고는 소리가 시끄러워 괴로워하는 식구들의 모습도 잘 그렸습니다. 들은 대로 표현하기에도 성공한 글입니다.

말로 나타내지 않은 느낌도 살아나게

> **왕왕 호떡**　　　　　　　　　　이원경(언주2)
>
> 나는 학교 갔다 오는 길에 윤기를 만났다.
> 그래서 재미있는 얘기를 하면서 왔다 왕호떡 얘기를 하면서 왔다. 먼저 윤기가 "중국에서는 왕호떡이라는 것이 있는데, 지구만 해."라고 말했다. 그래서 나는 "왕왕 호떡이라는 게 일본에 있는데 그것은 지구 2개만 해."라고 했더니 윤기가 웃었다.

　아이들이 즐겁게 말장난을 하면서 집으로 돌아오고 있습니다. 이 글에는 '참 재미있었다.'라는 단정적인 표현은 없지만 읽는 사람들은 이 아이들이 놀이를 즐겁게 하고 있다는 것, 글 쓴 아이가 재미있어하고 있다는 것을 느낄 수 있습니다. 생활 속에서 이렇게 재미있는 일을 만들어 가는 아이들의 모습이 보기 좋습니다. 잠깐 나눈 아주 사소한 이야기가 좋은 글감이 되었지요? '모든 것이 다 글감이 된다.'는 것을 다시 한 번 느끼게 해 주는 글입니다.

지금 막 겪은 일, 방금 전의 일을 쓴다

　흔히 '작년 여름의 일이다.' 혹은 '4학년 때의 일이다.' 하면서 아주 오래 전의 일을 쓰는 것을 봅니다. 물론 그 때의 기억이 아직도 생생해서 그렇게 쓰는 경우도 있지만, 어떤 특별한 일을 떠올리려다 보니 그렇게 멀리까지 기억을 더듬어 내는 일도 많지요.

　지나간 날의 이야기는 주로 어른들의 글감이라고 해도 과언이 아닙니다. 아이들은 현재에 살고 있기 때문에 아주 잊지 못할 기억이 아니고는 오래 전의 일을 되새겨 가면서 글을 쓰지는 않거든요. 그때 그때 있었던 일을 쓰는 것이 기억하기도 쉽고 글로 쓰기도 쉽겠지요.

속상하다

이영관 (서문2)

오늘 피아노 학원에 갔다. 나는 피아노 연습을 하고 이론 공부 복습을 했다. 피아노 선생님한테 레슨을 받았는데 12월 30일 체르니 배웠던 것을 잘 못 쳤다. 선생님이 "넌 왜 이렇게 피아노 못 치냐. 오늘 연습한 건 이거 아무것도 아냐" 나는 '며칠째 피아노를 안 쳐서 그러는데'라고 생각했다.

집에 와서 엄마를 보니까 눈물이 나왔다. 엄마는 나를 꼬옥 안아주면서 왜 영관이가 (눈물을) 글썽이고 있냐고 물어 봤다. 나는 말하지 않았다. 엄마는 "영관이가 기쁜 일이나 슬픈 일, 속상했던 일이 있으면 엄마 아빠한테 이야기를 해야 도와 줄 수 있다."

고 한다. 그래서 피아노 학원에서 속상했던 일을 엄마한테 다 말해 주었다. 엄마는 "영관이가 미워서 그런 게 아니고 영관이를 더 잘 할 수 있게 가르쳐 주고 싶어서 꾸중을 한 것 같다." 엄마 말을 들으니까 내 마음도 편안해졌다.

영관이는 방금 전에 있었던 일을 글로 썼습니다. 그러니 생각도 잘 나고 그것을 글로 표현하기도 쉬웠겠지요.

이 글은 우리에게 여러 가지로 생각할 거리를 줍니다. 교육은 아이들의 마음을 쫙 펴 주고, 아이들 하나하나의 개성을 키워 주는 방향으로 나아가야 합니다. 그런데 가끔 학원 같은 데서 교사의 의욕이 지나쳐 이 글 속에 나타나는 선생님처럼 아이들에게 상처를 주는 일이 생기곤 합니다. 더욱 딱한 것은 자신의 행동이 아이에게 그런 영향을 끼친 것조차 모르고 지나가는 일도 흔하다는 것이지요.

영관이의 어머니는 아이의 아픈 마음을 슬기롭게 감싸 주고 달래 주고 있습니다만, 부모 처지에서 보면 따로 교육비를 내면서도 아이는 아이대로 상처를 받는다는 것은 있을 수 없는 일 아니겠어요? '자극을 주어 더욱 열심히 해 보라고 한 일이었다.' 라고 해도 그것은 '부족한 선생' 의 변명에 불과합니다.

꼭 필요한 말로 정확하게

> **실내화 빨기**　　　　　　　　　　　　　이정환(신도3)
>
> 실내화가 너무 더러워서 실내화를 빨았다. 물에 실내화를 담그고 꺼내서 솔로 아무렇게나 문질렀다. 물에 담그고 솔로 문질렀더니 조금 깨끗해졌다. 아래도 닦았는데 아래 부분이 특히 더러웠다. 계속 닦아도 안 깨끗해져서 그냥 다 했다고 어머니께 말하였다. 그리고 내일 보니 하얀 물감을 바른 것처럼 색이 바뀌어졌다. 실내화 빨기하길 잘 했다고 생각된다.

　더러워진 실내화를 자기 손으로 빨았다는 아이의 태도가 훌륭하군요.(혹시 일하기 숙제를 끝내고 쓴 글인지도 모르겠습니다만) 마음에서 우러나서 일을 하면 일도 즐겁고, 그것을 글로 쓰는 일도 즐거워집니다.

　이 글에는 언제 있었던 일인지가 드러나 있지 않아 궁금하네요. 또 자꾸 닦아도 깨끗해지지 않아 그냥 넣었고 '내일' 보니 색이 바뀌었다고 했는데, 이 때의 '내일' 은 '다음 날' 로 써야 정확한 말이 됩니다.

　아이들이 흔히 과거의 일을 쓰면서 밤을 지내게 된 시점과 관계 없이 '내일' 이라고 표현하는 경우가 많습니다. '내일' 은 아직 오지 않은 날을 말한다는 것과 과거의 일을 말할 때라면 '다음 날' 정도로 쓰는 것이 좋다고 알려 주세요.

> **배드민턴**　　　　　　　　　　　　　전원석(4학년)
>
> 그저께에 용완산에서 형이랑 배드민턴을 쳤다. 처음에는 다른 사람이 배

> 드민턴을 치고 있었기 때문에 자리가 빈 곳이 있을 때까지 기다렸다. 드디어 자리가 비었다. 내가
> "형 하자."라고 말했다. 형이
> "그래."라고 말했다.
> 나는 치는 곳으로 갔다. 나는
> "형이 먼저 해."라고 말했다.
> 그런데 배드민턴 채를 들여다보던 형이
> "배드민턴 채 좀 줘 봐."라고 말했다. 나는
> "왜?"라고 말했다.
> "그거 굽었어. 네가 이걸로 해."라고 말하면서 형이 갖고 있던 채를 주었다.
> 우리는 배드민턴을 쳤다. 어, 그런데 딱딱 맞았다. 기분이 좋았다. 그러자 형이
> "오우~ 잘 치는데!" 하고 말했다.
> 나는 칭찬을 받아서 참 기분이 좋았다. 나는
> "이 정도야 보통이지!"라고 말했다.

마음 넉넉한 형의 모습이 보이는 흐뭇한 글입니다. 배드민턴 칠 자리가 비기를 기다리는 장면에서부터 채를 서로 바꾸어서 치는 장면까지를 잘 보여 주고 있습니다.

이 글은 대화가 끝나는 곳마다 '~라고 말했다.'는 표현을 붙여 놓았어요. 이것은,

> "형 하자."
> "그래."

> 나는 치는 곳으로 갔다.
> "형이 먼저 해."
> 그런데 배드민턴 채를 들여다보던 형이
> "배드민턴 채 좀 줘 봐."
> "왜?"
> "그거 굽었어. 니가 이걸로 해."

이렇게 써도 좋습니다. 오히려 더 간결해서 잘 읽힙니다.

또 '말했다.'를 대신할 말을 찾아보는 방법도 있습니다. 칭찬하다, 불평하다, 투덜거리다, 소곤거리다, 소리치다, 부르다, 격려하다, 꾸중하다, 부탁하다……와 같이 그 상황에 꼭 맞는 낱말을 찾아 써 보면 글이 더욱 재미있고 선명해지지요.

느낌을 나타내는 여러 가지 말을 잘 쓰면

일기

이하은(취학전)

1월 7일
나는 엄마랑 롯데리아에 가서 햄버거랑 반지의 제왕 다이어리를 샀다. 오빠가 좋겠다고 했다. 나는 신났다.

1월 19일
오늘 예지가 처음으로 글쓰기에 왔다. 안 다닐 때는 나를 부러워했는데 "이젠 너도 다닐 거야."라고 말했더니 좋아했다. 나는 예지가 와서 반가웠다.

2월 4일
 오늘 지갑이가 나한테 카드 한 장을 주었다. 그런데 나한테 주었으면 내 것이 되었는데 그걸 다시 뺏어서 민지를 주었다. 그래서 예지와 나는 화가 났다. 나를 준 거면 준 건데 왜 도로 뺏었다가 딴 애를 주냐? 사람 약을 오르게.

2월 11일
 나는 원래 우리 반에서 지팡이춤을 오늘 추었다. 지팡이춤을 처음 추어 보았지만 재미있었다. 지팡이 춤이 끝나서 선생님이 한번 더 추면 매직카드 마수리도 해주신다고 했다. 그래서 한 번 더 추었다. 근데 매직카드 마수리를 안 했다. 나는 마음이 섭섭했다.

2월 21일
 오늘 민지랑 지갑이랑 선생님 놀이를 했다. 그런데 예지는 해리포터를 가지고 놀았다. 선생님 놀이가 엄청나게 재미있었다. 그런데 예지가 해리포터를 다 가지고 놀았을 때 해리포터 보석이 없어졌다. 얼루 갔나 진짜 궁금하다.

3월 4일
 나는 오늘 입학식을 했다. 근데 아는 애들과 많이 같은 반이 됐다. 그런데 가장 기쁜 일은 민지와 같은 반이 돼서 기뻤다. 그런데 엄마가 그 민지 말고 다른 민지 아니냐고 했다. 그래서 내가 이제 학교 들어가는 민지는 재밖에 없다고 했다.

취학 전 어린이인데도 자신의 감정을 나타내는 낱말을 아주 적절히 부려 쓰고 있습니다. '재미있다, 반갑다, 화난다, 약오르다, 섭섭하다, 궁금하다, 기뻤다'는 식으로 아주 다양하게 표현하고 있습니다. 잘 되었습니다.

　　아이들은 흔히 자기의 감정을 '기분이 좋다/나쁘다.' 하는 식으로 단어 하나의 의미를 아주 넓게 사용합니다. 그러나 그것보다는 느낌에 꼭 들어맞는 낱말을 찾아 써 보면 좋겠습니다. 예를 들면,
　기쁘다, 기분좋다, 행복하다, 흐뭇하다, 즐겁다, 뿌듯하다, 포근하다, 후련하다, 통쾌하다, 상쾌하다, 재미있다, 감격스럽다, 자랑스럽다…….
　답답하다, 억울하다, 서운하다, 섭섭하다, 슬프다, 속상하다, 괘씸하다, 불안하다, 긴장되다, 아쉽다, 무섭다, 공포스럽다, 쓸쓸하다, 처량하다…….
　이 밖에도 아주 많이 있겠지요? 이 가운데 내 마음을 가장 잘 나타내 줄 말을 골라 쓰게 하세요.

한·걸·음·더

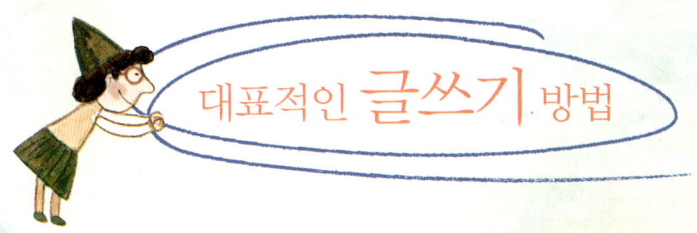

대표적인 **글쓰기** 방법

1 설명
사물의 성질이나 가치, 작용 방법, 과정 따위의 내용을 읽는 사람들에게 풀이해서 이해시키는 것을 목적으로 하는 방법입니다. '무엇인가?' '어떠한가?' 에 대한 논리적이고 직선적인 대답이라고 할 수 있습니다. 어떤 내용을 쉽고 분명하게 전달하기에 편리하지요.

2 묘사
대상을 있는 그대로 생생하게 그려 내는 방식으로, 구체성과 감각성을 그 특성으로 합니다. 사물에 대해 객관적으로 나타내며, 글로 그리는 그림이라고 할 수 있습니다.

3 논증
읽는 이들을 이해시키는 데서 한 걸음 더 나아가 주장에 동조하도록 하는 방법입니다. 자기가 주장하는 의견에 찬동하고 따라오도록 설득력을 발휘하려는 목적을 지닌 점에서 설명과는 다릅니다.

4 서사
'무엇이 어떻게 시작되어서 진행되었는가?' 하는 물음에 대한 답을 하는 것이라고도 할 수 있습니다. 시간의 흐름에 따른 사건의 진행 추이를 보여 주는 것이지요. 묘사가 사물의 정적인 모습을 그대로 보여 주는 것이라면, 서사는 한 상황에서 다른 상황으로 움직이는 과정을 그려 보여 주는 방법입니다.

사실을 잘 알 수 있도록 풀이하는 설명문 쓰기

설명문이란 어떤 글인가?

글은 그것을 쓰는 목적이나 동기에 따라 쓰는 방식이 달라집니다.

> **진달래** [명]《식》철쭉과에 속하는 활엽 관목. 잎은 타원형 또는 피침형인데, 톱니가 없고, 양면에 혹 모양의 비늘 조각이 철포됨. 잎에 앞서 4월에 엷은 홍색꽃이 3~5개씩, 다섯 갈래로 깊이 째진 누두상으로 피고…….
>
> _ 이희승 편 국어사전

> 배꽃과 달과의 관계를 생각해 보자. 배꽃은 본래 백설 같은 지라 밤에 보더라도 그 흰 빛깔을 감출 길 없을 것이어늘 이에 휘영청 밝은 달이 비쳤다 하자. 시신경을 찌를 듯 부실 정도도 아니요 졸음이 퍼부어 올 듯한 거슴츠레한 눈매도 아니다.
>
> _ 이희승, 시조감상일수

같은 사람이 비슷한 소재를 갖고 쓴 글입니다. 하지만 글쓰기의 방식이 매우 다르기 때문에 읽는 사람이 받는 느낌도 많이 다릅니다. 앞의 글이 객관과 사실을 담아 쓰고 있다면, 뒤의 글은 주관과 감정이 많이 담겨 있어요. 이같이 비슷한 내용이나 소재를 가지고도 글의 모양이 많이 달라지기 때문에 글을 기술하

 설명문과 일반화 능력

어떤 특수한 사실(어떤 사례)들의 공통 속성을 뽑아 내는 일을 '일반화'라고 합니다. 일반화는 사람들이 지식을 넓혀 나가는 데 필요한 수단이 되지요.

자신이 겪는 일 가운데 늘 되풀이되는 일을 적으면 설명글이 됩니다. 오늘 아침에 밥을 먹은 일을 쓰면 서사문이 되지만, 늘 되풀이되는 일과 중의 하나로 밥 먹는 일을 소개하면 설명글이 되는 것입니다. 그러다 보면 되풀이되는 구체 사례들의 공통 속성을 뽑아 말하게 되므로, 자연스럽게 일반화하는 능력을 기르게 됩니다. 물론 글을 쓰는 사람은 그것을 의식하지 않고 쓰고, 의식할 필요도 없겠지요.

는 방법에 관심을 기울이게 되는 것이지요.

글쓰기 방식은 글의 목적이나 동기에 따라서 대체로 설명, 논증, 묘사, 서사의 네 가지로 구분해 볼 수 있습니다.(p39 '대표적인 글쓰기 방법' 참조) 설명문은 어떤 물건이나 사실, 또는 현상 같은 것에 대해서 누구든지 잘 알 수 있도록 풀이하는 글을 말합니다. 그래서 '풀이글' 이라고도 해요.

논설문이 다른 사람을 설득하는 데 목적을 두는 글이라면, 설명문은 다른 사람을 이해시키는 데 목적을 두는 글입니다. 그러므로 무엇보다도 쉽고 친절하게 써야겠지요.

어떤 회사에서 새로운 제품이 나오면 그것을 사람들에게 알리려고 그 제품의 특징, 사용하는 방법, 좋아진 점 따위를 적어서 알리지요? 이런 글에서부터 사람을 소개하는 글, 지리를 알리는 글, 사전에서 말을 풀이해 놓은 글 모두 설명문이랍니다.

> **사계절**
> 김미라(우장4)
>
> 우리 나라는 사계절이 뚜렷하다. 봄 기온은 따뜻하며 옷차림은 얇다. 산은 나무에 싹이 튼다. 여름에는 무지 덥고, 옷차림은 반팔이다. 산은 잎이 무성하다. 가을은 기온이 쌀쌀하고 옷차림은 얇고 긴 옷을 입기도 한다. 산은 낙엽이 진다.
> 겨울은 기온이 춥고 눈도 내릴 때도 있다. 옷은 두꺼운 긴팔 옷을 입고, 털모자 쓰고 털장갑 끼고 털 신발을 신는다.
>
> (줄임)

서사문의 문장은 대개 과거 시제를 쓰는데, 설명문은 거의 동사의 현재형이나 형용사의 기본형을 씁니다. 이 글은 모두 9개의 문장으로 이루어져 있고 현재 시제로 되어 있습니다. 설명문의 특징을 아주 잘 지키고 있는 글입니다. 그런데 읽고 나서 어떤 감흥이 일지 않습니다. 누구나 아는 뻔한 이야기를 늘어놓았기 때문이지요. 설명문도 자신의 경험이 녹아 있어야 읽을 맛이 있고 재미가 난답니다.

설명문 쓰기 지도
내가 잘 아는 사람을 소개한다

설명문은 자기가 잘 알고 있는 사람이나 사물을 소개하는 것에서 시작하는 것이 좋습니다.

> **내 동생 정기**　　　　　　　　　　　　　　이지현(원촌 2.)
>
> 내 동생 정기는 장난꾸러기예요. 피아노를 발로 또는 엉덩이로 쳐요. 정기는 장난이 너무 심해요. 밥을 먹을 때면 손을 씻고 앞치마를 둘러요. 밥을 다 먹으면 다 먹은 그릇은 설거지를 하시라고 엄마한테 드려요.

짧은 글 속에서도 동생의 모습이 보입니다. 피아노를 발로 치기도 하고 엉덩이로도 친다는 구체 사례를 보여 주고 있어 정말 '장난꾸러기' 일 것 같은 생각이 듭니다. 또 밥을 먹을 때 어떻게 하는지, 밥을 먹으면 어떻게 하는지 잘 소개하고 있네요.

> **우리 가족**　　　　　　　　　　　　　　김경은(잠원5)
>
> 우리 가족은 5명이 나, 여동생, 남동생 (아버지, 어머니) 이다. 여동생 경진이는 9살이고 남동생은 2살이고 19개월이다. 엄마께서는 39세이시다. 아버지는 42세 이시다. 아버지는 동화 제약에 근무하신다. 남동생 이름은 김태화 여동생 이름은 김정진. 남동생은 장난을 좋아하지만 얌전하다.

이 글은 아주 단편적인 사실만 늘어놓았습니다. 5학년 정도 되었으면 가족이 모였을 때의 분위기 같은 것도 생각해서 쓸 수 있습니다. 설명문이라고 해서 설명의 방법으로만 글을 쓰지는 않지요. 글이란 설명과 묘사, 묘사와 서사가 서로 합쳐져 이루어지는 것이거든요. 다만 어떤 기술 방법을 중점으로 썼는가 하는 점이 글의 종류를 결정짓는 열쇠가 된답니다.

이 글에서도 '남동생은 장난을 좋아하지만 얌전하다.'고 쓰고 있는데, 실제 남동생이 장난을 좋아해서 있었던 일을 뚜렷하게 밝혀 주면 글이 더 풍부해지겠지요. 구체 사실을 갖고 글을 풀어 나가면 설명문이라고 해서 크게 어렵지 않을 것입니다.

> **어머니**
> 신상욱
>
> 어머니께서는 1961년 10월 15일 저녁 8시쯤에 태어나셨다. 어머니께서 어릴 적에는 먹을 것이 없어서 간식으로 고구마와 감자를 쪄 먹으셨다. 어릴 적에 놀이로는 고무줄놀이, 땅따먹기 등을 하셨다.
>
> 어머니께서 학교를 가실 때는 버스를 타고 내리셔서 걸어가고 추운 겨울에는 발이 퉁퉁 부어올라서 발에 동상이 걸리기도 하셨다고 하신다.
>
> "학교 다닐 때는 학교가 멀어서 힘들었지만 친구들과 학교 가는 길은 참 즐거웠어. 학교 갔다 오면 밭에 나가서 할머니를 도와 드렸고 빨래도 했고 청소도 했어."라고 말씀하셨다.
>
> 어머니께서는 1988년 5월 1일에 아버지를 만나셔서 결혼을 하셨다. 그래서 그 이듬해 나를 낳으셨다. 그리고 1년 조금 더 되어서 동생을 낳으셨다. 나를 낳을 때는 이 세상에서 가장 귀한 보물이 태어나서 아주 좋아하셨다고 한다.
>
> 어머니께서는 지금은 집에서 살림살이만 하시지만 우리들을 사랑하시고 행복한 가정이 있어서 즐겁다고 하십니다.

어머니한테 들은 이야기를 중심으로 해서 어머니를 소개하는 글을 썼습니다. 이것도 좋은 방법입니다. 그런데 들은 이야기를 쓰면서 마치 자신이 직접 겪은 것처럼 쓴 부분이 있어서 글을 읽으며 잠시 머뭇거리게 만듭니다. '어릴 때 먹을 것이 없어서 간식으로 고구마와 감자를 쪄 먹으셨다.' 같은 부분은 들은 이야기이니까 '~고구마와 감자를 쪄 드셨다고 한다.'라고 써야 맞겠지요. 들은 이야기를 들은 이야기로 쓰는 방법을 배우면 좋겠습니다.

또 존칭을 너무 많이 써서 글이 술술 읽히지 않습니다. '버스를 타고 내리셔서 걸어가고 추운 겨울에는 발이 퉁퉁 부어올라서 발에 동상이 걸리기도 하셨다고 하신다.' 같은 문장에서는 제일 마지막에만 '-시-'를 쓰는 것이 존칭법에 어긋나지 않습니다.

1층 할머니
양송이(3학년)

우리 아파트에서 1층에 사시는 할머니가 계신다. 지은, 지민이란 두 여자아이가 있고 아이의 부모는 일을 하러 나가신다.

(할머니는) 허리를 구부리고 일을 하셔서인지 언제나 구부리고 다니신다. 얼굴에는 주름살이 많이 있다. 걸으실 때는 열중 쉬어 한 자세로 다니신다. 인사를 하면 "어디 가니?"라고 대답대신 말하실 때도 종종 있다.

할머니는 목소리가 참 크시다. 아이를 부르실 때도 크시다. 그래서인지 한 달에 한 번은 동네 사람과 꼭 싸우신다. 얼마나 목소리가 크신지 우리집 4층까지 들린다.

할머니네 집 앞에 있는 마당엔 꽃밭을 만드셨다. 춥거나 겨울이 되면 비닐로 꼭 덮으시는데 못 하시면 남에게도 부탁하여 꼭 하신다. 꽃밭에 공이라도 들어간 것 같으면 "남의 꽃밭에 웬 공이오?"하고 말씀하신다. 지나가다 모르고 꽃을 치면 "꽃 떨어지면 물어낼 거야?"하고 말씀하신다. 꽃밭 옆의 담을 넘어가면 "왜 담을 넘는고. 도둑이야?"하고 말씀하신다. 참견하는 일이 한두 가지가 아니라 여러 개다.

작년인가 여러 사람들이 할머니가 만드신 꽃밭 때문에 김치 김장을 한 걸 땅에 묻으려 하다가 자리가 모자라 불편한 뒷마당 흙에 묻었다. 김치를 가지러 가려면 힘이 들었다.

그 할머니 때문에 불편도 겪지만 좋은 일도 있다. 예를 들면, 꽃을 심어

> 건드리면 말하셔서 불편하고, 꽃향기가 나면 좋다. 이상한 것 같기도 하고, 한편으로는 좋은 것 같기도 하다. 조금만 고치면 사람들이 좋아할 것 같다.

이 글은 평소 할머니의 행동과 모습을 실감나게 보여 줌으로써 할머니의 성격도 미루어 짐작할 수 있게 했습니다. 이런 것을 보면 평소에 '쓸 게 없다'고 하는 것은 둘레에 '관심을 둔 것이 없다'라고 바꾸어 말할 수 있을 거예요.

> **내 친구 미롱이**   우시현(1학년)
>
> 미롱이는 내 인형 강아지이다. 눈은 쪽 째졌다. 너무 귀여워서 미롱이 짱! 이라고 부르고 싶다. 코가 검은 콩 같다. 배는 톡 튀어 나왔다. 그게 너무 귀엽다. 귀는 흐린 검정색이다. 머리는 알밤이다. 꼬리도 이쁘다. 내가 생각하기에도 난 너무 강아지를 좋아하는 것 같다.

시현이는 자기가 좋아하는 강아지 인형을 소개하고 있습니다. '눈이 쪽 째지고 검은 콩 같은 코에 배가 톡 튀어나온 검은 강아지 인형'이 머릿속에 그려지지요? 그리고자 하는 대상의 특징을 잘 잡아서 설명하고 있기 때문입니다. 이렇게 어떤 대상의 특징을 구체로 적는 일은 글 쓰는 힘을 길러 주는 데 아주 큰 도움이 된답니다.

마지막에는 '내가 생각하기에도 난 너무 강아지를 좋아하는 것 같다.'고 자기의 생각을 적어 놓고 있습니다. 이런 것을 두고 어떤 사람들은 설명문은 객관적인 글이므로 주관적인 표현이 들어가서는 안 된다고 말하기도 합니다만, 꼭 그렇지만은 않습니다. 주관을 완전히 떠난 객관은 존재하기 어렵습니다. 그렇기에 100% 객관으로만 글을 쓰기는 어른도 쉽지 않은 일이지요. 아이들 글 특히 저학년 글에서 이런 주관이 드러나는 것은 아주 자연스러운 일입니다.

임태균

이희재(와부5)

임태균은 나와 아주 친한 친구이다. 난 옛날에 원당에서 살았는데 태균이도 그 곳에서 살다 이 곳에 왔다. 태균이는 부자다. 텔레비전도 방마다 있고 집은 48평이며 침대는 1~2개가 아니다. 정말 부자다. 태균이와 나는 우리를 즐겨 때리는 여자 악당을 고무줄로 물리치는 것을 가장 즐긴다. 태균이는 달리기를 잘한다. 1~5학년 까지 전부 계주를 했다고 한다. 오늘 운동회 때도 계주에다가 장애물 달리기(5학년 전체)에서도 1등을 하였다. 그 외 다른 운동도 잘 한다. 공부는 5학년 때에는 내가 좀 뒤졌지만 4학년 성적은 내가 우수했다. 하지만 지금은 태균이와 추억을 쌓고 있다. 왜냐하면 태균이가 일산으로 이사 가기 때문이다. 10월 달이 싫지만 점점 다가오고 있다. 최근에 태균이가 자꾸 놀리는 것을 못 참아서 별명 하나 지어주었다. 세균, 임세균이라는 구식 별명에서 임태팔이라는 별명을 지어주었다. 정말 재미있는 친군데 이사 가게 되어서 아쉽다.

잘 아는 친구의 평소 모습을 떠올리면서 소개하는 글을 쓴 것입니다. 만약 소개글을 쓸 때 "우리 아버지는 재미있는 분이다."라고 했다면 왜 재미있는지 구체의 사실을 밝혀 보세요. 그러면 글이 생생하게 살아난답니다. 그런데 이런 글은 3학년 이상의 어린이들과 같이 공부하면 좋겠습니다.

목숨 걸고 일하는 광부 아저씨들

이지선(3학년)

나는 오늘 태백산에 갔다.
4시간 30분 동안 기차를 타고 태백산에 오니까 마음이 상쾌해진 것 같았다. 우리가 이곳에 온 이유는 박물관도 가고 태백산에 가기 위해서 온 것이다. 지금부터 나는 광부 아저씨들을 설명할 것이다.

우리가 살고 있는 땅 위에는 깨끗한 공기가 많이 있지만 땅 속에는 석탄가루가 많이 있고 산소가 부족하다. 그런데 광부 아저씨들은 땅 속에 들어가서 석탄을 캐내는 대단한 일을 하고 계신다. 말로만 듣는다면 별로 대단한 일이 아니라고 생각되지만 지금 내가 알게 된 것을 알게 된다면 참 대단하시다고 느껴질 것이다.

석탄을 캐려면 땅 속으로 들어가야 한다. 땅 속으로 들어가려면 굴을 파야 한다. 화약으로 폭파해서 굴을 판다. 그런데 화약 때문에 사망한 사람도 많다고 한다. 석탄을 캐는데 가운데에 커다란 구멍이 있기 때문에 무너지기가 쉽다. 그런데도 그 안으로 들어가시니 쉽게 말하면 목숨을 걸고 일을 하시는 것이다. 그래서 사망하신 분이 많다. 그런데 사람들은 그런 줄도 모르고 난로가 더 편리하다며 난로를 사용하고 있다. 그리고 보일러와 가스를 더 많이 사용하고 있다.

광부 아저씨들은 열심히 석탄을 캐지만 우리나라에 남은 탄광은 얼마 되지 않는다. 그리고 석탄을 캐시는 분들은 우리나라를 위해 일하시는 분과 같다. 왜냐하면 우리나라에 있는 사람이 따뜻하게 지낼 수 있도록 일을 하시는 것이기 때문이다.

그 석탄 때문에 광부아저씨께서 진폐증에 많이 걸린다고 한다. 그리고 진폐증에 걸려 사망하신 분의 폐를 보았는데 사람들의 폐는 붉은 색이어야 하는데 진폐증에 걸린 사람의 폐는 회색 같았다. 앞으로 나는 그분들을 많이 존경해야겠다.

아이는 박물관에서 광부에 대한 이야기를 들었습니다. 그러면서 '산소도 부족한 땅 속에 들어가서 석탄을 캐야 하기 때문에 대단하다.' 고 생각하게 되었고, 다른 사람들도

'내가 안 것을 알게 된다면 참 대단하시다고 느낄 것'이라 하였습니다. 이 아이 말이 정말 옳습니다.

  3학년 어린이가 자기가 알게 된 것을 성의껏 잘 적었습니다. 이 글을 적으면서 힘든 일을 하는 사람에 대한, 땀 흘려 일하는 사람의 수고를 생각하는 귀한 시간이 되었겠구나 생각합니다.

내가 잘 아는 내 버릇

나의 버릇   옥동규(4학년)

나는 5살쯤부터 손톱을 이빨로 물어뜯는 버릇이 있었다.

송곳니로 오른 손가락 손톱을 물어뜯는다. 오른 손가락을 물어뜯을 때 엄지손가락이 딱딱해서 물어뜯기가 좋은데 다른 손가락은 너무 물렁물렁해서 시시하다.

어느 때 내가 손톱을 가장 많이 물어뜯나 하면 배고플 때 아니면 공부를 하다가 할 일이 없을 때이다. 나는 손톱을 학교에서는 많이 물어뜯지 않지만 집에서 많이 뜯는다. 그 이유는 학교에서는 친구들이 많아서 놀릴까 봐이다.

나는 손톱 물어뜯는 것을 고치려고 했지만 저절로 손가락이 입안으로 들어가기 때문에 고치지 못했다.

  자기 버릇에 대해서 이만큼 잘 알기도 어렵겠다 싶습니다. 글의 독창성에 대해 많은 사람들이 이야기를 합니다. 그런데 자기 체험만큼 독창적인 게 또 있을까요? 늘 체험하는 자기 버릇을 글감으로 해서 동규만이 쓸 수 있는 글을 써 놓았습니다. 문단에 대해서도 잘 알고 글을 썼어요. 4학년 정도라면 문단에 대한 생각도 해 가면서 글을 쓰는 것이 좋습니다.

내가 잘 아는 ○○ 만드는 법

호박전

이창화(교대부속4)

며칠 전에 엄마와 같이 호박전을 만들었다. 지져지는 호박이 신기했기 때문에 글감을 이것으로 잡아본다.

첫째로는 시장에 가서 호박전을 만들기에 알맞은 것을 고른다. 예를 들어 흠이 나지 않고 탐스럽게 생긴 것을 고른다.

그리고 둘째, 집에 와서 잘게 둥근 모양으로 썰어놓고, 소금으로 간을 맞춘다.

셋째, 썰어놓은 호박을 밀가루에 고루 묻힌다.

넷째, 계란을 하나 꺼내어(날계란으로) 깨서 그릇에 담고 풀은 후 밀가루를 고루 묻힌 호박전을 날계란 푼 것에 집어넣어 계란을 묻힌다.

다섯째, 프라이팬에 기름을 조금 부어놓고 계란과 밀가루를 묻힌 호박을 프라이팬에 살짝 지진다. 앞과 뒤를 골고루!

그 다음엔 먹는다. 호박전은 짜지도 않게, 싱겁지도 않게, 또 태우지도 않고 노릇노릇하게 잘 익은 것이 좋다. 나와 엄마께서 만든 호박전은 맛이 있었다. 다음에 이런 기회가 다시 온다면 내가 스스로 만들어 보고 싶다.

이런 글을 보면 우리가 흔히 대하는 요리책도 다 설명문으로 되어 있음을 알 수 있습니다. 자기가 잘 아는 요리 방법, 개발한 요리 방법 같은 것을 남에게 알려 주는 것이지요.

요즈음은 아이의 창의력 발달에 관심을 갖고 있는 사람들이 아이들에게 요리하는 것도 많이 권장하고 있습니다. 반가운 일입니다. 이런 일은 꼭 아이들의 창의력을 발달시키려고 하는 목적보다는 일하는 것의 소중함을 알게 해 주는 일이기 때문에 더 중요한 것이랍니다.

연 만들기

이예찬(옥정5)

나는 무엇이든지 직접 만들어 다루는 것이 매우 좋다. 또 연 만들기와 날리기도 그렇다. 요즈음 내가 연날리기에 재미를 붙인 것은 지난번 학교 특활시간에 만들어 날리고부터이다. 그래서 지금까지 나름대로 보고 듣고 알아낸 가오리연 만드는 방법을 소개해보겠다.

먼저 가오리연을 만드는 방법은 종이를 자기가 만들고 싶은 크기로 정사각형으로 오리고 가운데 동그랗게 구멍을 뚫는다.

그리고 그 종이 크기에 맞추어 댓살을 붙이는 것이다. 댓살은 보통 종이 가운데에 열십자로 붙인다. 이때에는 연 만드는 재료가 종이라면 밥풀로 붙이는 게 가장 좋고 비닐이라면 테이프로 붙이면 된다.

좋은 댓살은 구부려도 잘 부러지지 않고 탄력 있는 매끈매끈한 면이 있는 겉댓살이다. 또 아쉬운 대로 철사로 댓살을 붙이는 경우도 있는데 가로로 구부려 붙이는 댓살과 바꾸어 쓸 수 있다. 하지만 세로 댓살은 꼭 겉댓살로 해야 한다. 철사의 장점으로는 가볍고 만들기가 쉽다는 것인데 단점은 댓살보다는 탄력이 없고 망가지기 쉬우며 종이가 팽팽히 펴지지 않는다는 것을 생각해야 한다.

둘째, 다 붙였으면 실을 묶어야 한다. 사방 귀퉁이에 실을 묶어서 연의 중심에서 그 실들이 다 만나게 다시 묶는다. 이때는 이 실의 묶음 부분이 길수록 연이 잘 올라간다. 하지만 중심이 잘 잡힐 정도로만 길게 해도 된다. 이때 중심을 잘 잡는 것이 아주 중요하다. 중심이 잘 안 잡히면 연이 술 취한 사람처럼 막 기울어진다. 잘 모르겠으면 날려보면서 조정해서 묶는 것도 좋다.

셋째, 꼬리를 붙인다. 이때는 가운데 꼬리는 길게 양 옆의 꼬리는 가운데 꼬리의 절반만큼 길이로 붙이면 된다. 선생님은 그것이 공기를 이용해서 날게 하는 거라고 하시는데 나는 그거는 모르겠다.

그리고 연 줄은 나이론 실로 하는 것이 튼튼하다. 얼레가 없을 때에는 가운데 구멍이 있는 실패에 막대기를 끼워 넣으면 훌륭한 얼레가 된다. 그 막대기를 양 손에 잡고 있으면 실패가 저절로 도로록 굴러가면서 실이 풀린다.

참고자료 없이 모두 내 얘기이지만 그리 실용성에 뒤떨어지진 않을 거다. 재미있는 고유의 민속놀이인 연날리기로 조상의 얼을 한번 되살리는 마음으로 연을 잘 만들어 날리는 것은 좋은 방법일 것이다.

자기 스스로 연을 만들어 본 것이 아주 훌륭합니다. 열심히 연을 만들어 보고 나서 만드는 방법을 차근차근 잘 설명하고 있습니다. 스스로 이리저리 궁리하면서 알게 된 일들이 많아 '참고 자료' 없이도 이만한 글을 써 냈습니다. 문단에 대해서도 잘 알고 있고 구체로 설명한 것도 잘 되었습니다. 놀잇감을 만들어서 가지고 노는 일, 아이들이 또 다른 즐거움을 누릴 수 있는 자리가 되겠지요?

잘 아는 놀이

그네 타기

조윤주(탑동2)

민혜야, 놀이터에 있는 그네를 탈 때는 발을 오므렸다가 폈다가 하고 손은 줄을 잡고, 엉덩이는 힘을 주면 그네가 움직인단다.

서서 탈 때는 조심조심 일어나서 탄단다. 멀리멀리 가려면 다리를 굽혔다가 폈다가 하면 돼.

> 또 두 사람이 같이 타려면 한 사람은 앉고 한 사람은 일어나서 처음에 앉은 사람이 타고 그 다음 일어난 사람이 타면 더 좋고 시원할 거야.
> 그네를 너무 멀리 타면 줄이 끊어질지도 몰라. 세울 때는 가만히 있으면 세워져.
> 거북이 등을 만들려면 그네에 누워서 타면 돼. 무릎을 구부려서 타려면 조심해서 타야 돼. 어지럽게 하려면 그네를 뱅뱅 돌려서 타는 것이야. 그런데 그렇게 하지 마.

자기가 잘 아는 그네 타는 법을 말하듯이 알려주고 있습니다.

대체로 아이들은 다른 아이들이 노는 모습을 보면서 놀이를 배웁니다. 나이 어린 동생들한테는 방법이나 규칙을 설명해 주고 같이 노는 경우도 있습니다. 설명해 준 대로 놀이하는 방법이나 규칙을 글로 쓰면 설명문이 됩니다.

이 글은 그네 뛰는 방법과 여러 가지 그네 놀이 방법을 동생에게 친절하게 말해 주는 투로 적어서 더 재미있게 읽힙니다.

내가 잘하는 과목

> **스케치 잘 하는 방법**   이승재(와부5)
>
> 스케치는 그림을 그리는 데 기본이 되는 것이다. 그림을 잘 그리려면 스케치를 잘 해야 한다. 오늘은 내가 스케치 잘 하는 방법에 대한 글을 써 보겠다.
> 우선 무얼 그릴지 생각을 한다. 생각하는 시간은 많을수록 좋다. 그런데 나는 색칠하는 것은 못 한다. 그래서 연필만 사용하는 스케치를 하겠다.

> 아까에 이어서 무엇을 그릴지를 열심히 생각을 하고 그릴 것을 정했으면 그리기 시작한다. 연필은 4B연필로 하고 약하게 그리기 시작한다. 너무 세게 잡으면 너무 진해서 지워야 한다. 우선 형태를 잡고 그럴싸하게 모양이 나오면 어느 부분이 이상한가를 되짚어 보면서 이상한 부분을 고쳐준다. 그렇게 모양이 완성되면 마지막으로 밝고 어두운 곳, 또는 그림자를 만들어 준다. 사물과 가까이 있을수록 그림자는 짙어진다. 밝은 면과 어두운 면은 조명에 따라 어두움과 밝기가 정해진다. 완성을 했으면 또 다시 점검을 해 본다. 점검이 완료되면 끝.
> 이것은 내가 그림을 그릴 때의 방식이다.

    승재가 설명하는 대로 그림을 그리면 누구나 스케치를 잘 할 수 있을 것 같습니다. 자신이 잘하는 과목도 좋은 글감입니다. 그런데 간혹 나는 잘하는 것이 없는데……라고 생각하는 사람을 만날 때가 있어요. 자신이 잘하는 것이 아무것도 없다고 느끼는 것은 다른 사람과 비교하기 때문에 그렇습니다. 나는 그림을 잘 그린다고 생각했는데 생각해 보니 우리 반 누가 나보다 더 잘 그리네, 나는 과학을 잘한다고 생각했는데 우리 학교 누가 나보다 잘하네…… 하는 식으로 생각을 하면 자신은 아무것도 잘하는 것이 없는 것처럼 느껴질 수가 있어요. 그렇게 생각하지 말고 내가 하는 여러 가지 즉 달리기, 책읽기, 만들기, 노래하기…… 가운데서 잘하는 것을 찾아보세요. 누구나 잘하는 것이 하나씩 있게 마련이거든요.

다른 사람이 잘 안 쓰는 글감도 잘 생각해서 쓰면

    설명문이라고 하면 자칫 재미없고 딱딱한 글로 알기 쉬워요. 하지만 다음 글을 한번 읽어 보세요.

똥 누며 책 읽기
하늬 (교동 6)

난 똥 눌 때 꼭 책을 본다. 급해도 책을 찾아 가지고 들어가서 한 구절 읽을 때까지 나왔다 들어갔다 하는 똥을 참는다. 읽고 나서 '으-응, 풍덩' 너무 기분이 상쾌하다. 똥을 다 눠도 책을 뗄 수가 없어서 30분씩 앉아있을 때도 있다. 정말 책이 잘 읽힌다. 똥 눌 때 기분 나쁜 것은 가끔 똥이 안 빠지고 반만 매달려 있다. 아무리 '끄-응' 힘을 줘도 안 나온다. 그럴 땐 화장지를 뜯어서 몸을 조금 일으키고 똥을 화장지로 싸맨 다음 쭉 잡아 뺀다. 그 때는 시원하지만 기분은 안 좋다. 세상에서 가장 기분 좋은 순간은 참던 똥을 눌 때인 것 같다.

누구나 공감할 수 있는 내용이지만 아무도 쓰지 못한 글감을 찾았군요. '똥누기'처럼 새로운 글감을 찾아보는 것도 좋답니다. 또 이 글은 군더더기 없이 참 간결합니다.

보통 글을 길게 써야 좋다고 알고 있습니다만, 긴 글은 쓰기도 힘들고 읽기도 지루하기 쉬워요. 할 말을 다 하면서도 간결한 글이 쓰기도 읽기도 좋지요. 하늬의 글이 바로 그런 글이네요.

설명문을 쓸 때에는

1 설명할 것을 잘 알고 있어야 정확하고 올바르게 설명할 수 있어요.
2 설명을 할 때에는 듣는 사람이 잘 알아듣도록 친절하고 쉬운 말로 자세하게 해 주는 것이 좋아요.
3 문장은 되도록 짧은 것이 좋아요. 또 모든 사람이 알 수 있도록 우리말과 글을 살려 써야 합니다.
4 누구나 다 아는 뻔한 사실보다는 두드러진 특징이나 남들이 모를 것 같은 사실을 잘 찾아서 말해 주면 좋겠지요. 강아지는 눈이 두 개, 귀가 두 개, 다리는 넷이라는 것은 누구나 다 아는 사실이지요.
5 새롭게 안 사실, 학교에서 선생님께 새로 배운 사실, 내가 책을 읽고 찾아낸 사실 등을 설명해 보세요. 그렇게 알게 된 것을 근거를 대면서 말하면 좋아요. '어떤 책 몇 페이지, 누구의 설명~' 하는 식으로.

느낌과 생각을 선명하게 나타내는 감상문 쓰기

감상문이란 어떤 글인가?

감상문은 우리가 살아가면서 마음에 떠오른 느낌이나 생각을 쓴 글입니다. 그렇다고 해서 느낌이나 생각만을 따로 떼어서 쓰는 것은 아니고, 그 느낌이나 생각이 우러나게 된 자리(겪은 일)를 먼저 쓰고 난 다음에 밝혀 쓰게 됩니다.

아이들이 맨 처음 써야 할 글은 서사문(생활문)입니다. 자기가 한 일 그대로, 본 일 그대로를 쓰는 서사문에도 자연스럽게 자기의 느낌이나 생각을 써 넣을 수 있답니다. 감상문이라고 해서 따로 쓸 수도 있지만 서사문 안에 자연스럽게 감상이 나타나는 것이 보통입니다.

아이들이 느낌이나 생각(감상)만 가지고 글을 쓰는 일은 흔하지 않습니다. 생각이나 느낌이 주가 되는 감상문은 서사문과 주장하는 글 사이를 연결해 주는 고리 구실을 하기도 합니다. 감상문을 쓸 때는 느낌이나 생각들을 추상적이거나 관념적으로 쓰지 말고 현실의 체험을 바탕으로 정직하게 자기 말로 써야 할 것입니다.

창피하다 창피해
박현경(성일6)

나는 어머니의 심부름으로 수퍼로 가고 있었다. 그런데 젊은 여자와 젊은 남자가 어깨동무를 하고 가고 있었다. 내가 보기에도 창피하였다. 우리 나라는 '동방예의지국'인데 오늘날에는 그 말이 옛말에 불과하다. 밝은 대낮에 어찌 그렇게 할 수 있으랴? 오늘뿐만이 아니다. 길거리를 다니다보면 이런 모습을 자주 볼 수가 있다. 아무리 좋다하여도 여러 눈이 지켜보고 있는데 말이다. 나는 처녀가 되어도 그러지는 않겠다. 정말이다.

이 글은 어디(수퍼)를 가다가 무엇(젊은 남자와 여자가 어깨동무하고 가고 있는 것)을 보았다는 것을 밝히고 나서 그 일 때문에 갖게 된 자신의 느낌을 썼습니다. 이렇듯 실제 사실을 들어 보인 다음에 자기 생각을 말해야 설득력이 커지겠지요.

감상문에서 가장 중요한 것은 자기만의 느낌이나 생각을 소중하게 여겨 그것을 찾아내고 드러내야 한다는 것입니다. 어른들의 가르침을 자기 생각이나 느낌처럼 적는 것은 좋지 않습니다. 그렇게 쓴 글은 읽을 맛이 나지 않지요.

감상문 쓰기 지도

'나만의 생각'을 쓰게 한다

'나만의 생각'은 어느 날 뚝 떨어지듯 만들어지는 것이 아닙니다. 아이들은 자신을 둘러싸고 있는 세상의 모든 일을 통해 배우게 되는데, 너무 어른의 틀에 맞추어 교육 받은 아이는 자기만의 생각을 갖기 어렵습니다. 사람의 얼굴이 다 다르듯 생각도 다 달라야 정상이겠지요. 어떤 일에 한목소리를 내는 것이 하나가 되는 것이라고 생각하기 쉽지만, 다른 목소리를 내는 사람들이 서로 어울리도록 하는 것이 참된 하나가 되는 것이라 생각합니다.

그런데 우리 둘레에는 생각이 어떤 틀에 맞지 않으면 큰일 나는 걸로 생각하는 사람들이 많아요. 어른들이 그러다 보니 아이들도 거기에 따라가고 있는 형편이지요. 또 자기 느낌이나 생각을 말할 기회가 없거나 '시원찮은 것'이라고 무시당하는 일이 자주 일어난다면 '나만의 생각'을 찾아 내기 어렵지요.

어른 눈치를 보지 않고 짧더라도 자신의 마음을 솔직히 쓰는 것이 감상문 쓰기의 기초입니다. 아이의 어떤 생각이라도 귀하게 받아 주세요. 어느 날 날을 잡아 알려 주려 하기보다는 틈틈이 아이의 글을 보면서 어느 한 구절 "야, 이건 다솔이만 생각할 수 있는 거네." 하고 진정으로 칭찬해 줍니다.

피아노 치기
최예나(부안2)

나는 피아노 치는 것을 좋아한다. 취미도 피아노 치기다. 라디오에서 들으면 곡이 아름다운데 내가 치면 곡이 아름답지 않다. 그래서 연습을 한다.

같은 곡이지만 라디오에서 나오는 소리는 아름다운데 내가 연주하는 소리는 그렇지 못하다고 느끼면서 이 글을 썼습니다. 언제 무슨 곡을 들었는데 내가 치는 피아노곡과 어떻게 다른 느낌이었나를 밝혀 쓰면 더 좋았겠지만, 아직 2학년이라 이렇게 썼어요.

저학년 아이들은 보통 피아노 연습하기가 힘이 들다 혹은 재미있다고 쓰는데, 이 아이는 자신이 치는 피아노 소리와 다르게 라디오에서 나오는 소리는 아름답다고 하면서 '그래서 연습을 한다.'고 쓰고 있습니다. 누구에게 이끌려 할 수 없이 하는 일이 아니라 자신이 부족하다고 느껴서 연습을 한다니 참 귀한 생각을 했지요?

엄마의 잔소리
임형훈(잠원3)

엄마는 잔소리가 많으시다. 책 중에서 수학을 빼먹으면 "책 좀 잘 챙겨!"라고 하신다. 또 한 가지 준비를 늦게 하면 "준비 좀 빨리 해!"라고 하신다. 엄마의 잔소리는 정말정말 지겨웠다. 엄마가 잔소리를 안 하셨으면 좋겠다. 그리고 나도 준비를 빨리 하고 책을 잘 챙기겠다.

아이들이 숙제도 착 해놓고 놀고, 준비물도 완벽하게 챙기고, 학교 갈 시간이면 제 시간에 준비도 끝내고…… 이러면 얼마나 좋을까요? 그런데 당연히 그게 안 되지요. 그러니 어머니는 자꾸 잔소리를 하고 아이는 지겨워하는 일이 일상에서 반복됩니다. 그러나 이 아이의 마지막 말에서 볼 수 있듯이 아이들도 스스로 챙겨 보려고 애쓴답니다. 미리미리 준비하고 챙기고 확인하는 일은 정말 중요한 일이지만, 어른들도 어려워하는 일이니 아이의 마지막 말에 크게 격려해 주세요.

밥 굶기

김향숙(5학년)

오늘 내가 밥을 한 번 굶어 보기로 했다. 아침을 굶으려고 했는데 먹고 싶어서 아침은 먹었다. 점심도 먹었다. 점심은 꼭 안 먹으려고 했는데 닭백숙이라서 먹었다. 저녁은 죽어도 안 먹으려 했는데 배가 고파 또 먹었다.

내가 끈기가 없는 모양이다. 이것도 생각보다는 아주 어렵다고 느껴졌다. 이것도 마음먹기에 달렸다고 생각된다.

빙그레 웃게 만드는 글입니다. 왜 그런 생각을 하게 되었는지는 모르지만, 밥을 굶어 보려고 했는데 뜻대로 잘 안 되었습니다. 밥을 굶는 일이 생각보다 아주 어렵다면서 '내가 끈기가 없는 모양' 이라고 하였습니다. 짧은 글이지만, 하고 싶은 말을 다 하고 있는 글이지요.

감상을 떠올리게 된 자리를 잘 밝혀 쓰게 한다

세상은 참 무섭다

곽철정(삼성4)

내가 막 낮잠에서 깨어났을 때 어머니께서 방으로 들어오시며,
"어떻게 부모가 자식을 죽일 수 있지?" 하셨다.
나는 자식이 부모를 죽였다는 말을 들었어도 부모가 자식을 죽인 말을 처음 들어서,
"그게 무슨 말이에요?"
라고 물으니 신문을 내주시면서
"실종된 세 남매를 죽인 사람이 바로 아버지란다."
라고 말씀하셨다.

> 참내, 신문을 보니까 아내가 가출한 화풀이로 아이를 죽였다고 한다. 아이구, 이 노무 금수보다 못한 놈, 또 사설을 보니까 자기가 죽여 놓고 자기가 신고했다고 하였다. 나는 그걸 읽으니까 이 놈이 간이 무척 크다고 생각하였다.
> 나도 하도 기가 차서
> "세상 참 무섭다."라고 하니까 어머니께서 웃으셨다.

서사문으로 볼 수도 있는 글입니다. 그러나 이 아이 글의 무게 중심은 신문에 난 끔찍한 사건을 읽고 나니 세상이 참 무섭구나 하고 느껴진다는 말이겠지요. 자기가 그런 생각을 하게 된 자리(겪은 일)를 소상히 쓰고 있어서 왜 그런 생각을 가지게 되었는지 잘 알 수 있습니다.

만일 이런 글을 "아, 요즈음은 세상이 무섭다. 너무 무서운 일이 많이 일어났다."라고만 썼다면 너무 막연한 이야기가 되고 말았겠지요. 그래서 감상문을 쓰더라도 그런 감상(느낌, 생각)을 떠올리게 된 자리를 잘 밝혀 쓰도록 지도해 주는 것이 중요하답니다.

> **이동국**
> 김바다(5학년)
> 축구 해설자들은 이동국 선수가 골을 넣으면 "아, 저 코끼리 다리 좀 보세요." 하며 이동국의 칭찬을 하면서, 만약에 슛에 실패하면 "저 닭다리 좀 보세요." 하면서 야단을 한다.
> 사람들의 심보는 아주 고약하다. 잘 할 때는 칭찬을 하고 또 순간 못하면 욕을 한다. 아주 심보가 고약하다. 만약 잘못하면 '다음부터 잘하면 되지.' 하고 용기를 줘야지 욕을 하면 기분이 아주 나쁠 것이다.

축구 경기 해설을 들으면서 생각나는 점을 쓴 글입니다. 조금 장난기가 섞여 있기는 하지만 백 번 옳은 이야기를 하고 있네요. 잘할 때는 온 나라가 떠들썩하다가도 조금 잘못하면 '다음에 더 잘하라.'고 용기를 주는 대신 비난을 퍼붓는 게 세상 인심입니다. 이 아이는 이것이 잘못되었다고 생각하고 있어요. 다만 축구 해설자가 했다는 말은 자기가 직접 들은 것인지 좀 궁금합니다. 실제로 들은 이야기라면 그 일을 잘 밝혀서 뚜렷하게 썼더라면 더 좋았을 것입니다.

캔 뚜껑 줍기

조우리(5학년)

나와 교회 친구들은 이번 주 일요일부터 캔 뚜껑 줍기를 시작하였다. 그 이유는 우체국에 가서 캔 뚜껑을 주면 1원을 준다고 했기 때문이다. 장애인 휠체어를 만든다고 그 사실을 알고 친구들과 선생님은 돼지저금통까지 사서 그 안에 캔 뚜껑을 넣었다.

일요일 날, 친구들과 함께 주운 것은 30개, 내가 혼자 분리수거 하는 곳에 가서 가져온 것은 50개, 모두 합쳐서 일요일 하루만 80개가 되었다. 그리고 어제는 송파도서관에 갔었는데 밑에 매점 쓰레기통에서 주운 것 5개까지 지금은 모두 85개이다.

(줄임)

난 캔 뚜껑을 주우면서 느낀 것이 하나 있다. 여태까지 나나 친구들은 모두 좋은 가정에서 행복하게 살았다. 내가 지금 얼마나 행복한지를 알게 해준 것이다.

나는 내가 번 돈으로 크지는 않지만 불우이웃을 돕고 싶다. 앞으로 귀찮은 마음을 딱 버리고 열심히 캔 뚜껑 줍기를 실천할 것이다.

깡통 고리를 모아 장애우들의 휠체어를 만들어 준다는 이야기를 들은 적이 있습니다. 이 아이도 그 운동에 동참해 보려고 하는 것 같지요? 아이는 깡통 고리를 모으면서 힘들고 어렵게 사는 사람들도 많이 있는데 지금 나는 정말 행복하게 살고 있구나 하는 것을 새삼스럽게 인식했습니다. 더 나아가 앞으로 불우한 이웃을 돕고 싶어서 귀찮다는 생각을 버리고 깡통 고리를 열심히 줍겠다고 이야기합니다.

어떤 일을 하면서 떠오른 생각도 감상문의 좋은 글감입니다.

내 마음이 담긴 생활 속 이야기

재미있는 바람 이선정(2학년)

친구들과 글쓰기를 하러 오는데 바람이 불었다. 그래서 나, 슬기, 미지, 다희는 날아갈 것 같았다. 그런데 나는 날아가는데 수영하는 느낌이 들고 슬기는 나뭇잎이 되어 날아간다고 그랬다. 나는 바람이 재미있다.

서운한 승현 장승현(광남2)

내가 왜 서운하냐면 상호가 오늘 미국을 가서 그런다. 나는 상호하고 맨날 축구를 하기 때문이다. 갑자기 상호가 보고 싶다. 비행기가 제대로 미국으로 갔으면 좋겠다.

반장선거 안건우(4학년)

내일인가모레에 반장 선거를 한다. 나는 부반장이 되고 싶어서 나갈 것이다. 그런데 친구들이 나를 과연 뽑아 줄까? 내가 부반장이 되면 친구들과 사이좋게 놀고 부반장처럼 선생님 말을 잘 듣고 학급을 위해 열심히 할 건데 내가 부반장이 되기 위해선 친구들에게 잘 해주고 물건을 잘 빌려주고 놀리지 말고 나가서 말도 잘 하고 해야 뽑아줄까? 나는 지금까지 친구들을 많이 놀렸다. 그게 많이 미안했다.

자기 마음이 담긴 소소한 생활 이야기는 읽기에도 재미있습니다.

사회에서 일어난 일에 관심을 갖고

시험 못봤다고 죽는 사람들

이희재(와부5)

이번 수능시험 때 죽은 고등학생 형 누나들이 있다. 시험을 잘 못봐서일 것이다. 하지만 난 이런 일 때문에 목숨을 끊는다는 것은 옳지 않다고 생각한다. 인생의 반도 못 살고 죽다니!……

나는 고등학생들은 초등학생보다 생각하는 폭도 넓을 것이라 생각했지만 나의 상상은 이번 일로 깨졌다. 수능시험, 떨어지면 또 공부해서 보면 되지 왜 목숨을 끊나 모르겠다. 어린 나보다도 덩치만 컸지 생각은 안 컸다. '희망'이란 생각도 않고 황천길로 가는지. 만약 자기 힘으로는 대학 가는 거 못하겠다 싶으면 공부 말고 노동 같은 일이나 농사를 지으면 되는 것이 아닌가? 우리가 모두 공부 잘해서 대학 가고 나와서 대단히 좋은 일만 한다면 청소부 농사는 누가 하나? 결국 대한민국 사회는 망한다. 청소부 농사를 잘하는 사람도 꼭 필요하다. 우리나라는 점점 인재가 사라지는 것 같다.

고학년쯤 되면 어느 정도 사회 문제에 대해 관심도 생기고 자기 나름의 생각도 생기게 됩니다. 이 아이는 수능 시험을 잘 못보았다고 죽는 사람들에 대해 안타까워하면서 공부해서 또 보면 되지 왜 목숨을 끊는지 고등 학생인 누나 형들이 '어린 나보다도 덩치만 컸지 생각은 안 컸다.'고 말하고 있습니다. 이 아이 말이 다 맞습니다. 이런 불행한 일은 다시는 일어나지 않았으면 좋겠습니다.

이렇게 어떤 사회 문제에 대해서 인식하고 나름대로 떠오른 생각을 정리해 보는 일도 아이가 바르게 자라는 밑거름이 되는 일이지요.

자신의 걱정거리를 써 보게 한다

체육 시간
최지선(상지3)

나는 체육을 못한다. 그래서 체육 시간을 싫어한다. 체육 시간이 되면 체육 못하는 아이들끼리 저 끝 쪽으로 가서 서 있어야 한다. 어쩌다가 선생님이 시키시면 우물쭈물 하다가 공을 차는데 자꾸 빗겨 나가서 친구들에게 놀림감이 되곤 한다. 책상 앞에서 생각을 하다 보면 "최지선, 넌 그것도 하나 못 차냐?"하면서 체육을 잘 하는 용주가 놀려대던 생각이 자꾸 난다. 나는 왜 체육을 못하까? 나도 체육 잘 하고 싶은데.

체육 못하는 아이들끼리 저 끝 쪽으로 가서 서 있어야 하고, '어쩌다 선생님이 시키면 우물쭈물하다가 공을 차는데 자꾸 빗겨 나가서 놀림감이 되곤 한다.' 니 마음이 좋을 리 없습니다. 체육 시간의 자기 모습을 잘 전달하고 있어서, 체육을 한번 잘해 보고 싶어하는 지선이의 마음이 잘 전달돼 옵니다. 체육 말고 지선이가 잘하는 것이 분명히 있을 것입니다. 어머니와 선생님도 함께 찾아보며 격려해 주시면 좋겠네요.

돈 때문에
공현정(6학년)

난 할머니와 같이 산다. 그리고 내가 둘째라서 사랑을 독차지 한다. 그 중에서 날 제일 아껴주시는 분이 할머니다. 아빠는 서울에서 일하느라 바쁘다. 그리고 엄마가 없어 언니가 대신 나의 어머니다. 그래서 모든 사람들은 할머니께 잘해야 된다고 하셨는데……

어느 날, 내가 가방을 털다가 실수로 33만원을 잃어버렸다.. 우리 집은 그럭저럭이라서 돈이 조금만 없어지면 우리 할머니는 화가 나셔서 잠을 못 이루신다. 요즘엔 그 돈 땜에 사랑도 못 받고 미움만 받고 있다.

> 그래서 나는 커서 할머니께 33만원 보다 더 가치 있는 것을 드리고 싶다. 할머니! 죄송해요. 그리고 사랑해요.

어린아이가 실수로 33만원이라는 큰돈을 잃어버리게 되었습니다. 자세한 내용은 글에 나타나지 않아 전후 상황은 잘 모르겠습니다만, 이 아이가 하고 싶은 말은 '돈을 잃어버린 상황'이 아니라 '그 일로 일어난 여파'에 대해서 적고 싶어 이렇게 글을 썼겠지요.

그 일로 할머니가 잠을 주무시지 못할 만큼 화가 나셨고, 그 돈 때문에 미움을 받고 있다고 생각합니다. 그리고 지금은 아무것도 할 수 없지만 '커서 33만원보다 더 가치 있는 것을 드리고 싶다.'고 합니다. 바로 그런 생각이 이미 '더 가치 있는' 그 무엇이 아닐까 싶어요. 할머니에 대한 죄송한 마음과 할머니를 사랑하는 마음이 절절하게 다가오는 글입니다.

('난'이라고 쓰는 것보다는 '나는'으로 본디말을 밝혀 쓰는 것이 더 좋습니다.)

'즐거운 생활'에 대하여
손정화(1학년)

> 오늘은 정말 기분이 나쁘다.
> 엄마한테도 혼나고 즐생에 대한 문제도 많이 틀렸다.
> 즐생은 너무 재미없다.
> 무슨 악기가 필요한가에 대해서도 나오고, 오빠는 즐생을 잘하는데 나는 왜 이런지 모르겠다.
> 나는 이제부터 즐생을 열심히 공부할 것이다.
> 하지만 즐생에 내가 잘 아는 문제가 나올 때는 재미있다.
> 나는 2학년이 다 되가는데도 왜 이러는지 모르겠다.
> 내 생각에는 내가 정신을 바짝 안 차려서 일 것 같다.

> 이제부터는 열심히 할 것이다.
> 하지만 난 노래를 부르는 걸 좋아한다.
> 그래서 즐생을 열심히 할 것이다.
> 30점을 맞았기 때문이다.
> 맹세한다.
> 즐생을 잘 하겠다고.
> 30점을 맞아보니 마음이 미어졌다.
> 왠지 내 마음이 어는 것처럼……
> 하지만 100점을 맞으면 마음에 봄이 찾아오는 것 같다.
> 마음도 따뜻해지고, 90점을 받을 땐 왠지 뭔가가 부족한 것 같다
> 집에 사는데도 엄마아빠가 없는 것처럼 마음의 한 군데가 빈 것처럼……
> 나는 정말 왜 이럴까.

　1학년 아이들은 글을 쓰면서 자기가 하고 싶은 말을 제일 앞에 적는 특징이 있습니다. 이 아이도 '오늘은 정말 기분이 나쁘다.'며 절실한 마음을 먼저 적은 다음, 왜 기분이 나쁜지를 말하고 있습니다.

　1학년 아이가 쓴 글인데 자기 마음의 상태를 잘 적고 있습니다. '즐거운 생활' 시험에서 30점을 맞았으니 마음이 미어지는 것 같고, 그래서 앞으로 잘하겠다는 맹세도 해 보고, 정신을 차리지 못한 자신을 원망하기도 합니다. 그런데도 마음이 허전하지요. 그러다 보니 아이는 '집에 사는데도 엄마 아빠가 없는 것처럼 마음의 한 군데가 빈 것'처럼 느끼고 있습니다. 자기 마음의 변화를 적나라하게 잘 적었습니다.

　'이말 했다 저말 했다 정신없이 써 놓았다.'고 말할 수도 있습니다만, 1학년이니까 이렇게 씁니다. 그저 떠오르는 대로 토해 내듯 글을 쓰는 것이지요. 글을 정연하게 쓰는 것

은 아이가 자라면서 차츰 배우면 될 것입니다.

이렇게 자기 마음을 당당하게 글로 적을 수 있는 건강함이 있으니 곧 '즐거운 생활' 도 잘하는 아이가 되리라 생각합니다.

궁금한 일을 써 보게 한다

> **궁금해요** 이채현(원명2.)
>
> 저는 달, 별, 해, 금성, 화성, 목성, 토성이 어떻게 나타났는지 궁금해요. 또 진짜 하느님이 계시는지 궁금해요. 종이는 어떻게 만들고 글자는 누가 발견하고 제일 처음으로 태어난 사람이 누군지 궁금해요. 유리도 어떻게 만드는지 궁금해요.

어린이의 순수함이 그대로 드러나 있는 글입니다. 아이들은 정말 이런 것들이 궁금하지요. 이렇게 모든 일에 호기심을 갖고 궁금하게 여기는 마음, 이것이 탐구 정신, 과학 정신의 출발점이지요.

> **내 손이 왜 아플까** 우시현(1학년)
>
> 아침에 손이 아팠다. 곰곰이 생각했는데 아빠랑 살구받기를 너무 많이 아니 무진장해서 그런것 같다. 그래서 엄마가 쉬어라고 했는데 하고 싶었다. 더욱 손이 근질거리고 있었다. 그래도 오늘은 푹 쉴거다. 그렇지만 포기하진 않을거다. 살구여왕이 되는 그날 까지!!

손이 아파서 왜 그런가 생각해 보니 아빠랑 '살구 받기'를 무진장 많이 해서 그렇다는 것을 알게 되었습니다. 살구 받기를 '무진장' 해 주는 너그러운 아빠의 모습이 보이는 것 같아 흐뭇한 글입니다. 이 아이는 그것이 재미있어서 지금은 손이 아프지만 '살구여왕'

이 되는 날까지 살구 받기를 하겠다고 마음먹고 있습니다. 손이 아픈 일에서 떠올린 여러 가지 생각들을 잘 적어 놓았습니다.

상상한 것을 써 보게 한다

> **슈퍼맨이라면**   강민규(중산5)
>
> 내가 만약 수퍼맨이라면 별 군데를 다 날아다니겠다. 왜냐면 안 가 본 곳이 많기 때문이다. 다 가 보았으면 지구로 가서 지구를 계속 돌겠다. 사실로 그랬으면 또 다른 지구에 가서 외계인을 만나겠다. 외계인 모습을 사진으로 찍어 U.F.O를 가지고 오겠다. 내가 진짜로 수퍼맨이라면 사실로 하겠다.

민규는 수퍼맨이 되는 생각을 했습니다. 겪어 보지는 못했지만 머릿속으로 그려서 생각한 것입니다. 이것을 상상이라고 합니다. 상상想像이란 형상[모양, 像]을 생각[想] 해 본다는 것입니다. 그렇다고 해도 그 생각이 지나치면 망상 또는 공상이라고밖에 할 수 없겠지요.

아이들은 가끔씩 이런 생각들을 합니다. 그렇다면 이런 글을 쓰는 것이 당연하지요. 그런데 5학년 어린이의 상상으로는 너무 빈약합니다. 왜 그럴까요?

상상은 근거가 있는 생각이고 또 어떤 모양을 구체로 자세하게 그려 본다는 점에서 망상과는 다릅니다. 상상은 '현실을 바탕'으로 자유롭게 내 생각을 펼치는 것입니다. 머리로만 생각해서는 건강하고 힘 있는 상상이 나오기 어렵습니다. 어떤 대상에 대해서 치밀하게 생각하고 관찰한 것을 바탕으로 상상력도 커 나가기 때문이지요.

위의 글은 책상 앞에 앉아 잠시 공상을 해서 떠오른 생각이기 때문에 생각의 폭도 좁고 그 뜻도 빈약합니다. 상상력의 크기는 체험의 폭이나 깊이와 비례합니다. 체험이 빈약하면 상상도 빈약할 수밖에 없다는 이야기지요.

상상력은 한 그루 나무 모양을 하고 있어요. 나무의 뿌리가 빈약하면 기둥이나 가지도 빈약하지요. 뿌리가 아주 풍성하면 기둥이나 가지도 아주 풍성합니다. 나무는 땅 위의 모양대로 땅속에 뿌리를 내리고 있습니다. '상상력의 그림'도 그 나무 모양과 다르지 않답니다.

제삿날
민선교(3학년)

어제는 할아버지 제삿날이었다. 음식을 차려놓고 절을 했다. 나는 할아버지가 다녀가신다는 것이 신기했다. 돌아가시고 아주 못 오시면 할아버지도 싫을 거다. 할머니가 "내 눈에는 할아버지가 보인다." 하고 말씀하셨다. 나도 할아버지가 나 절하는 모습을 보셨다고 생각했다. 아버지는 절을 마치고 "아버지 저 사무실 냈어요. 아시죠?" 그랬다. 우리 식구는 모두 할아버지가 다 보고 계신다고 생각했다. 나는 할아버지가 좋아하시는 모습을 상상해 보았다. 그랬더니 할아버지가 웃으셨다.

이 글은 제삿날 겪은 일을 썼는데, 글에 나타난 모든 식구들이 할아버지가 다 보고 계신다고 생각합니다. 그러니 할머니 눈에는 할아버지가 다녀가시는 게 보이고(보이는 것 같고), 아이도 '나 절하는 모습을 보셨다고 생각' 합니다. 현실 속에서는 불가능한 일도 이렇게 상상 속에서는 가능하지요. 이 글에 나타난 상상은 현실을 바탕으로 펼쳐지고 있어서 읽는 사람도 그 분위기를 느낄 수 있습니다.

30년 뒤
홍선희(녹수6)

난 30년 뒤 크게 성공하여 지금은 전 세계로(?) 이름을 떨친 유명한 작가다.

어렸을 적 소박한 꿈을 가지고 있던 난 원래 꿈이 건축 디자이너였지만, 그 꿈은 나에게 불가능한 일이라서.

즉 집 설계에 필요한 수학이 문제여서이다.

가까스로 대학에 들어와서 이라 건축 디자이너는 나한테는 그냥 환상일 뿐이었다.

> 그래서 어렸을 적 조금씩 취미로 쓰던 글쓰기를 시작했다.
> 시작한 동기는 단지 친구를 이기기 위해서. 참 특이한 동기였다.
> 하지만 그것이 나의 전부가 될진 아무도 모르지만 말이다.
> 그렇게 시작한 아르바이트 소설쓰기.
> 한 거의 몇 개월의 작업을 통해 소설책을 내었다.
> 난 생각이 좀 워낙 특이한 편이라 그냥 낸 책이 바로 이름에 이름을 타기 시작해서 아르바이트만 했을 뿐인데 첫 출판한 것 치곤 수입이 짭짤했던 것이었다. 그래서 본격적으로 책을 내기 시작해서 나온 책마다 유명해져서 유명해진 것이다.
>
> (줄임)

자신의 30년 후의 모습을 상상하면서 글을 썼어요. 아이들과 한번 써 볼 수 있는 글이지요. 이런 상상의 글은 글쓰기가 다른 갈래보다 편한 느낌을 주어서 아이들이 좋아하는 글이기도 합니다. 다만 한 가지 조심할 것은 늘 이렇게 상상이나 느낌, 생각만으로 글을 쓰면 글 쓰는 힘이 잘 붙지 않는다는 것입니다. 이 점을 조심한다면 즐겁게 한두 번 써 볼 만하겠지요.

이 글은 한 줄 쓰고 줄 바꾸고 한 줄 쓰고 줄 바꾸고 하는 식으로 적고 있습니다. 문단을 생각하면서 글을 쓰거나 쓰고 난 뒤 문단을 정리해 보면 좋겠습니다. 문단은 내 뜻을 선명하게 전달하는 기초 단위입니다.

영화나 비디오를 감상하고

영화 에이 아이(AI)　　　　　　　　　　　　서주영(광남6)

토요일 오전 11시 30분에 테크노마트 영화관으로 에이 아이를 보러 갔다. 그런데 시작하자마자 분위기가 심상치 않았다. 영화에서는 인간이 로봇을 조정하거나 죽이는 잔인한 장면이 많았지만 몇 년 뒤면 외계인이나 로봇이 더 많아져서 인간을 죽여 외계인의 세상을 만들 수도 있을 것 같았다.

이 영화를 보고 난 뒤 그 날 저녁에 엠비시(MBC)에서 하는 '로봇'이라는 다큐멘터리를 보았다. 그런데 사랑이나 싫은 감정이 있을 수 있는 로봇을 만든 것이다. 그래서 난 이런 생각을 했다. 우리에게 필요하고 도움을 받기 위해 만든 로봇이 우리의 다음 세대를 이끌고 나가야 하는지……. 2,000년 아니 1000년이 지나면 로봇과 외계인의 세계가 올 날도 있을 거라고…….

나는 그날 밤 잠을 이루지 못하였다. 2,000년 뒤엔 우리 세계가 어떤 모습을 하고 있을 것인가?

영화 감상문은 독서 감상문처럼 '간접 체험'을 글로 적어야 하기 때문에 쓰기가 쉽지는 않은 갈래입니다. 자칫하면 영화 내용만 죽 늘어놓기 쉽거든요. 내용을 다 소개하려고 하지 말고, 어떤 장면이 자기의 어떤 체험과 맞닿아서 마음에 어떤 '출렁거림'이 있었다는 것을 적도록 해 주면 좋겠습니다.

글쓰기의 출발점 '느낀다', '생각한다'

글쓰기의 출발점에는 반드시 '느낀다', '생각한다'는 행위가 있습니다. 느끼고 생각하는 것이 없으면 흥미로운 글을 쓸 수 없어요. 그러기 위해서는 자신이 흥미를 느낀 대상을 정하고 그것에 대해 자신이 어떻게 느꼈는지를 잘 생각해 봅니다. 그 후에 그것을 글로 써 봅니다. 그저 막연히 '좋았다', '재미있다'에 그치지 말고 어떤 점에서 어떻게 재미있다는 것을 밝혀 쓰도록 애써 봅니다.

책 읽은 감동을 고스란히 담아 내는 독후감 쓰기

생활 감상문은 직접 살아가는 가운데서 얻은 생각을 쓰는 글이지만, 독서 감상문은 책 읽기라는 간접 체험에서 얻은 생각을 쓰는 글입니다. 책읽기는 현대인으로서 밥 먹고 옷 입는 일 다음으로 중요한 삶이라고 할 수 있습니다. 읽는 것이 공부라면, 읽고 난 느낌을 정리해서 쓰는 것 역시 귀한 공부이지요. 또 책을 읽은 느낌이나 책에 관한 이야기를 쓴 글만 읽어도 얻는 것이 있다면 얼마나 좋을까요?

그런데 독후감 쓰기를 좋아한다고 말하는 아이는 많지 않습니다. 여러 가지 원인이 있겠지만, 너무 틀에 박힌 글을 쓰도록 한다든가 너무 자주 쓰게 해서 질려 버렸기 때문이 아닌가 생각합니다.

독후감을 쓰는 가장 큰 목적은 책에서 받은 감흥을 잊지 않고 기억하기 위해서입니다. 그러니 독후감을 쓰는 일보다는 책과 친해지고 책을 즐겁게 읽는 일에 더 관심을 쏟아야 하는 것은 두말할 나위도 없겠습니다. 그런 다음 책을 읽은 뒤의 감상을 글로 나타낼 수 있으면 '더욱 좋은 일'이라고 생각해 주세요. 그래야만 쓰는 사람도 지도하는 사람도 독후감 노이로제(?)에서 벗어날 수가 있답니다.

적지 않은 경우 책읽기를 권장하기 위해서 아이들에게 독후감을 쓰게 하고, 그것들 중에서 선별해서 상을 줍니다. 그러다 보니 독후감 상에 대한 욕심을 갖는 학부모들도 꽤 있는 것이 사실이고요. 또 그런 욕심을 선생님들에게 은근히 내비치는 경우도 보셨지요? 이럴 때 선생님들은 참 난처해집니다. 말로 표현은 못하지만 내심 중압감을 느끼기도 하지요. 글은 적어도 상을 타기 위해 쓰는 것은 아니지 않겠어요? 그러니 확신을 갖고 아이가 책과 친해지고 한 줄이라도 자신의 느낌을 찾아 낼 수 있도록 도와 주세요. 자신 있고 당당한 선생님의 태도는 부모님들에게 신뢰감을 줄 것입니다.

독후감을 쓰기 전에 생각할 것들

독후감은 무엇보다 책을 잘 받아들이고, 책에서 많은 것을 읽어 낸 아이들이 잘 쓸 수 있습니다. 책은 한 가지 교훈만 전달하는 것이 아니며, 책 속에 담긴 끝없는 세계는 읽는 사람의 삶에 영향을 줍니다. 그래서 좋은 책을 읽고 마음이 움직여 책에서 받은 감동을 실천할 수 있게 될 때 좋은 감상문이 나오는 것이지요.

또 아무리 좋은 책이라고 하더라도 아이들이 읽고 감동하지 못한다면 아무 소용이 없습니다. 책읽기 지도에서 가장 중요한 것은 좋은 책을 아이들 단계(나이나 독서 수준, 아이들 특성, 환경을 고려한 단계)에 맞게 권하는 것입니다.

무엇에 대해서 '감상'을 한다는 것은 대단히 개성적인 활동이어서 누가 가르쳐 줄 수도, 배울 수도 없습니다. 우리가 음식 맛을 보고 맛이 어떻다고 하는 것은 온전히 자기 주관이지요. 그것을 다른 사람이 대신 맛봐 줄 수는 없는 일이고, 내가 맛본 것을 맞았다, 틀렸다 하는 식으로 평가할 수도 없는 것처럼 독서 감상도 대신 해 줄 수 없는 일이랍니다. 오직 '나'만이 감당할 수 있는 일이지요. 그러니 교사나 부모는 자기 감상을 말하는 아이 앞에서는 그 '어린 독자'를 '존중'하는 말을 해 주는 것이 중요합니다.

무엇을 느끼고 즐기는 감상력은 언어로 표현할 때 더욱 높아집니다. 자신의 느낌을 말과 글로 표현하는 일은 자기의 감상을 객관화시키는 과정입니다. 이 때 독자는 비로소 자신의 감상력의 실체를 만나게 되는 것이지요. 그래서 어떤 사람은 표현되지 못한 감상력은 죽은 감상력이라고까지 말하는 사람도 있어요. 읽어서 끝내기보다는 느낌이나 생각을 정리해서 글로

느낌 쓰는 일에 대해서

많은 어린이들이 느낌 쓰는 일을 어려워합니다. 그래서 느낌을 자꾸 강조하게 되면 줄거리만 죽 써 놓은 다음에 '착한 어린이가 되겠다.' 하고 적거나 '나도 누구처럼 살겠다.' 하고 적어 놓기 쉽습니다. 좋은 글이란 느낌과 줄거리가 같이 어우러져야 합니다.

책을 읽고 재미가 있었는지 없었는지를 쓰는 것도 느낌이고, 책의 내용을 칭찬하거나 잘못된 점을 꼬집는 것도 느낌입니다. 물론 아무 할 말이 없다는 것도 느낌이지요. 중요한 것은 아이가 책을 읽고 어떤 이야기를 하고 싶어하는지, 어떻게 그 감동이 생활에 이어지는지를 눈여겨보는 것이지 글로 나타내는 것만이 꼭 중요한 것은 아니랍니다.

분명하게 남겨 두는 것은 소중한 일입니다.

읽고 나서 덮어 놓고 재미있었다든지 감동을 받았다고 할 것이 아니라, 실제 가졌던 자기의 느낌이나 생각을 놓치지 않고 붙잡는 것이 중요하지요.

현재 우리 아이들의 모습

1 줄거리 간추리기 같은 글

많은 아이들이 감상문이 아니라 책 내용 간추리기 같은 글을 쓰고 있습니다. 독후감에서 느낌이나 생각이 빠진 글은 의미가 없습니다.

2 상투적인 감상으로 마무리

'나도 ~를 본받아서 훌륭한 사람이 되겠다.' '나도 효자가 되겠다.' 로 끝맺는 글이 아주 많습니다. 이것은 아이들의 독서 활동을 지나치게 교훈적인 측면으로만 강조하고 관찰한 결과입니다. 이렇게 반성과 앞으로 할 일로 끝마무리를 하게 되면 자기 삶과는 거리가 먼 '형식에 맞추는 글'이 되기 쉽습니다.

3 학교에서 내 주는 숙제 때문에 할 수 없이 쓰기(상을 타기 위한 수단)
4 책 읽은 것을 확인하려는 부모(선생님)의 강요 때문에 쓰기
5 원고지를 채우기 위해 책 뒷부분에 간추린 내용을 쓰거나 책을 뒤적이며 쓰기
6 나오는 여러 인물 가운데 주인공에 머물러 있다.

'내가 주인공이라면……'

독후감 쓰기 지도

독후감은 어른들도 쓰기가 만만한 갈래가 아닙니다. 어려서는 책을 좋아하던 아이들이 커 갈수록 책을 멀리하게 되는 경우가 많은데, 그 원인은 여러 가지가 있겠습니다만 의무로 써야 하는 독후감이 부담스러워서 그러는 경우가 흔합니다. 독후감 쓰기의 부담을 줄여 주세요.

그러려면 먼저, 길이를 정해 주고 그것에 맞추어 쓰도록 하는 일은 하지 않아야 합니다. 글이란 말과 같아서 길게 많이 쓰고 싶은 때가 있는 반면, 아주 간단히 쓰고 싶은 때도 있는 것이지요. 그러나 학교에서는 '몇 장 이상을 써라.' 하고 그 양을 정해 주고 있어요. 물론 그 양을 다 채울 수 있으면 좋겠지만 그렇지 못할 경우가 더 많습니다. 이럴 때는 억지로 길이를 맞추려고 하지 말고 그 아이가 쓸 수 있을 만큼만 쓰도록 해야 합니다. 학교에서 정해 준 양을 다 못 맞추었다고 걱정하지 마세요. 상을 받기는 어려울지 몰라도 아이가 독후감에 질려 버리는 일은 방지할 수 있답니다.

둘째, 틀을 벗어 던지세요. 흔히 독후감 쓰기 방법을 제시한다는 교재들을 보면 '책 읽은 동기, 줄거리, 느낌, 반성……' 하는 식으로 일정한 틀을 보여 주고 있습니다. 물론 아이들이 어려워하니까 그런 식으로라도 도와 주려는 것이겠지만, 이렇게 접근하는 것은 맞지 않습니다. 책에 따라 특별히 읽게 된 동기가 있는 책도 있고 그렇지 않은 책도 있는 것 아니겠어요? 그런데도 이런 틀을 자꾸 보여 주니 아이는 '이 책을 읽게 된 동기는 책상 위에 이 책이 있어서 읽기 시작했다.' 는 식으로 두드려 맞추려는 것이지요. 독후감 쓰기를 좀 더 재미있게 하려면 먼저 자유롭고 넉넉한 마음으로 접근해야 합니다.

편안한 마음으로 쓰게 한다

1 할 말만 써도 된다, 짧아도 된다고 말해 주세요

> ### 지각대장 존을 읽고
> 송주현(광남1)
>
> 그래 넌 무시무시한 선생님이다. 넌 선생님도 할 자격도 없다. 넌 선생님도 하지 마. 존 너는 사실대로 말했으니깐 존 넌 죄 받지 않을 거야. 넌 참 잘한 거야. 선생님을 그렇게 가만히 *놨더나서 잘 했어.
>
> (놨더나서-놓아 두어서)

저학년은 이렇게 하고 싶은 말만 써도 괜찮습니다. '독후 줄거리'만 적어 놓는 글에 비하면 오히려 이런 글이 감상문이라는 말에 걸맞습니다. 독후감은 대부분 줄거리와 느낌으로 되어 있습니다. 그렇지만 단 한 줄이라도 자기 느낌을 쓰는 것이 중요하지요. 무엇이든 '쓰고 싶은 것이 있을 때' 쓰도록 해야 합니다. 절실하게 할 말이 없는데 글을 쓰려고 하니 글쓰기가 어렵고 누구나 하는 뻔한 말만 늘어놓는 것이거든요.

2 '느낌이 없다'는 것도 느낌입니다

> **〈사랑의 열매〉를 읽고**   오정석(거창 샛별2.)
>
> 〈사랑의 열매〉를 읽어보았다.
> '사랑은 오래 참고 사랑은 모든 것을 견디느니라.'라고 적혀 있었다. 아직 어떤 뜻인지는 모르겠다.

정석이는 너무 어려운 책을 읽었던 것 같습니다. 책을 읽다가 모르는 부분이 생겼어요. 그러면 이렇게 밝혀 쓰는 것도 좋습니다. 책에서 꼭 무언가를 새롭게 느끼고 얻어야만 하는 것은 아니니까요.

아이들에게 '느낌을 적어라, 느낌을 적어라.'고 하지만, 생각해 보면 우리가 무엇을 읽을 때마다 어떤 느낌이 몽실몽실 피어나는 것은 아니었지요? 느낌이 없거나 내가 무엇을 느꼈는지 잘 알 수 없는 경우도 있더란 것이지요. 이럴 때에도 솔직하게 쓰도록 해 주세요. '느낌이 없다.'도 느낌이고 '무슨 뜻인지 잘 모르겠다.'도 느낌이니까요.

그리고 '아무 느낌이 없어요.' 하고 말하는 아이들을 흔히 만나지 않나요? 저학년을 지도할 때는 이 부분에 좀 더 넉넉한 마음으로 다가가야 아이들이 편안하게 글을 쓸 수 있답니다.

3 줄거리 간추리기는 어려운 일이라는 것을 알아 주세요

책을 읽고 난 후 줄거리를 간추려 보는 일은 의미 있는 일입니다. 그러나 줄거리 간추리기에 너무 애를 쓰다 보면 실제 그 책을 읽고 난 뒤 갖게 된 자신의 생각이나 느낌을 붙잡기 어렵게 됩니다. 더욱이 1,2학년 정도의 어린아이들은 줄거리 간추리기를 어려워하는 경우가 많고, 고학년 아이들이라도 장편 소설의 줄거리를 잘 간추리기란 쉽지 않습니다.

줄거리 쓰기에 지쳐서 중간에 독후감 쓰기를 그만두어 버리는 경우도 있습니다. 무슨 틀처럼 줄거리 간추리기를 강요하지 말고 단 한 줄이라도 자신만의 생각, 느낌을 표현하게 해 주세요. 독후감 쓰기에서 너무 일찍부터 여러 가지를 요구하다 보면 오히려 아이가 책을 평생 동안 멀리하게 될 수도 있답니다.

> 〈소낙비〉를 읽고   강민주(하안북3)
> 소낙비에서 나오는 먹구름은 심술꾸러기다. 명아주 아기는 행복했을 것 같다. 도꼬마리 아기가 꼭 껴안아 주어서 행복했을 것 같다.

만만찮은 줄거리 간추리기, 이렇게 해 보자

1 길이가 짧은 글 _ 중요 단어 찾기

아이들이 독후감 쓰기를 어려워하니까 경험을 떠올리게 해서 책의 내용과 연계해 글을 쓰게 하는 일이 많지요? 맞습니다. 이것도 아이들이 독후감을 좀 더 쉽게 접근할 수 있도록 도와 주는 한 방법이긴 합니다.

하지만 엄밀한 의미에서 독후감은 책 내용이 그 안에 녹아 있어야 합니다. 독후감만 읽고도 읽은 책이 무슨 내용인지 가늠할 수 있고, 그것을 읽고 나서 어떤 마음이 되었는지 알 수 있어야 하지요. 그래서 그 글을 읽는 사람까지 그 책을 읽고 싶어지게 만들어야 할 것입니다. 그러다 보니 자연히 책의 줄거리를 소개할 일이 생기겠지요?

줄거리를 요약하는 능력은 대단히 중요한 것입니다. 말이나 글의 요점을 파악해서 그것을 잘 전달하는 힘은 아이가 앞으로 살아가는 데 대단히 큰 재산이 될 수 있어요. 그런데 실제 지도에서 줄거리를 간추리는 방법을 선명하게 말해 주지 못하고 '줄거리 쓰고 느낌 써 봐라.' 하는 식으로 넘어가는 경우가 많습니다.

〈지각대장 존〉
존 버닝햄 글·그림 | 박상희 옮김 | 비룡소

〈강아지똥〉
권정생 글 | 정승각 그림 | 길벗어린이

    그래서 여기서는 조금 쉽게 줄거리를 간추릴 수 있도록 아이들을 도와 주는 방법을 보여 드리겠습니다. 물론 늘 이렇게 해야 하는 것도, 모든 아이들을 다 이렇게 가르쳐야 하는 것도 아니랍니다. 별다른 설명이 없어도 자기가 하고 싶은 말을 자기 방식대로 쓸 수 있으면 그렇게 쓰면 됩니다. 독후감을 꼭 어떻게 써야 한다는 틀은 없으니까요.
    줄거리를 쉽게 간추리려면 먼저 읽은 책의 내용을 몇 장면으로 나눠서 생각해 보고, 그 장면에서 가장 먼저 떠오르는 단어들을 고릅니다. 그런 다음 그 단어를 넣어 짧은 글짓기를 합니다. 책의 내용을 생각하면서 짧은 글을 지어 보는 것이지요.
    〈강아지똥〉을 예로 들어 볼까요? 이 작품에서는 '강아지똥' '흙덩이' '참새' '봄비' '민들레' 같은 단어들을 떠올릴 수 있겠지요.

    강아지똥: 강아지똥이 있었어요.
    흙덩이: 흙덩이가 달구지에 실려 갔어요.
    참새: 참새가 강아지똥에게 더럽다고 했어요.

봄비: 강아지똥이 봄비에 부서졌어요.

민들레: 강아지똥이 민들레꽃을 피웠어요.

　이런 식으로 작성된 문장들을 이으면 뼈대가 되는 내용을 담을 수 있습니다. 물론 이것이 완벽한 작업은 아닙니다. 하지만 줄거리 쓰기가 막연해서 힘들어하던 아이들도 이런 방법에는 '이 정도는 나도 할 수 있다.'는 자신감으로 달려들거든요.

　또 처음에는 중요한 단어가 무엇인지를 찾는 것도 어려워하는 아이가 있어요. 그래서 '과연'이라는 단어에 동그라미를 치는 경우도 있었어요. 이럴 때에는 굳이 교정하지 말고 인정해 주는 것이 좋습니다. 시작이야 한 장면에 한 단어씩을 찾았지만, 상황에 따라서는 여러 단어를 찾고 싶은 장면도 있겠지요. 이런 식으로 연습을 하다 보니 어떤 것이 글에서 중요한 의미를 지닌 단어인지 알아서 찾아 내더라고요.

　이렇게 짧은 글을 적은 '구슬'들만 나열한 상태에서, 차츰 그것을 꿰어서 아름다운 '목걸이'로 만들어 가는 방법을 배우면 됩니다. 이것은 다른 글을 쓰는 방법과 다르지 않습니다. 그래도 모르는 아이가 있다면 그 아이를 위해서 조금 더 애쓰고 관심을 가져 주어야겠지요.

2 길이가 긴 글 _ 징검다리를 놓아 주세요

　책은, 특히 문학 작품은 인물의 삶을 좇아가면서 사람과 사람의 관계, 사람과 세계의 관계를 구체로 보고 느끼게 해 줍니다. 좋은 문학 작품, 좋은 책은 줄거리를 읽는 게 아니라 책 속에 담긴 세계관을 읽는 것이기 때문이지요.

　대개의 이야깃글은 특별한 구조로 되어 있습니다. 등장 인물들이 '어떤 상황'에 부딪치게 되고, 그 상황 혹은 문제를 해결하기 위해 '어떤 행동'을 하게 됩니다. 이러한 이야기 구성 방법을 '이야기 문법'이라고도 합니다. 우리가 책을 읽을 때는 이것을 의식하고 읽지는 않지만, 일정 부분은 자기도 모르게 추측하기도 하고 기대하게도 되지요.

　예를 들어 어떤 이야기가 '옛날에 할머니 할아버지가 살았다. 그런데 잘 먹고 잘 살다가 죽었다.'고 하면 갑자기 맥이 탁 풀리고 맙니다. 그 인물들이 겪을 갈등과 그것을 어떻게 해결해 나갔는가 하는 것을 기대하고 있었는데 그 기대가 무너졌기 때문이지요.

결국 이야깃글은 '누가 무슨 일을 하였다.' 혹은 '어떻던 누가 어떻게 되었다.'는 구조로 정리해 볼 수 있습니다. 그래서 등장 인물의 변화가 곧 줄거리가 되는 일이 많아요.

인물을 따라가는 줄거리 찾기의 첫 단계. 우선 누가 나오는 이야기인지를 알아보는 것입니다. 이것은 대부분 아이들이 어렵지 않게 찾아 내요. 〈당나귀 실베스터와 요술 조약돌〉(이하 '실베스터'로 줄여서 씁니다.)에 나오는 중요한 사람을 꼽아 보면 '실베스터, 엄마, 아빠' 정도가 되겠네요.

그런 다음 무슨 일이 일어났는가를 생각해 봅니다. 그런데 여기서부터 좀 어려워져요. 글 안에서 일어난 일이 한두 가지가 아니니 무엇을 적어야 할지 막막하기도 하고, 전체 내용을 다 써야 하는가도 궁금합니다. 여러 가지로 엄두가 나지 않으니 책을 보면서 베끼고 싶은 마음이 굴뚝 같습니다. 그렇지 않으면 첫부분 시작을 못 하고 썼다 지웠다를 반복하는 일도 많고요.

이럴 땐 아이들에게 징검다리를 놓아 주세요. 전체를 한꺼번에 정리하기 어려우니 중간중간 쉴 곳을 마련해 주자는 것이지요.

3학년 동욱이는 책읽기는 그럭저럭 좋아하는데 읽은 내용을 정리하는 것은 너무 어려워했어요. 그래서 동욱이에게는 이런 징검다리를 놓아 주었습니다.

"내용 정리하기가 어렵지? 사실은 나도 정리를 잘 못하겠던 데 너랑 나랑 같이 해 보자. 그러면 잘 될 거야. 그런데 주인공이 누구였더라? 금방 읽고도 이렇게 기억이 안 나네. 요새 왜 이러지?"

지도하는 분들께 이런 '도움을 청하는 화법'을 써 보기를 권해 드립니다. 이런 화법은 어떤 질문에 답한다는 느낌보다는 자꾸 잊어버리고 마는 저 '바보 같은' 엄마나 선생님을 '훌륭한' 내가 도와 드린다는 마음이 들게 하거든요. 그래서 아이들이 훨씬 적극으로 참여한답니다.

"실베스터요."

"아 맞다. 실베스터! 그럼 실베스터가 어떻게 되었다는 이야기였지?"

"실베스터가 요술 조약돌을 주어 갖고 놀다가 사자를 만나서 무서워서 도망을 못 가고 깜짝 놀라서……."

"햐, 정말 잘 읽었구나. 그런데 그것을 아주 간단하게 말하면어떻게 될까?"

"실베스터가 바위가 되었다가 다시 당나귀가 되었다는 이야기요."

'아주 간단히' 말해 보자는 말에 아이가 불쑥 답을 했습니다. 그래서 그 말을 종이에 받아 적었어요.

"그럼 이렇게 되겠구나.

① 실베스터가 당나귀였는데

② 실베스터가 바위가 되었다가

③ 실베스터가 다시 당나귀가 된 이야기…….

맞니?"

"네."

"그럼 다 된 거야. 정말 잘 알고 있구나. 네가 나누어 놓은 것에서 제일 생각이 잘 나는 이야기만 간단하게 적어 봐. 오래 생각하지 말고 금방금방 떠오르는 이야기만 쓰면 돼."

동욱이는 세 구역으로 나뉜 종이에 이렇게 적었습니다.

① 실베스터가 당나귀였을 때
실베스터가 요술 조약돌을 주웠다.
실베스터는 사자를 만났다.
사자가 무서워서 "바위가 되었으면 좋겠다."고 소리쳤더니 바위가 되고 말았다.
② 실베스터가 바위가 되었을 때
엄마 아빠는 슬퍼하면서 찾아다녔다.
어느 날 엄마 아빠는 소풍을 갔다가 바위에서 음식을 먹었다.
아빠는 이상한 조약돌을 하나 주워서 바위에 올려놓았다.

〈당나귀 실베스터와 요술 조약돌〉
윌리엄 스타이그 글·그림 | 이상경 옮김 | 다산기획

① 실베스터가 당나귀였을 때

② 실베스터가 바위가 되었을 때

③ 실베스터가 다시 당나귀가 되었을 때

갈래별 글쓰기 지도 | 독후감 • 085

실베스터는 "나는 다시 당나귀가 되고 싶어." 하고 소리쳤다.
그러자 실베스터는 도로 당나귀가 되었다.
③ 실베스터가 다시 당나귀가 되었을 때
가족들은 모두 기뻐했다.
잠시 긴장을 푼 다음 집으로 가서 조약돌을 창고에 넣어 버렸다.
'더 이상 바랄 게 없다.'고 생각했다.
(동욱이가 실제로 쓴 내용입니다.)
"와, 잘했네. 어려웠어?"
"아니요."
"안 어려웠어? 와, 멋진데! 사실 이건 6학년 형아들도 어려워하거든. 정말 잘했다."

어느 틈에 줄거리 정리가 되었습니다. 이렇게 등장 인물의 변화를 따라가는 징검다리를 몇 번만 놓아 보세요. 아이가 스스로 하는 법을 곧 터득하게 될 것입니다. 가르친다는 마음보다는 도와 준다는 마음으로 다가가는 것이 더 좋을 때가 많은 것이 글쓰기 지도랍니다.

느낌이 살아 있는 독후감을 쓰려면

자기가 직접 경험한 일에 대한 느낌은 간접 경험에 비해서 그 인상이 훨씬 강렬하고 오래 기억됩니다. 물론 밀려오는 감동에 심장이 터질 듯 부풀었다가 쪼그라들었다가 하는 작품은 직접 경험 못지않은 강렬함으로 마음을 흔들기도 하지만, 아무래도 직접 경험 쪽이 훨씬 강한 인상으로 남는 경우가 많지요.

독후감은 간접으로 경험한 일을 글로 써야 하는데, 더군다나 손에 잡힐 듯하면서 잡히지 않는 느낌을 글로 적는 일이라 더 어렵답니다.

1 욕심을 버리세요

눈 앞에 정말 아름다운 풍경이 펼쳐져 있어요. 그것을 보면서 뭐라고 내 느낌을 말해

보고 싶은데 그저 탄성만 지르고 말거나 아니면,

"와, 정말 아름답다."

"어머 멋지다. 세상에!"

이러고 나면 그만 할 말을 찾지 못할 때가 많아요. 그렇기에 단풍이 불타는 산을 바라보면서 그저 "오매 단풍 들 것네!" 하고 소리치는 시인의 모습이 어느 때보다 훨씬 더 가깝게 느껴집니다. '우우우 달려오는 붉은 함성' 같은 표현은 그 다음에 나오는 것이 아닐까 합니다.

아이가 책을 읽고 나서 "너무 슬펐어요." "재미있었어요." 하고 짧게 답하는 것도 가장 진솔한 표현일 수 있어요. 물론 아이의 대답이 그렇게 짧으면 실망스러울 수 있겠지만, 일단 욕심을 버리고 그 대답을 받아들여 주세요. 그러면서 "저런, 슬펐구나. 무슨 일이 있었을 때 제일 슬펐어?" 하는 후속 질문으로 아이가 생각을 정리할 수 있도록 도와 주세요.

2 자꾸 바뀌는 느낌

같은 작품이라도 그것을 읽을 때마다 그 느낌이 자꾸 바뀔 수 있습니다. '실베스터'를 읽고 나서 "재미있어요." 하고 말을 하던 동욱이도 내용을 나누어 보면서는 이렇게 말했어요.

"요술 조약돌이 생겼을 때는 부러웠어요. 나도 요술 조약돌이 있으면 좋잖아요? 실베스터가 바위가 됐을 때는 답답했어요. 다시 당나귀가 됐을 때는요, 속이 시원했어요. 그리고 엄마를 만나서 다행이다 이런 생각이 들었어요."

징검다리를 놓아 주면 생각할 범위가 좁아들어 그 때의 느낌을 좀 더 쉽게 구체로 떠올립니다. 이런 방법으로 가장 감동 깊은 장면이나, 눈물 흘린 곳, 웃음이 나온 곳, 책을 읽고 가장 하고 싶은 이야기 따위를 구체로 물으면서 감상을 풀어 낼 수 있도록 해 주면 좋겠습니다.

또 장면에 따라 느낌이 바뀔 수 있다는 것을 아이들에게 말해 주세요. 아이들은 그런 것이 보편의 심리라는 것을 알게 되면서 안심을 한답니다. 이렇게 마음이 놓이면 좀 더 자유스럽게 자기 느낌을 말할 수 있게 되지요.

> ### 〈학교에 간 개돌이〉를 읽고
> 한유나(인천 송학1)
>
> 나는 글쓰기에서 책을 읽었다. 거기에 학교에 간 개돌이가 있었다. 제일 재미있었던 장면은 개돌이가 주인 준우를 따라 학교에 가는 장면이었다. 나는 개가 학교에 간다는 게 제일 웃겼다. 화도 났다. 왜 화가 나냐면 개를 학교에 데리고 온다는 건 말도 안 되는 소리였다. 정말 생각도 못했던 꿈이었다.
> 준우 선생님은 또 이상해. 개를 학교에 데고 왔는데도 혼내지도 않다니. 아무리! 교감선생님이 있으셔도 어떻게 학교에 개를 데고 왔는데 세상에 그런 선생님이 있나?

유나는 1학년이지만 책을 읽으면서 일어났던 느낌의 변화를 잘 붙잡아 썼습니다. 재미있던 장면도 있었지만, 내용에 따라서는 '말도 안 되는 소리'라는 생각도 들었고 '어찌 그런 일이 있을 수 있나?' 하는 의구심도 들었습니다.

이런 마음을 잘 나타낸 글을 재미있게 읽어 주는 것도 아이들을 도와 주는 좋은 방법입니다.

3 잘 되고 잘 못된 점을 따져 보면서

책을 읽다 보면 받아들이고 수긍할 수 있는 부분이 있는가 하면, 수용하기 어렵거나 이상하다고 생각되는 부분이 있을 수 있어요. 이런 부분을 놓치지 않고 글로 적어 보면 생각이나 느낌이 잘 살아 있는 독후감을 쓸 수 있지요. 책을 읽고 자기 생각을 정리한 뒤, 실제 우리 생활과 견주어 보고 글을 쓰는 것도 좋습니다.

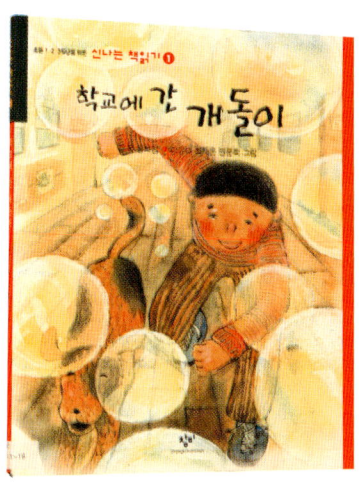

〈학교에 간 개돌이〉
김옥 글 | 김유대, 최재은, 권문희 그림 | 창비

〈황소와 도깨비〉 이상 글 | 고성원 그림 | 가교

〈황소와 도깨비〉를 읽고

오소연(인천 동명3)

황소와 도깨비를 읽어보았더니 참 재미있었다. 그런데 옛날에는 도깨비가 살았을까? 돌쇠 아저씨는 도깨비를 보고도 놀래지 않았을까? 도깨비가 꼬리가 짧아지면 재주를 못 부린다면서 어떻게 황소에 배에 들어 갈 수 있고, 뱃속에서 어떻게 황소의 힘을 10배로 늘어나게 했을까? 책을 좀 더 자세히 써 주었으면 한다. 그리고 도깨비가 뚱뚱해져서 못 나오면 재주를 부려서 나와야지.

책을 읽으면서 떠올랐던 궁금한 점을 중심으로 글을 썼습니다. 궁금증이 잘 해소가 되지 않으니 작가에게 어떤 부분은 좀 더 자세히 써 주었으면 좋겠다고 요구하고 있습니다. 그러다 보니 자연히 자기의 생각이 선명하게 드러나게 되었네요.

정말로 아름다운 것
문혁(광명북5)

'아름다운 까마귀 나라'를 읽고 까마귀 나라는 다른 나라들 새의 지배를 받아 다른 나라의 훌륭한 모습과 노래를 흉내낸다. 까마귀들은 그게 불편한 데도 말이다. 그러나 아기 까마귀들은 원래 자기 모습이 제일 아름답다고 생각해서 몸치장한 것을 벗고 자유로이 하늘을 날며 '까악' 소리를 내며 내는 이야기다.

까마귀 나라도 그렇지만 우리 사람들은 더하다. 화장을 떡칠하듯이 바른다. 또한 야한 것이 무엇이 좋다고 미니스커트를 입고 다니며 이제는 다리는 볼 수가 없으니 보일 데가 없으니 배꼽을 보여 주게 되었다고 배꼽 패션을 텔레비전에서 보여 주었다. 그리고 웃기는 것은 그렇게 하면 창피할 게 없다고 한다. 세상에 지금 당장 배꼽을 보이라고 하면 보일 사람이 누구, 몇 명 있을까 거의 없을 것이다. 우리도 그러고 보면 우리가 더하다.

또 하나 다른 사람이 이게 좋다고 사면 그냥 사 버리는 것이 요즘 세상 사람들의 방식이다. 우리 나라 사람들은 이런 생각을 버리고 자기 본래의 모습이 더욱 아름답다는 것을 깨달은 까마귀 나라처럼 되었으면 좋겠다.

'자기 본래의 모습이 아름다운 것'이라는 점을 책을 읽으면서 확인하고 느꼈습니다. 그러면서 자연스럽게 사회 현상과 견주어서 생각하게 되었습니다. 배꼽을 보여 달라고 하면 보여 줄 사람이 없을 텐데 그래도 '창피할 게 없다'면서 배꼽이 나오는 옷을 입고 텔레비전에 등장하는 사람들이 본래의 모습을 잃어버린 까마귀 같다고 느낀 것이지요.

평소에 문제(배꼽을 보이는 옷을 입는 것이)라고 생각하고 있었기 때문에 이런 글이 나올 수 있었습니다.

4 평소 생활에서 느낌을 섬세하게 표현해 보도록

감상을 하나씩 풀어 나가는 과정을 거치면서 아이들은 자신의 생각이 귀하다는 것을 알게 되고, 그것을 표현한 자신을 대견스럽게 생각하기도 합니다.

그런데 아직 어휘를 부려 쓰는 일에 능숙하지 못해 느낌을 뭉뚱그려 말하는 경우가 많습니다. '기분이 좋았다' 혹은 '기분이 나빴다' 하는 식의 표현이 그것입니다. 생각해 보면 상쾌함, 즐거움, 설렘, 흐뭇함…… 이런 것들은 모두 '기분이 좋은' 상태를 나타내는 말들이거든요. 평소에 자기 느낌을 섬세하게 구체로 표현하게 하면 독후감을 생생하게 쓰는 데도 큰 도움을 받을 수 있답니다.

5 인물의 성격을 잘 따져 보고 그것을 글로 쓰세요

> **노마의 성격 - 〈물딱총〉을 읽고**　　　　　　　　　임윤초(3학년)
>
> '물딱총'에 나오는 노마는 순진하면서도 당당한 것 같다. 왜냐하면 기동이가 거짓말로 "물 떠오면 해주게 하지." 그랬다고 정말 물을 떠오니까 거짓말에 잘 넘어가서 순진한 것 같고, 부잣집 아이한테 앞을 가로막으면서 "나 떠오면 준댔지?" 하고 말하는 것을 보면 당당하다.
>
> 또 다른 편에서 노마는 착하고 참을성도 있다. 자기에게 물을 뿌린 기동이에게 때리지도 않고 참았으니까 이다. 또 기동이가 "조금만 하고 줄게."라면서 계속 해도 참았으니까 그렇다.
>
> 그리고 자신감도 있다. 가난해서 물딱총을 엄마가 안 사주니까 슬퍼한다. 그러다가 물딱총을 만든다고 자신 있게 생각하니까 그렇다. 노마는 씩씩하다.

내용 소개에 치우치다 보면 책을 읽은 느낌이 살아나지 않습니다. 그럴 때는 등장 인물의 성격을 파악하는 공부를 해 보세요. 위에 예를 든 '물딱총' 같은 작품은 등장 인물의 성격이 또렷해서 더욱 재미있고 그 인물에 대한 이야기를 하기도 쉽습니다. 등장 인물의 성격은 어떤가 생각해 보고, 왜 그렇게 생각하는가를 책 속에서 근거를 찾아 제시해 보는 것입니다. 그렇게 써 보면 자기 생각이 훨씬 살아 있는 글을 쓸 수 있어요.

호수 속의 오두막집에 나오는 할머니

이희재(와부6)

'호수 속의 오두막집'은 댐 건설로 집이 호수 속에 빠지게 되는 동네 이야기를 담은 소설이다. 이 글을 쓰신 분은 이원수 선생님이다. 이원수 선생님의 다른 글들은 재미있게 읽은 적 있는데 이 글은 아주 슬프다.

이 글에는 숙희 할머니가 나온다. 이 할머니는 어릴 때 경상도에서 자란 할머니는 경상도 사투리를 쓰고 있으며 한번 본 사람은 용케 기억해 내는 아주 기억력이 좋은 사람이다. 하지만 외로움을 많이 탄다. 지나가는 사람을 붙들고 "지나칠 때는 꼭 들르란 그 말이지. 외딴집에 늙은이가 안 불쌍한가?"하면서 자신의 마음을 털어 놓는 것을 보니 그렇다.

또 할머니는 푼푼이 모은 돈으로 산골의 논밭 뙈기를 조금씩 사모아 며느리와 농사를 지을 만큼 부지런하고 악착같은 사람이다.

이 글에서는 할머니를 아주 고집쟁이로 그리고 있다. 집이 물에 잠기게 되어 다른 사람들이 다 이사를 하지만 할머니는 천하태평인 듯이 집을 옮길 생각은 하지 않아 사람들은 할머니를 고집쟁이라고 생각하게 된 것이다. 하지만 할머니는 아들을 기다리고 있다. 할머니 아들은 예상 밖으로 이북으로 올라가 버렸다. 만약 다시 찾아온다면 간첩으로 밖에 올 수 없고 그렇게 오면 밤에나 슬금슬금 다녀야 할 것이다. 그러기에 끝까지 집을 지키겠다고 버티는 것이다. 이런 것을 두고 고집이 세다고만 할 수는 없을 것이다.

기억력 좋고, 부지런 하고 악착같은 할머니, 아들을 좋아하고 그리워하다가 할머니는 돌아가셨다. 아주 슬픈 이야기다.

〈물딱총〉
임홍은 외 글| 겨레아동문학연구회 엮음
이형진 그림| 보리

〈호수 속의 오두막집 외〉
이원수 외 글| 이은천 그림| 해피북스

　비평이란 어떤 작품을 읽고 그 내용이 잘 되었다 옳다 혹은 잘못되었다, 아니면 그 인물에 대해서 나는 어떻게 본다는 식으로 자기 의견을 밝히고, 왜 그렇게 생각하게 되었는지를 책 속의 내용을 근거로 해서 쓰는 글입니다. 물론 이 아이의 글을 비평이라고 하기는 어렵지만, 등장 인물의 말과 행동을 짚어 보면서 성격이 어떤 사람이라는 것을 말하고 있는 점에서는 그 글쓰기 양식이 같다고 볼 수 있습니다.

　추론이란 눈에 보이는 것을 바탕으로 보이지 않는 것을 추측해 내는 것을 말합니다. 분명하게 드러난 주인공의 말, 행동 따위로 미루어 행간에 감추어져 있는 주인공의 성격이나 심리를 파악해 보는 것은 작품을 깊고 넓게 이해하는 '고급 독자'가 되는 지름길이겠지요.

'논술식 독후감'이라는 말에 주눅들지 않는다

　아이들이 자라면서 글을 쓰는 형식도 조금씩 바뀌게 됩니다. 처음에는 그저 생각나는 대로 쏟아 놓는 식으로 글을 쓰다가 차츰 자기 생각을 좀 더 또렷하게 전달하는 방법을 궁리합니다. 자기 생각을 또렷하게 전달하는 방법 가운데 하나가 '논리적'으로 '조리 있게' 쓰는 것이겠지요.

그런데 이 '논리'라는 말이 우리를 주눅들게 합니다. 엄청난 비법이 숨어 있는 것 같아 '소크라테스 식 화법' 같은 것을 따로 배워야 하는 게 아닌가 생각이 들기도 합니다. 더욱이 '나는 논리적 능력이 부족한데 우리 아이까지 그러면 어쩌나.' 하는 마음에 조바심이 일기도 합니다. 하지만 분명한 것은 어떤 것에 논리를 세우기 위해서는 먼저 말하고자 하는 내용에 대해 정확하게 잘 알고 있어야 한다는 것입니다. 내가 잘 아는 문제에 대해서는 애쓰지 않아도 자연스럽게 논리를 확보할 수 있는 것이거든요.

'자기 주장이 옳다는 것을 논리를 내세워서 쓴 글'이라는 측면에서 보면 논술문은 논설문과 형제랍니다. 다만 시험의 형식으로 논설문을 쓰게 하는 것을 논술 시험이라 하고, 그 글을 논술문이라고 하는 것이지요. 그런데 이것이 대학 입시에서 차지하는 비중이 커졌다고 하니 논술이라는 말의 의미장이 엄청나게 넓어져 버렸습니다. 오죽하면 '인형 만들기를 통해서 하는 논술 공부'라는 말이 다 생겨났을까요?

그러니 '논술식 독후감 쓰기'라는 말에 많은 어머니들이 궁금해하고 걱정스러워하는 것이 당연한 일인지도 모르겠습니다. 여기에서는 그 궁금증을 하나씩 하나씩 풀어 나가도록 하겠습니다.

1 논술식 독후감이란?

이런 말이 나오기 시작한 것은 그리 오래 된 일이 아닙니다. 앞서서 '논술'이라는 말이 자기의 의견을 논리적으로 적어 보이는 것이라는 말씀을 드렸지요? 논리적으로 생각하고 말하는 능력을 키워 주는 일에 관심이 높아지면서 사람들은 아이들이 쓰는 독후감도 단순히 자기 감상만 말하는 수준에서 더 나아가 '책을 읽고 자기의 의견을 또렷하게 제시하는 형태의 독후감'이 되면 좋겠다고 생각하게 되었어요. 그래서 책을 읽고 갖게 된 자기의 의견이나 주장을 중심에 놓고 왜 그런 생각을 하게 되었는지 밝혀 쓰게 하면서 거기에 '논술식 독후감'이라는 이름을 붙이게 되었습니다. 한마디로 '주장하는 글의 형태로 쓴 독후감'이라고 해도 크게 틀리지 않지요. 이렇게 쉬운 말로 표현을 하니 무엇을 해야 할지 좀 선명하게 파악이 되지요? 다만 이것은 어느 정도의 기본 문장력을 갖추고 논리적인 사고(생각)에 웬만큼 길들여져 있는 고학년 어린이라야 손쉽게 접근할 수 있겠습니다.

2 자기 생각이 먼저 정리되어야

책을 읽고 자기 생각을 정리해서 조리 있게 발표하는 것은 고학년 정도에서는 할 만한 일입니다. 아직 그런 능력이 부족한 아이는 일상 생활을 하면서 그런 훈련을 해 볼 필요가 있어요.

"이 비행기 참 멋지다. 어떻게 만들었니?" "잘이요." 혹은 "왜 몽실이가 훌륭하다고 생각했는데?" "그냥요." 이런 경험 한두 번쯤은 하셨으리라 생각합니다. 물론 장난기 섞인 대답이기도 하지만 평소에 생각하기 싫어하는 요즈음 아이들의 특성과 맞물려서 나오는 대답이기도 합니다. 이런 경우 자기가 왜 그렇게 생각하는지 차근차근 밝혀서 이야기하는 연습을 해 보는 것입니다.

조리 있게 말하기 연습으로는 독서 토의도 아주 좋은 방법입니다. 정리가 덜 되고 산만한 상태의 느낌 덩어리를, 토의를 하면서 차츰 '선명한 생각'으로 다듬을 수 있거든요. 이야기를 들으며 독서의 경험을 확산시켰고, 자신의 의견을 발표하기 위해 생각을 정리하는 과정을 거쳤기 때문이지요.

3 그런 주장을 하게 된 근거를 책에서 찾아야

논술식 독후감
동물을 위해서
(3학년)

지구상에서는 비쿠나, 바다거북 등 여러 가지 희귀동물이 멸종에 가까워지고 있다. 도도-1680멸종, 큰바다오리-1844년 멸종되었다. 10년 20년 후는 동물들이 모두 사라질 것이다.

예를 들면 호랑이가 있다. 북한에 많을 것 같은 호랑이도 북한-5마리, 남한-1마리 이다. 호랑이는 과거에는 많았지만 지금은 여러 가지로 쓰여서 많이 잡혔다.

스위스에 본부를 둔 세계야생생물기구는 멸종되는 동물을 보호한다. 우선 동물의 멸종이란 것을 막고 있는 구조를 본다.

첫째, 비쿠나는 페루에서는 죽이지 않고 털만 깎는다.

두 번째, 바다매는 자연보호요원이 알을 지켜주고 사냥을 금지했다.

세 번째, 아랍영양은 아랍사람이 약, 고기 등 못 쓰는 곳이 없다고 하자 잡아가서 멸종위기에 처했다.

하지만 아랍영양을 미국에 3마리를 보내 수를 불려 다시 아랍으로 보내고 있다.

이처럼 동물이 죽고 있다. 이번에는 숲, 산 때문에 죽고 있는 동물과 숲, 산이 왜 없어지고 있는지 알아본다.

첫째, 오랑우탄, 원숭이, 붉은 꼬리모자앵무, 고릴라 등이 죽고 있다.

둘째, 사람들은 나무를 베어 없앤다.

셋째, 희귀, 동물, 식물을 없앤다.

넷째, 산에 불을 붙여 밭으로 일군다.

어쩌면 동물을 죽인 것이 돌고 돌아 해가 될지도 모른다. 모두 동물을 사랑하면 좋겠다.

이 아이는 이런 형태의 글을 쓰는 것을 아주 버거워하고 있습니다. 그래서 길게 쓰긴 했지만 자기 목소리가 없어요. 주로 책에 나온 내용 또는 어디선가 들은 내용을 소개하고 있거든요. '논술식 독후감'이라 이름을 붙이고 글을 썼지만 자기 주장은 찾아보기 어렵습니다. 이런 글을 쓰느라 얼마나 힘들었을까 하는 생각이 들기도 합니다.

이 글은 책을 읽고 나서 주제를 정하고, 그것을 주장하는 글의 형태로 쓰려고 했지만 원하던 바를 달성하지 못했습니다. 아마 지도하는 분이 그렇게 써 보자고 한 것이겠지요. 누구도 자기가 쓰기 어려운 형태로 글을 쓰고 싶어하지는 않거든요.

쓰기 어려운 글을 쓰려고 하니 빠뜨린 게 한두 가지가 아닙니다. 이 글을 봐서는 무슨 책을 읽고 쓴 글인지 도무지 알 수가 없습니다. 독후감은 어디까지나 책을 읽고 쓰는 글이기 때문에 '누가 쓴 무슨 책'을 읽었는지를 꼭 밝혀 놓는 것이 좋습니다.

책을 읽으면서 자기가 주장하고 싶은 것이 떠올랐다면 그 주장을 뒷받침할 근거를 책 속에서 찾아 제시를 해야 설득력을 얻을 수 있습니다. 그리고 '동물을 위해서'하는 식의 제목으로는 자기 주장을 나타내기 어려워요. '동물을 사랑해야 한다.'는 식으로 자기 주장을 담을 수 있는 제목으로 정하는 게 좋겠습니다.

'논술식 독후감' 같은 표현에 이끌려서 너무 서둘지 않았으면 합니다. 어른의 '만족'을 위해서 이렇게 버거운 글을 쓰게 하는 일은 없어야 할 것입니다.

4 인물의 행동에 대한 내 생각을 찾아보세요

보통 이야깃글은 등장 인물의 행동이나 성격, 태도 등을 놓고 이야기할 때가 많습니다. 이런 경우 '책 속의 상황에서 등장 인물이 한 행동'에 대해 나는 이렇게 생각한다는 것을 중심으로 글을 써 볼 수 있겠지요.

상준이는 〈몽실 언니〉를 읽으면서 '그 속의 인물들이 그 상황에서는 그렇게밖에 할 수 없었겠다.'는 생각을 하면서 이런 글을 썼습니다.

〈몽실언니〉를 읽고 알게 된 것들

한상준(광남6)

나는 몽실언니라는 책을 읽었다. 머리말에 모든 것에는 무언가가 그렇게 만드는 것이 있다고 했었다. 밀양댁이 정씨를 떠나 김씨에게 간 것도 그런 이유가 있었다. 정씨는 안 돌아오고 배고프니 김씨에게 간 것이었다. 정씨가 볼 때는 화나겠지만 그런 일에도 그럴만한 이유가 있는 것이다. 그리고 정씨가 부산에 있는 자선병원에 있을 때 몽실이가 빵을 사는데 빵을 뺏은 아이들도 그럴만한 이유가 있다고 생각한다. 얼마나 배가 고팠으면 그랬을까? 너무 배가 고프다 보면 이성을 잃어 나쁜 짓을 할 수 있는 법이다. 따라서 나는 그 아이들이 불쌍하다고 생각한다.

난 인민군 청년과 최금순 언니가 마음에 들었다. 인민군 청년은 도와주려고 한 것을 들켰다면 사형당할 수 있다는 것을 알았을 것이다. 하지만 그 죽음을 무릅쓰고 태극기를 찢어 태워준 그 용기가 참 대단하다. 자기의 목숨을 누가 주고 싶겠는가! 그리고 최금순 언니도 훌륭하다. 낯선 아이에게 자기 식량을 나눠주는 것도 힘들 것이다. 최금순 언니도 싸우는 여군이다. 그럴려면 배를 든든히 채우는 것이 최상이다. 하지만 그런 상태에서도 가난하고 처음 보는 몽실이에게 자기 식량을 나누어주니 정말로 대단한 사람이다. 그리고 군인이 되어서 그런 상황에 놓이게 된다면 과연 쉽게 식량을 줄 수 있을까? 아마 힘들 것이다. 그래서 난 최금순 언니가 훌륭하다고 생각한다.

(줄임)

이 책을 읽고 나서 인민군에도 좋은 사람이 있다는 것을 알았다. 그래서 무조건 누군 좋다, 누군 나쁘다라고 할 수는 없을 것이다. 그리고 이 책을 읽고 가장 기억에 남는 것은 나쁜 짓을 한 사람도 그 나쁜 짓을 하게 만

> 든 것이 있다는 것이다. 난 그저 나쁜 짓을 하는 사람은 나쁘다고만 알았는데 이 책을 읽고 그 점을 크게 깨달았다. 정말 이 책은 좋은 것 같다.

책을 꼼꼼히 읽고 쓴 글입니다. 머리말부터 꼼꼼히 읽은 이 아이의 독서 태도를 칭찬하고 싶습니다. 보통 머리말이나 작가 후기 같은 것은 읽지 않고 지나가는 아이들이 많은데, 지도하는 분이 적절히 지도를 잘하신 것 같아요.

상준이는 책을 읽고 나름대로 크게 깨달은 점-모든 일에는 그럴 만한 까닭이 있다는 것-을 잘 밝혀 적었습니다. 밀양댁이 정씨를 떠나 김씨에게 간 일이나, 자선 병원에서 아이들이 몽실이의 빵을 빼앗아 간 일도 그럴 수밖에 없었던 일로 예를 들고 있습니다.

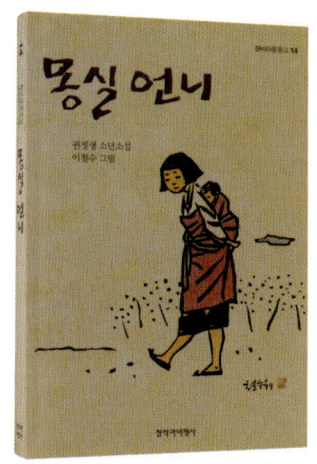

〈몽실 언니〉
권정생 글 | 이철수 그림 | 창비

그러면서 사람에 대해서 무조건 좋다, 무조건 나쁘다고 판단하는 것은 잘못된 일이라고 말하고 있습니다. 글을 따라 읽어 가는 사람도 '그래, 그 말이 맞지!' 하는 생각을 하게 합니다. 주장을 선명하게 한 문장으로 나타내진 않았지만 '사람을 함부로 판단하지 말자.'라는 주장을 담고 있습니다.

두 번째 단락에서는 '인민군 청년과 최금순 언니'가 대단하다고 말하고 있습니다. 왜 그렇게 생각하게 되었는지 밝히는 것도 잊지 않았어요. 나름대로 인물 분석을 한 것이지요. 독후감을 쓰면서 '어떤 내용이 좋았다. 어떤 부분에서 감동받았다.'는 선에서 글을 정리하는 것도 좋은 일이지만, 어떤 인물의 행동에 대해 평가를 해 보는 일도 중요하답니다.

결국 주장하는 글의 형태로 쓴 독후감도 우선 책을 읽고 나서 드는 생각이나 주장할 바를 또렷이 한 뒤에 그 생각이나 주장이 옳다는 것을 책 내용을 통해서 밝혀 보이면 되는 것입니다.

자, 이제 글을 좀 정리해 볼까요? 주장하는 글의 형태(논술식)로 독후감을 쓰는 방법은 대체로 이렇습니다.

1. 어떤 책을 읽었는지 다른 사람도 알 수 있도록 책에 대해서 설명을 하거나 글의 주제에 대해 적어 봅니다.
2. 그 책을 읽으면서 나는 어떤 문제를 느끼게 되었는지를 적어 봅니다.
3. 그런 다음, 자기가 문제라고 생각하는 부분을 다른 사람도 문제로 느낄 수 있도록 글을 써 봅니다.

독후감은 그 형식이 아주 자유로운 글입니다. '논술식'도 독후감 쓰기의 여러 형태의 하나입니다. 책의 내용에 따라 각자가 마음에 드는 것을 골라서 쓰면 그만이겠지요. 그리고 아이들이 쓰는 글은 '논술식'과 같은 어려운 말을 붙이지 말고 쓰게 하는 것이 좋겠습니다.

독서 감상문 대상을 받은 작품과 심사평

어느 곳에서 있었던 독서 감상문 심사를 맡은 적이 있습니다. 거기서 똑같은 글을 읽고 쓴 아이들 글을 많이 만나 볼 수 있었습니다. 여기에 대상을 받은 작품을 보여 드리면서 왜 그 작품을 대상으로 선정했는지 심사평을 밝혀 놓았습니다. 참고해 보시면 좋을 것 같습니다.

독서 감상문 심사를 마치고

이번 공모전에 많은 어린이들이 글을 보냈습니다. 좋은 책을 읽고 자기 생각이나 느낌을 글로 정리해 놓는 것은 좋은 일입니다. 책에서 받은 감동이 커서 그것을 쓰지 않고는 견딜 수 없을 때 쓰는 독서 감상문은 정말로 좋은 글이 될 수 있습니다. 그러나 책에서 받은 감동이 크지 않은데 어쩔 수 없어서 쓰는 글은 좋은 독서 감상문이 될 수 없습니다. 책을 읽고 하고 싶은 이야기가 많을 때 말하듯이 자연스럽게 쓰는 글이 좋은 독서 감상문이 됩니다.

이번 공모전에 보내 온 우리 어린이 글에서도 좋은 독서 감상문과 그렇지 않은 독서 감상문이 있었습니다. 심사 위원들이 좋지 않은 독서 감상문으로 생각한 글은 다음과 같은 글입니다.

첫째, 독서 감상문에는 어떤 형식이나 틀이 있어야 한다고 생각하고 거기에 끼워 맞춰 쓴 글입니다. 보통 책 읽은 까닭을 먼저 쓰고 줄거리를 많이 쓴 뒤에 마지막에 책을 읽은 느낌을 한두 마디로 쓰는 글입니다. 이런 글에서는 어린이들의 진솔한 생각이 자유롭게 드러나지 않습니다. 또 어린이마다 다른 생각이 나타나지도 않습니다. 누구나 이런 글에서는 마지막에 '착한 아이가 되겠다.' '누구를 본받겠다.' 하고 씁니다. 이런 글은 좋은 독서 감상문이 될 수 없습니다.

독서 감상문을 쓸 때 책을 읽은 동기, 줄거리, 느낌을 형식에 일부러 끼워 맞춰 쓸 필요는 없습니다. 책에서 받은 느낌이나 생각을 말하듯이 자연스레 쓰는 것이 중요하지요. 등장 인물에 대해 하고 싶은 이야기도 좋고, 책 전체에 대한 감상도 좋고, 한 부분만 깊이 생각해 보는 것도 좋고, 어떤 방법으로든 말하듯이 자연스레 쓰는 것이 좋습니다.

또 책을 읽은 느낌은 줄거리를 한참 써 놓고 맨 마지막에 '나도 누구처럼 살겠다.' 이렇게 쓰는 것만이 느낌이 아닙니다. 책을 읽은 뒤의 느낌이란 책을 읽고 재미있는지 없는지를 쓰는 것도 느낌이고, 책을 칭찬하고 비판하는 것도 느낌이고, 자기 일을 떠올리는 것도 느낌입니다. 하고 싶은 이야기를 있는 그대로 쓰는 게 바로 느낌이지 줄거리만 한참 써 놓고 맨 마지막에 착하게 살겠다, 어떤 아이가 되겠다고 쓰는 것은 자기만의 느낌이 아닙니다. 책이 재미없다고 쓰는 것도 바로 느낌입니다. 책을 읽고 무슨 이야기를 하고 싶은지 그 말을 진솔하게 풀어 낼 때 좋은 독서 감상문이 됩니다.

둘째, 길게 써야 한다는 생각에 억지로 길이를 늘여 쓴 듯한 글과 반대로 억지로 글을 써야 하기 때문에 어쩔 수 없이 한두 장을 휘갈겨 쓴 글입니다. 이런 글은 모두 책을 재미나게 읽고 책에서 받은 감동을 정말 다른 동무들이나 식구들, 이웃한테 전하기 위해서 쓴 게 아니라 대회에 참가하기 위해 억지로 쓴 글이라 생각합니다. 쓰고 싶지 않으니 글이 나올 리 없고 그러니 같은 말을 되풀이해서 양을 늘이거나, 한두 마디 쓰게 되지요. 이런 글은 좋은 독서 감상문이 될 수 없지요.

　어떤 글이든 글은 양을 정해 쓰는 게 중요한 게 아니라 자기 삶을 있는 그대로 진솔하게 드러내는 것이 중요합니다. 책에서 받은 감동이 많으면 그만큼 독서 감상문은 길게 써지는 것이고, 짧더라도 성실하게 자기 생각을 다 드러내면 좋은 독서 감상문이 됩니다. 길이가 중요한 게 아니라 자기 생각이나 감동이 생생하게 드러나는 게 중요하지요.

　이번에 본 독서 감상문에는 고학년 어린이가 쓴 글보다 저학년 어린이가 쓴 글에서 좋은 글이 많이 나왔습니다. 저학년 어린이들이 쓴 글에는 책을 읽고 자연스레 말하듯이 자기 이야기를 쓴 글이 많았습니다. 책 읽은 까닭이나 줄거리, 느낌을 틀에 맞춰 쓰지 않은 저학년 어린이 글에서 훨씬 생생한 아이들 생각을 읽을 수 있었습니다.

　독서 감상문을 심사할 때는 책을 읽은 뒤 자기 생각을 얼마나 정직하고 성실하게, 자연스럽게 나타냈는가를 가장 먼저 보았습니다. 자기 생각을 자연스레 진실하게 써 낸 어린이 글에는 점수를 많이 주었습니다. 누구나 할 수 있는 말이 아니라 자기만 할 수 있는 이야기, 즉 자기 생활이나 목소리가 잘 나타나 있는 글이 훨씬 좋았습니다. 길이를 늘이려고 억지로 했던 말을 되풀이한 글이나, 책 읽은 까닭이나 줄거리만 많이 써 놓고 느낌은 한두 줄 겨우 써 놓은 글에는 점수를 많이 주지 않았습니다.

　이렇게 해서 대상으로 뽑은 글이 〈슬퍼하는 나무〉를 읽고 1학년 이지수 어린이가 쓴 글입니다.

슬퍼하는 나무

이지수(김천 신일1)

　나보다 키 큰 나무가 슬퍼서 울고 있습니다. 왜냐면 나무랑 친한 친구 참새가 이사를 가서 그런대요. 나무하고는 둘도 없는 친구인데.

　'맞아, 참 슬프겠구나.'

　헤어지는 것은 정말이지 싫어. 나도 나무처럼 슬퍼서 운적이 있어요. 내가 6살 때 서울에서 김천으로 이사 왔을 때 친구들이랑 헤어지고 나랑 제일 친한 친구 수민이랑 헤어졌어요. 그래도 수민이라는 친구는 아직도 생각난다. 같은 아파트에 살면서 유치원도 같이 다녔는데…….

그 친구는 너무 잘 놀아 주었어요. 또 친절하기도 했으니까

"엄마, 조금 더 있다가 가면 안 돼요?"

가기 싫어요. 싫어 싫어. 친구랑 안 헤어지고 싶어서 땡깡을 부렸죠. 어머니께서도 마음 아파하셨어요.

나무도 꼬마 때문에 좋은 동무를 잃어버렸다고 하네요.

꼬마가 새의 알을 모두 가져 갈려고 했기 때문에.

새 새끼들한테 날으는 법을 가르쳐 주어서 결혼을 시켜야 하는데 그러기 전에 이사를 가버렸으니…….

"아이, 속상해."

나무야, 너무 슬퍼하지 마. 내가 학교에서 배운 공부 이야기 해 줄게. 오늘은 가을 동산 꾸미기를 했어. 1분단 2분단은 가을이 아니고 여름 동산이 되어 버렸다. 엉망이었어. 우리 팀은 친구들이랑 힘을 함께 해서 멋있게 꾸몄지. 참 재미있었단다.

"역시 친구는 좋아."

나무야, 내가 있으니까 슬퍼하지 마. 우리 서로 친구로 지내자. 친구는 엄마, 아빠 다음으로 소중하니까.

이지수 어린이가 〈슬퍼하는 나무〉를 읽고 쓴 독서 감상문은 어떤 형식이나 틀에 얽매이지 않고 책을 읽고 하고 싶은 말을 거침없이 자유롭게 쓴 것이 돋보였습니다. 이지수 어린이는 책을 읽고 자신이 겪은 일을 떠올리며 책 속에 나오는 나무의 마음을 자기 마음 보듯이 헤아리고 있습니다. 그래서 스스로도 모르는 사이에 이지수 어린이는 슬퍼하는 나무와 하나가 되었습니다. 그 마음으로 글을 썼기 때문에 읽는 사람의 마음을 움직이는 좋은 독

서 감상문이 나왔습니다. 책 속의 인물과 내가 하나 되는 마음이 될 때야말로 좋은 독서 감상문을 쓸 수 있는 것인데, 이지수 어린이는 그것을 몸소 겪은 것입니다. 심사 위원 모두는 이렇게 책 속의 인물과 하나가 되어 자유롭고 진솔하게 자기의 생각과 생활을 드러낸 이지수 어린이의 글을 대상으로 뽑는 데 조금도 망설이지 않았습니다.

이지수 어린이는 책 속에 나오는 나무한테 마치 자기 동무한테 이야기하듯이 말을 건네고, 정말 나무의 마음을 어루만져 주듯이 자기가 마음 아팠던 이야기, 재미있었던 이야기를 들려 주고 있습니다. 나무가 슬퍼하는 모습을 보면서 자기가 전에 살던 마을에서 동무와 마음 아프게 헤어졌던 일이 생각났고, 그래서 새를 떠나 보낸 나무의 마음을 더 잘 헤아릴 수 있었을 것입니다.

아마 이지수 어린이가 재미없게 책을 읽고 어쩔 수 없이 독서 감상문을 써야 하기 때문에 어떻게 쓸까 고민하고, 몇 장을 쓸까 고민하고, 느낌을 무슨 말로 쓸까 고민하면서 썼더라면 이렇게 좋은 독서 감상문은 나오지 않았을 것입니다. 독서 감상문은 좋은 책을 감동 깊게 읽고 난 뒤 그 감동을 정말 전달하고 싶어서 즐거운 마음으로 글을 쓸 때 잘 쓸 수 있습니다. 그것을 잘 보여 주는 글이 바로 이지수 어린이의 글입니다.

책을 읽고 자기 생활을 떠올리면서 나무와 하나가 된 이지수 어린이는 앞으로 자기 생활에서도 좋은 동무를 사귈 수 있고, 또 다른 어린이에게 좋은 동무가 될 수 있을 것입니다

_이가령, 이송희

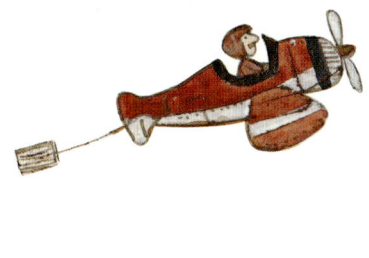

한·걸·음·더

좋은 책, 이렇게 고르세요

서점에 가 보면 정신이 없을 정도로 어린이 책이 많이 나와 있습니다. 그 수많은 책들 가운데 읽을 책을 가려 내야 하니 쉽지 않을 것입니다. 그렇다고 겉모양만 보고 살 수는 없지요. 오히려 겉모양이 너무 요란하게 꾸며진 책을 조심해야 한답니다. 그러면 어떤 책이 좋은 책일까 그 조건을 알아보겠습니다.

1 재미와 감동이 있는 책

　재미가 없는 책, 감동이 없는 책은 아무리 좋은 교훈이 담겨 있다고 하더라도 읽기가 어렵지요. 독자를 책 속으로 쏙 끌어들일 만한 재미가 있는 책, 그리고 감동이 있는 책이 좋은 책을 고르는 첫 번째 기준입니다. 책에서 받는 감동의 깊이에 따라 그 책의 가치가 결정된다고도 할 수 있으니까요.

　재미와 감동의 상관 관계를 살펴보면 감동을 받는 책은 재미있는 책이라고 할 수 있지만 재미있는 책이라고 해서 반드시 감동을 받는 것은 아니지요. 가슴을 울리는 감동은 없지만 재미로 읽히는 책도 있습니다. 일단 재미가 있어야 한다는 것은 어린이 책이 갖추어야 할 기본 조건일 것입니다.

　여기서 재미란 우습고 아슬아슬하고 기묘한 것을 보는 즐거움을 말하는 것이 아닙니다. 진리를 알게 되는 것, 깊은 감동을 느끼는 것, 사람의 바른 길과 세상의 이치를 깨달을 수 있는 것, 아름다움을 느낄 수 있는 것 따위를 말합니다. 우리가 아이들에게 동화를 읽게 하는 이유도 이런 재미와 감동을 통해 든든한 가치관을 심어 주려는 데 있겠지요.

2 좋은 가르침이 담겨 있는 책

　세상을 새롭게 보고, 자연과 인생의 참된 이치를 발견하고, 지혜를 얻고, 사람다운 마음을 갖게 하는 것이 책읽기의 본령이라고 할 때, 좋은 어린이 책이 갖추어야 할 두 번째 조건으로는 좋은 가르침이 들어 있어야 한다는 것입니다.

　특히 아동 문학에서 주제는 곧 넓은 뜻의 교훈성이라 할 수 있습니다. 물론 이 교훈성을 너무 밖으로 드러내서 훈화나 도덕 교과서 같은 글이 되었다면 그것은 문학 작품이라고 할 수 없겠지요. 그러나 교훈이 없다는 것은 어린이에 대한 믿음과 정열, 사랑이 부족하다는 뜻일 수 있습니다. 좋은 가르침은 좋은 책이 되는 조건에서 빠질 수 없는 부분이겠지요.

3 알기 쉽고 친절한 문장

문장이 읽기 쉽고 친절하며 정확해서 아이들이 그 책을 읽는 동안 바르고 아름다운 우리말을 자연스럽게 익힐 수 있도록 써 놓은 책이 좋은 책입니다. 아이들이 읽는 책에는 아동 문학이 차지하는 비중이 높습니다. 그런데 일부 아동 문학 작품 가운데에는 말에 너무 수식을 붙여서 도무지 무슨 말인지 알 수 없게 만들어 놓은 것들이 있습니다.

허식적인 문체로 가득 차 있는 책은 과감히 집어던져도 아깝지 않습니다. 이런 것은 대충 몇 쪽만 읽어 보아도 금방 알아볼 수 있지요. 문장이 꼬여 있는 글은 읽기에도 머리 아프잖아요.

문장이 읽기 쉽고 정확할 것, 좋은 책이 갖추어야 할 세 번째 조건입니다.

4 선명한 인쇄, 좋은 삽화

인쇄가 선명하고 활자의 크기도 아이들의 나이에 알맞도록 꾸며져 있어야 되겠지요. 맞춤법, 띄어쓰기도 바르고 정확하게 되어 있어야 하겠고요. 어린이 책은 어른 책보다 교정을 훨씬 엄격히 보아야 좋은 책이 될 수 있습니다.

삽화도 어린이 책에서는 큰 몫을 합니다. 아이들의 마음을 안정시키고, 읽고 싶은 마음이 나게 만들지요. 책 내용을 돋보이게 하는 삽화는 그 책의 가치를 높여 준답니다.

이렇게 좋은 책을 고르는 방법을 알아보았습니다. 그런데 이것을 다 따지고 살펴보려면 책을 끝까지 읽어야 하겠지요? 하지만 현실적으로 쉽지 않은 일입니다. 그럴 때는 머리말과 차례만이라도 읽어서 그 책을 쓴 의도와 책의 내용, 지은이의 생각 같은 것을 살펴보는 것도 좋겠습니다. 또 많은 분들이 믿을 만한 단체에서 권하는 책을 선택하곤 하는데, 그런 단체도 몇 군데 소개해 드립니다.

- 어린이도서연구회: 〈동화 읽는 어른〉 〈권장도서목록〉 (02-3672-4447)
- 한국글쓰기교육연구회: 〈우리 말과 삶을 가꾸는 글쓰기 교육〉 (02-324-0145)
- 겨레아동문학연구회: 〈겨레아동문학선집 1-10〉
- 그 밖에: 〈아침햇살〉 (02-502-4816) 〈굴렁쇠〉 (062-522-6101)

자세히 보고 본 대로 표현하는 사생문 쓰기

사생문이란 어떤 글인가?

사생문은 시간이 어느 순간 멈추어져 있거나 아주 천천히 가고 있는 상태에서 대상의 모습을 마치 그림을 그리듯 보여 주는 글입니다. 서사문이, 변화되어 가는 과정을 시간의 흐름에 따라 나타낸 것이라면 사생문은 공간적으로 이동하면서 어떤 대상이나 상황을 있는 그대로 독자들의 머릿속에 떠오르도록 그려 내는 것이라 할 수 있습니다.

사람들의 입에 오르내리는 좋은 이야깃글(소설, 동화)을 보면 그 장면이 머릿속에 훤히 그려질 만큼 생생한 사생글이 들어 있는 것을 볼 수 있습니다.

사생글에 대해 이태준 선생님은 〈문장 강화〉(창비)에서 다음과 같이 쓰고 있습니다.

> 나의 중학 때 어느 도화圖畵 시간에서다. 선생님이 '앞에 앉은 사람을 사생寫生하라' 하시었다. 그래서 한 학생은 앞에 앉은 학생의 저고리를 그리는데 빛에 농담濃淡이 없이 아주 새까맣게 먹칠을 해 놓았다. 선생님은 그 새까만 저고리를 보시고 성이 나시어
> "왜 저고리 빛이 이렇게 두드러진 데나 구석진 데나 할 것 없이 한빛으로 새까맣기만 하냐?"
> 물으시니 그 학생이 선뜻 대답하기를
> "선생님 딱하십니다. 동복 빛이 새까마니 새까맣게 그리는 수밖에 있습니까?"
> 하였다. 선생님은 어이가 없어 껄껄 웃으시고
> "새까마니까 새까맣게 칠을 했다? 그럼 눈 온 벌판을 그리라 하면 백지 그대로 내놓겠구나?"
> 하시어 반班이 들썩하고 웃은 일이 있다.

한번 생각할 가치가 있는 말이다.

누구나 눈이 흰 줄을 안다. 눈이 희다는 것은 눈에 대한 개념이다. 눈이란 흰 것이라고 아는 것은 우리의 지식이다. 우리가 개념에서만, 즉 지식에서만 눈이 온 벌판을 그린다면 그야말로 흰 종이를 그대로 보는 수밖에 없다. 글도 그렇다. 우리가 머릿속에 기억해 놓은 개념, 지식만으로는

"검은 옷은 검으니라."

"눈 온 벌판은 희니라." 밖에 쓰지 못할 것이다…….

우리가 어린이들에게 사생문을 쓰게 하는 큰 까닭은 아이들이 자기를 둘러싼 세계를 바르게 인식하도록 하기 위해서입니다. 대충 보고 그것을 머리로 생각하면서 글을 쓰는 것이 아니라, 자세히 보고 본 그대로 표현하게 하는 것이지요. 객관 사실을 정확하게 보고 쓰면서 사물의 숨겨진 진실을 깨닫거나 새롭게 발견할 수 있기 때문입니다.

사생문 쓰기 지도

실제 수업에서 어린이들에게 사생문을 이해시키기란 쉽지 않아요. 이러저러한 설명보다는 보기글 몇 편을 읽어 보도록 하는 것이 훨씬 효과가 있고 잘 알아듣습니다.

 왜 그 자리에서 쓰는 게 좋을까요?

아이들은 보고 느끼고 한 것을 마음 속에 간직했다가 글을 쓰지는 않습니다. 끊임없이 움직이며 활동하다 보면, 보고 느끼고 한 것이 어느 새 날아가 버리는 일이 많거든요. 그래서 그 순간 그 자리에서 쓰도록 하는 것입니다. 자세히 보고 본 그대로를 표현해야 하는 사생문은 더욱 그렇지요. 물론, 이 시간에 수업을 했으니 꼭 성과물이 하나 나와야 한다는 생각과는 출발이 다른 것이랍니다.

자연 속에서

요즈음 아이들은 자연을 어떤 특별한 대상으로 생각합니다. 자연을 가까이할 기회가 없기 때문이기도 하지요. 그래서 '자연' 하면 무조건 차를 타고 나가서 보는 것으로 생각하는 경우가 많습니다. 하지만 도시에서라도 문 밖에 나가면 빈약하나마 자연이 있습니다. 집 앞의

작은 화단도 관심을 갖고 보면 평소에 보이지 않던 것들을 볼 수 있지요.

밖에 나가 자연을 보고 자유롭게 글감을 잡도록 합니다. 아이들과 함께 나무나 풀, 그리고 주변을 오가는 사람을 '봅니다'. 그리고 마음대로 한 가지를 잡아 씁니다.

우리 아파트앞 풍경
김지혜(군포 양정2.)

202동 옆에는 아이들이 재미있게 노는 놀이터가 있습니다. 그 옆에는 아주머니 아저씨들이 오고 갑니다.

그리고 202동 왼쪽 옆에는 많은 차가 있고 주차장이 있습니다. 202동 그 옆에는 자전거가 있고 아저씨가 손을 주머니에 넣고 아주 빨리 걸어가십니다.

그 옆에는 노인정이 있습니다. 나무는 단풍이 물들었는 것도 있고 노랑색인 은행잎도 있고 초록색 옷을 입은 단풍이 있습니다.

아가씨가 미니스커트를 입고 예쁘게 지나갑니다. 어떤 아주머니는 아기를 업고 두 손은 아기 엉덩이를 만지고 가십니다. 그리고 나무에는 사다리가 있습니다. 202동 오른쪽에는 역사 상가가 있습니다. 그 옆으로는 노래방도 있고 음식점도 있습니다.

그리고 오늘 날씨는 쌀쌀하지도 않고 따뜻하고 해님이 꼭 우리를 비추어 줍니다. 그리고 왼쪽으로는 분홍색 티를 입은 언니가 두 손으로 머리를 만지면서 갑니다. 오른쪽에는 놀이터에서 놀고 있는 언니가 콩콩 튀면서 바퀴를 타고 뛰고 있습니다. 마지막으로 치마를 입은 언니가 달리기를 하고 있습니다.

그리고 아주머니가 두 손을 주머니에 넣고 빨리 뛰어가십니다. 제일 마지막으로 아저씨가 아주 씩씩한 모습으로 걸어가십니다. 아저씨가 어떤 모습으로 걸어가시냐면 두 손을 흔들면서 다리는 쫙 펴고 걸어가십니다.

2학년 어린이가 퍽 열심히 글을 썼습니다. 눈에 들어오는 것은 무엇이든 모조리 적고 있습니다. 처음에는 이렇게 쓰게 됩니다. 그러다가 어떤 장면이 눈에 딱 들어오면 그것을 중심으로 쓰게 되지요.

아파트 주위
윤은진(군포 광정2.)

우리 학원 주위 아파트는 주공 아파트 202동과 203동과 노인정이 있다. 6학년 정도로 보이는 커다란 형 둘이서 배드민턴을 치다가 공이 204동 경비실 지붕에 올라가서 배드민턴 치던 형 한 명이 2층으로 올라가서 2층 담벼락을 잡고 뛰어내리면서 살짝 무릎을 굽히고 발이 땅에 닿자 다시 폈다. 그런 다음 허리를 굽혀서 배드민턴 공을 살며시 줍고 배드민턴을 치던 형에게 세게 던지고 지붕에서 다시 그 형에게 뛰어 내렸다.
나 같으면 무서웠을 것이다. 대단하다.

은진이는 배드민턴 치는 형들의 모습을 보고 그것을 중심으로 해서 글을 썼습니다. 제목이 '아파트 주위'라고 되어 있는 것으로 보아 처음에는 전체를 훑어보며 쓰려고 했다가 형들의 모습이 눈에 띄어 그것을 잡아 쓴 것으로 보입니다. 그러다 보니 글과 제목이 잘 맞지 않게 되어 버렸어요. 이럴 때는 아이와 이야기를 해서 제목을 고쳐 보게 하는 것도 괜찮습니다.

'6학년 정도로 ~ 다시 폈다.'까지의 글이 쉼표 하나 없이 한 문장으로 되어 있습니다. 움직이는 모습을 따라 정신없이 쓰다 보니 그렇게 된 것이겠지요. 그러나 정작 본인은 문장이 너무 길어져 버렸다는 것을 깨닫지 못하는 일이 많습니다. 선생님이 그 부분을 '숨이 차듯이' 읽어, 문장이 너무 길다는 것을 눈치채게 하거나 적당히 끊어 쓰도록 가볍게 말해 주세요.

내 눈앞의 경치

우인철(백산5)

나의 눈 안에 들어오는 것들에는 옅은 하늘과 저 멀리 아래로 강같은 비닐하우스가 있다. 그 앞으로 빨간, 파란 지붕의 집이 있고 사이사이에 여러 빌라가 있고 지붕 위에는 노란 물탱크가 보인다. 조금 가까이에는 길이 보이는데 자가용과 버스들이 달리고 있다.

다음에는 가까이에 여러 집들과 시흥고등학교가 붙어 있다. 고등학교에서는 농구대 주위에서 형들이 공을 뺏고 빼앗기며 놀고 있다. 그 오른쪽에는 흰색 빛이 나는 건물이 있고 옥상에는 쇠막대기와 녹색 비닐 같은 게 있다.

왼쪽을 고개를 돌리면 녹색 천막이 있고 그 밑으로는 한들바람에 흔들리는 진달래와, 봄인데도 새싹이 아직 나지 않은 나무들이 엉켜 있다. 그 옆에는 잎가지에 네 개의 잎이 무성히 핀 개나리가 있다. 그 사이사이에는 녹색 잎이 드문드문 나 있다. 바로 앞에 키가 나정도 되는 소나무가 있는데 솔잎이 밤송이 같다. 그 솔잎들 사이로 솔방울이 약 1cm크기로 달려 있다. 소나무의 왼쪽에는 제비꽃이 피었고 오른쪽에는 큰 나무가 있는데 사이에 '위험 들어가지 마시오'라는 표시판이 붙어 있다.

(줄임)

좀 높은 곳에 올라 마을을 내려다보며 쓴 글입니다. 저 멀리 보이는 것에서부터 차츰 내 바로 앞에 있는 것으로 초점을 옮겨 가며 쓰고 있습니다. 흡사 원근감이 잘 살아 있는 그림을 보여 주는 듯합니다.

어떤 풍경을 보면서 글을 쓸 때는 적당한 한계(사진을 찍는다면 화면 안에 어느 만큼 들어갈 수 있을까)를 스스로 정해 쓰도록 하는 것이 좋습니다. 시선의 움직임도 일정한 원칙을 정해(위에서 아래로 혹은 오른쪽에서 왼쪽으로) 쓰면 쓰기도 쉽고, 읽기도 쉽습니다.

글 쓰는 친구의 모습도 글감으로

글 쓰는 친구의 모습은 아이들이 흥미 있어하는 글감입니다. 글을 쓰고 있는 친구의 모습을 그대로 적게 하세요. 다만 친구가 눈치채지 못하도록 해야 자연스러운 모습을 잡을 수 있습니다. 또 글이 너무 주관으로 흐르거나(○○○는 잘 삐친다는 식), 장난스러운 글이 되지 않도록 주의해야겠지요.

> **표병진**
> 김영환(군포 양정4)
>
> 표병진이는 지금 의자에 앉아서 글쓰기를 시작할려고 하는데 딱 뒤를 보면서 눈이 커지고 엄지손가락으로 자기를 가리켰다. 그리고 오른 발을 세우고 왼발을 그 위에 얹는다. (줄임) 양 손으로 배 부위를 긁적이고 손을 머리로 올렸다 내렸다 한다. 연필을 주둥이 쪽에 놓고 무엇을 생각하는 것 같다.
> 글쓰기가 끝나고 자기 글을 자세히 보고 틀린 부분은 고치고 그냥 그대로 있다. 그리고 손을 올리고 만세를 부르듯 자리에서 막 뛴다. 참 이상하다.

영환이는 친구의 모습을 보면서 이 글을 썼습니다. 열심히 보고 열심히 썼습니다. 움직임을 따라가면서 글을 쓰다 보니 정확하게 나타내지 못한 부분도 있어요. '자기 글을 틀린 부분은 고치고……' 같은 곳은 틀린 부분을 어떻게 고쳤는지, 지우개로 지워 가면서 고쳤는지 연필로 줄을 죽 긋고 고쳤는지 하는 식으로 그 모습을 구체로 적으면 더 좋았을 것입니다. 아울러 친구를 따뜻하게 바라보는 마음까지 담기면 더 좋겠지요?

작은 것도 자세히 보자

밖으로 나가면 아이들은 생각보다 글감을 잘 찾아 냅니다. 토끼풀, 개미, 잠자리, 구름, 하늘……. 그런데 구름은 '양 떼' 같은 상투적인 말에 너무 익숙해서 아이들이 자신도 모르게 그렇게 보는 일이 많으니 그런 점을 조심하도록 미리 말해 둡니다.

아이들은 움직임이 작거나 아주 없는 대상은 지루해하지만 개미의 움직임은 흥미롭게 들여다보기도 합니다. 사생글을 처음 쓸 때는 움직임이 작지 않고 그렇다고 너무 변화무쌍하지도 않은 대상이 좋습니다. 그러면서 차츰 움직임이 작은 것으로, 정지해 있는 것으로 진행해 봅니다. 그러나 가장 중요한 것은 자기 마음이 가는 것, 자기가 보고 싶은 것을 보는 것이지요.

또 '관찰'을 한다고 작은 생명을 괴롭히는 일도 없도록 해야 할 것입니다.

토끼풀과 꽃
권미선(백산3)

토끼풀은 세 잎이 많습니다. 한 잎, 한 잎씩 흐린 초록색으로 가운데에는 흰 줄이 그어져 있습니다. 이파리가 아주 얇아 힘이 없어 보입니다. 그리고 여러 곳에 쭉쭉 뻗어 있습니다. 줄기가 긴 것은 자기가 크다고 자랑하는 것 같습니다.

토끼풀꽃에 나비 한 마리가 날아와 가만히 앉았습니다. 그리고 벌이 오자 나비는 날아가버립니다. 벌도 날아가 버립니다. 나비를 쫓아갑니다. 그러다가 벌은 다시 돌아와 그 꽃에 앉습니다.

그리고 꽃이 핀 것과 아직 피지 않은 것이 있습니다. 꽃은 작은 하얀 꽃잎들이 모여 한 송이가 되어 있습니다. 모양은 그렇게 예쁘진 않지만 향기는 향긋합니다. 꽃 속은 연두랑 초록색이고 작은 꽃 하나하나는 벌집같이 생겼습니다. 그래도 꽃과 토끼풀이 짝지으면 멋있는 한 쌍이 됩니다.

장미
권미선(백산3)

장미는 여러 잎이 모여 있습니다. 제가 본 장미는 꽃잎 끝이 말려 있습니다. 색은 흐릿한 빨강색입니다. 활짝 핀 꽃 속에는 수술과 암술이 있습니다. 수술은 가운데 모여 있습니다. 암술은 수술 옆에 모여 있습니다. 그

> 리고 가시모양처럼 겉이 뾰족뾰족합니다. 꽃잎 밑이 하얀색이고 뒷면은 앞면보다 흐립니다. 그리고 뒷면은 까칠까칠하고 앞면은 부드럽습니다. 향은 체리향 같이 느껴집니다. 장미꽃 꽃잎이 연꽃 같습니다.
> 줄기에는 작은 가시들이 드문드문 있습니다. 그리고 잎의 선이 도로 같이 퍼져 있습니다.

이 두 글은 같은 어린이의 글입니다. 앞에 든 '토끼풀과 꽃'은 바깥의 들판에서 직접 토끼풀을 보면서 쓴 글이고 뒤의 글 '장미'는 실내에서 컵에 꽂혀 있는 꽃을 보며 쓴 글입니다.

앞의 글은 '이파리가 얇아서 힘이 없어 보인다.' '줄기가 긴 것은 자기가 크다고 자랑하는 것 같다.'는 것처럼 순간순간 감성이 살아 있는 것이 보입니다. 이에 견주어 뒤의 글은 대상을 분석하면서 쓰고 있습니다. 이것은 같이 공부를 했던 어린이들의 글이 거의 공통적으로 보인 결과이기도 합니다.

물론 이 두 가지, 대상에 자기 감정을 담아 표현하는 것이나 자기 감정 없이 분석적으로 표현하는 것은 중요한 글쓰기 표현 양식입니다. 하지만 아이들이 자기 마음을 담아서 대상을 보면 자연스럽게 감정이 들어가겠지요.

시장에서

시장은 살아 움직이는 삶의 터전입니다. 아이들은 아이들대로 시장 구경을 재미있어 한답니다.

시장의 여러 모습 가운데서 가장 자기의 눈길을 끄는 것, 가장 흥미 있는 것 한 가지를 잘 보고 글로 쓰게 합니다. 쓰는 일보다 무엇에든 관심을 갖고 잘 보는 일이 더 중요하다는 것을 잊지 마세요.

나물 파는 할머니

김효지(군포5)

시장 입구 쪽에 늙은 할머니가 나물을 팔고 계셨다. 쌀자루를 펴놓고 그 위에 쪽파와 나물을 놓고 팔고 계셨다. 아기들이 먹는 맘마밀 빈 통을 깔고 앉으셨다. 허리가 구부러진 할머니는 흰머리가 많았다. 머리를 핀으로 올리시고 누추한 스웨타를 입으셨으며 펑퍼진 바지를 입고 계셨다.

시장에는 많은 사람들로 붐비고 있었다. 그러나 나물 파는 할머니 주위에는 사람이 없었다. 나물 파는 할머니는 쪽파를 다듬고 계셨다. 쓰레기 봉지를 앞에 두고 쪽파 하나씩을 깨끗이 다듬고 계셨다. 허리가 구부러지신 데다가 추우신지 몸을 웅크리고 계셨다. 할머니는 쪽파를 다듬으시며 지나가는 사람들을 바라보고 계셨다. 많은 사람들은 옷가게나 가방 등에 관심이 있을 뿐 나물이나 쪽파에는 아무런 관심이 없었다. 다른 곳을 둘러보다가 나물 파는 할머니가 있는 곳으로 다시 가 보았다. 전과 같이 나물과 쪽파는 팔리지 않고 그대로 있었다. 할머니는 차를 마시며 지나가는 사람들을 바라보고 계셨다. 조금 더 젊었으면

"나물 사세요. 쪽파 사세요."

라고 말할 텐데 너무 늙어서 그럴 힘도 없는 것 같았다. 팔리지도 않을 나물을 놓고 앉아 계신 할머니는 얼마나 속상할까? 늙으셔서 무슨 고생인지 모르겠다. 나도 늙어서 그런 모습은 아닐까 걱정이 되기도 했다. 그렇게 나물 파는 할머니가 불쌍해 보였다

지네 장수

정지용(안양 둔전5)

오늘 YWCA에서 시장에 대해 조사를 하라고 해서 바깥으로 나갔다. 맨 처음 눈에 띄는 것이 지네 장수였다. 여태껏 지네 장수를 본 것은 처음이었다.

그 아줌마는 대야에 수건을 놓고 지네를 이리저리 집게로 옮겼다. 피 같은 것을 접시에 두고 지네를 옮겨 놓으니 금방 하얗게 됐다. 아마도 지네가 피를 빨아먹은 모양이다. 지네의 다리는 다 합쳐서 36개였다. 36개(계) 줄행랑이라는 말이 여기서 나온 것인가 보다. 그 중 피를 많이 먹은 지네는 다리가 빨갰다.

그 아줌마는 주황색 티에 검은 바지를 입고 있었다. 아줌마는
"지네에요. 지네는 피를 맑게 하며 혈액 순환을 잘 돌게 해요."
하자 어떤 아줌마가 와서
"한 병 주세요."
하고 말하자 지네를 집게로 소주 속에 10마리를 집어넣으면서
"한 병 더 사유."
그러자 아줌마가
"그럼 한 병만 더 주세요."
그러자 지네 파는 아줌마가 한 병을 더 주었다. 아줌마가 2만 원을 냈다. 한 병에 만 원인가 보다.

사람이 자꾸 모여들자 옆 사람이 장사에 방해된다면서 딴 데로 가라고 했다. 그러자 아줌마는 저쪽 횡단보도 옆으로 간다. 거기는 사람이 별로 없다. 아줌마는 배가 고프신지 참외를 드셨다. 지네가 너무 징그러웠다. 그래도 아줌마가 먹고살려고 그러는 거니 아무튼 장사가 잘되었으면 좋겠다.

관찰글 쓰기

사생글은 초등 학교 고학년이면 써 볼 만한 갈래입니다. 학년이 낮은 아이들도 자꾸 개념으로 쓰려고 하는 것을 없애 주기 위해서는 한두 번쯤 권할 만하지요.

늘 함께 있으면서도 너무 가까이 있어서 잘 모르는 것을 이 기회에 관찰하고 글로 써 봅니다. 내 손, 내 발, 연필, 동전, 필통, 가방……. 이 때 설명문과 구별되는 것은 설명문은 글을 쓰려는 대상에 대해서 그것의 역사나 그것에 대한 사람들의 평처럼 보이지 않는 것을 적을 수도 있지만, 사생글은 그런 것은 쓰지 않고 보이는 것만 쓴다는 점이 다릅니다.

대상을 아주 '자세히' 봅니다. 쓰는 것보다 보는 것에 치중하도록 합니다. 평소에 보지 못했던 것들이 살아나는 순간이 되기도 합니다.

> **발**
> 구아롬(백산3)
>
> 내 발등을 꾹꾹 눌러보면 살이 있다는 느낌이 나지 않는다. 엄지 발가락 위쪽에는 손톱깎기로 깎다 잘못 깎은 흉터가 있다. 신기하게도 다른 발가락은 가만히 있고 새끼 발가락만 움직일 수 있다. 엄지 발가락을 위로 올리면 다리가 있는 것처럼 뼈가 튀어나온다. 발바닥에는 금이 많이 있고 복숭아뼈는 보통 사탕보다 크다. 내 발은 엄지 발가락보다 둘째 발가락이 더 키가 크다. 그리고 셋째 발가락부터는 키순서 대로 서 있다. 엄지발가락이 시작되는 곳의 안쪽이 불룩 튀어나와 있다.
> 평소에는 신경을 안 쓰던 발을 잘 살펴보니 조금 이상한 기분도 든다. 그전에는 잘 몰랐는데 오늘 보니까 내 발가락은 엄지와 둘째 발가락 사이는 발톱 있는 데는 서로 붙어 있고 발가락이 시작하는 데는 떨어져 있다. 그런데 둘째와 셋째 발가락 사이는 아래 위가 다 떨어져 있다. 연필 하나가 들어갈 만큼 벌어졌다. 셋째, 넷째, 다섯째 발가락은 붙어 있다.

사생글을 써 보면 관념으로 써서 시들시들했던 글이 감각의 도움을 받아 싱싱하게 살아나는 것을 경험할 수 있습니다. 자기 글을 읽으면서 재미있다는 것을 느끼기도 하지요. 완성된 글의 형태로 사생글을 쓰기도 하지만, 이것보다는 다른 글 속에서 그 글을 좀 더 생생하게 만들기 위해 쓰게 됩니다.

자기 주장을 조리 있게 펼치는 논설문 쓰기

논설문이란 어떤 글인가?

논설문은 자기의 의견이나 주장을 이론적으로 체계를 세워 적은 글을 말합니다. 그 하위 갈래로는 크게 ①주장하는 글 ②비판하는 글 ③옹호하는 글 ④호소하는 글 정도로 나누어 볼 수 있지요. 하지만 이런 하위 갈래의 글 모두가 자기 주장을 담고 있는 것이라는 공통점이 있어 논설문 자체를 통틀어 '주장하는 글'이라고 하기도 합니다.

쉬운 예를 하나 들어 보겠습니다.

'오늘은 내 짝이 친구를 괴롭혀서 선생님한테 맞았다.' 이렇게 쓰면 서사문이 됩니다. 어떤 사건의 진행 추이를 드러내는 것이 글의 중심이 되어 있습니다.

같은 내용이라도 '오늘은 내 짝이 친구를 괴롭혀서 선생님한테 맞았다. 우리 선생님은 친구를 괴롭히는 사람이 제일 나쁜 사람이라고 늘 말씀하신다. 친구를 괴롭힌 사람은 괴롭힌 만큼 벌을 받아야 한다고 하신다.' 이렇게 썼다면 설명문이라 할 수 있습니다. 어떤 사실을 적을 때 그것이 늘 되풀이되는 일을 적으면 설명문으로 보아도 무리가 없기 때문이지요.

또 '오늘은 내 짝이 친구를 괴롭혀서 선생님한테 맞았다. 내 짝은 맞은 데가 너무 아픈지 자꾸 울었다. 나는 우는 내 짝을 보니 불쌍해 보였다. 불쌍한 내 짝꿍, 왜 자꾸 친구들을 괴롭히나.' 하는 글을 썼다면 감상문으로 나누어 볼 수 있습니다. 짝꿍의 일을 보면서 갖게 된 자신의 생각, 느낌 따위를 전달하고 있으니까 세상의 사물이나 현상에 대해 자신이 느끼고 생각한 것을 그대로 보여 주는 것이 감상문입니다.

나아가 '오늘은 내 짝이 친구들을 괴롭히다가 선생님한테 맞았다. 친구를 괴롭힌 것은 나쁘지만 매를 맞는 것을 보니 불쌍했다. 선생님, 애들이 잘못하더라도 말로 하지 때리지 말아 주세요.'라고 썼다면 주장하는 글이라고 할 수 있습니다. 자기가 생각하는 바를 말하면서 남들도 자기와 같은 생각을 하거나, 같은 행동을 해 주기를 바라며 적고 있기 때문입니다.

설명문은 어떤 사실이나 대상을 알기 쉽게 풀어 설명함으로써 읽는 사람에게 그 사실이나 대상을 이해시키는 것이 목적입니다. 이에 견주어, 주장하는 글은 읽는 사람들이 글쓴이의 견해와 주장을 인정하도록 설득시키는 것에 목적을 두지요.

감상문이 느낌의 덩어리 즉 '내 마음이 이렇다.'라는 것을 밝히는 소극 단계의 글이라면, 주장하는 글은 '다른 사람이 어떻게 해 주기를 바라는' 적극 단계의 글이라고 할 수 있습니다. 초등 학생들이 쓰는 글은 어떤 주장으로까지 발전시키지 못해서 감상문인지 주장하는 글인지 구분하기가 어려운 경우가 많습니다. 이럴 때는 남이 어떻게 해 주기를 바라는 내용이 있으면 대개 주장하는 글로 봅니다.

논설문에 대한 오해

논설문과 논술의 관계

대학 입시 때문인지 요즈음 '논술' 열풍이 너무나 거세게 불고 있습니다. 이 시대의 논술은 요술 방망이가 되어 버린 것 같습니다. 그런데 과연 논술이란 무엇인가 하는 물음에는 금방 대답하기 어려워하지요. 논설문은 무엇이고 논술은 무엇일까요?

논술은 자기의 주장이나 의견을 논리적으로 서술한다는 뜻입니다. 논설문은 자기의 주장이나 의견을 논리적으로 쓴 글을 말합니다. 한마디로 논술과 논설문은 같은 개념이라 할 수 있지요. 다만, 글의 종류를 말할 때는 '논설문'이라고 하고, 어떤 시험의 형식으로 논설문을 쓰게 하는 시험을 논술 시험이라고 합니다.

논설문은 어려운 글?

일반으로 논설문 하면 어려운 글이라고 생각하는 사람들이 많습니다. 그것은 논설문이 서사문이나 시와는 달리 읽는 사람에게 적극으로 작용하기 때문입니다. 이야깃글이나 시라면 그것을 읽은 사람이 대개 '이 글은 감동이 느껴진다, 느껴지지 않는다.' '재미가 있다, 없다' 고 반응하는 데 비해, 논설문이 되면 '이 사람의 주장(생각)이 옳다.' 혹은 '이 사람의 주장은 잘못되었다.' 는 반응을 하기 때문입니다.

또 실제로 논설문 하면 어려운 문장으로 써야 되는 줄 아는 어른들의 잘못된 버릇이 있어서 그렇기도 합니다. 이것이 아이들에게까지 전염이 되어 아이들도 논설문은 무언가 근사하고 어려운 문장으로 써야 한다고 생각하는 일이 많습니다.

문제는 쓰는 법에 있는 것이 아니라 하고 싶은 말이 있는가 없는가 하는 것입니다. 뚜렷한 자기 주장을 세운 다음, 다른 사람들이 자기 주장을 옳다고 따를 수 있도록 증거를 내보여 주면 그만 아니겠어요? 절실히 쓸 거리가 없는데 쓰는 법을 아무리 익혀 봐야 헛일 것입니다. 쓰지 않고는 견딜 수 없는 일이 있다면 쓰는 법을 저절로 찾게 됩니다.

아이들이 쓰는 글의 갈래는 서사문, 설명문, 감상문, 시, 논설문 따위로 아주 많습니다. 논설문은 그 가운데 하나일 뿐인데 논설문 쓰기만 중요하다고 할 수는 없겠지요.

논설문은 자기의 '의견이나 주장'을 쓰는 글이므로 절실하게 자기가 말하고자 하는 내용(주장)이 무엇인지가 아주 중요합니다. 여기에 이치를 세워 논리 정연하게 할 말을 풀어 내면 되는 것이지요. 그러나 아이들은 논리로 글을 쓰지 않습니다. 자신의 체험 안에서 부당하다고 생각하는 일, 그래서 그것이 바로잡히길 바라며 차근히 적다 보면 논리는 그 안에서 자연히 생기게 됩니다.

아이들은 자라면서 많은 것을 배우고, 생각의 폭도 넓어지고 깊어집니다. 나이에 맞는 글, 수준에 맞는 글은 아이가 자라는 시기에 따라 달라지는 것입니다.

논리와 전문 지식

논리란 생각하고 말하고 글을 쓰는 데 지켜야 할 규칙이고, 다른 사람의 말과 글을 분석하게 해 주는 도구에 지나지 않습니다. 논리만 가지고는 어떤 글도 쓸 수 없습니다. 간혹 '논리를 몰라서…….' '별로 논리적이지 않아서…….' 하면서 자신의 논리적인 능력이 모자람을 탓하는 경우가 있어요. 하지만 실제로는 논리적인 능력이 부족해서라기보다는 문제 해결에 대한 필요한 지식을 제대로 못 갖추고 있기 때문이라고 보는 편이 맞습니다.

또 문제가 너무 추상적이거나 자신의 관심과는 거리가 멀어서 문제를 제대로 파악하지 못하는 경우지요. 실제로 일정한 교육을 받고 전문적인 일을 하는 사람들이라면 논리가 부족해서 실패하는 경우는 별로 없습니다. 사람들은 자신이 잘 아는 문제에 대해서는 매우 논리적이면서도 잘 모르는 문제에 대해서는 그 이치를 따지기 어려워합니다. 문제가 무엇이냐에 따라서 훌륭한 논리적 능력을 보이기도 하고 논리에 서툰 사람이 되기도 하는 것입니다.

문제는 논리를 잘 터득했느냐 못 했느냐 하는 것이 아니라 그 일에 대해서 얼마나 잘 알고 있느냐 하는 것입니다. 그 일에 대해서 많이 알고 있어야 문제를 문제로 파악할 수 있을 것이며, 또 그래야만 온갖 주장의 허실을 잘 가려볼 수 있을 것입니다.

논설문 쓰기 지도
주장거리는 어디서 찾을까?

> **예의를 지킵시다** (6학년, 여)
>
> 예의는 사람이 갖추어야 할 기본조건입니다. 우리는 예의를 지키지 않아서 상대방을 기분 나쁘게 하는 때가 많습니다. 예의를 잘 지키면 사이가 좋아질 수도 있습니다. 예의를 지키는 것은 어려운 일이 아닙니다. 기본질서를 잘 지키고 고운 말을 쓰는 것도 다 예의를 지키는 것입니다. 예의를 잘 지켜서 바르고 훌륭한 어린이가 됩시다.

이 글은 '예의를 지키자.'라는 주제에 맞추어 쓴 글이지만, 자기만의 생각을 담지는 못했습니다. 어디선가 들은 듯한 말들을 꿰어 맞추고 있어요. 그러니 읽는 사람의 관심을 끌지 못합니다. 쓸 말도 없는데 이런 주제로 쓰라고 해서 마지못해 썼기 때문이지요.

책을 읽읍시다
(5학년, 남)

선생님과 부모님께서 책을 많이 읽으라고 하신다. 그러나 우리는 그것을 잘 실천하지 않는다. 그리고 가을이 독서의 계절이라고 하는데 꼭 가을에만 책을 읽어야 하는 법은 없다. 책을 많이 읽어야 하는 이유를 살펴보자.

첫째, 책을 마음의 양식이라는 말이 있는 것처럼 여러 종류의 책을 많이 읽으면 지식이 풍부해지고, 아는 것이 많아진다.

둘째, 간접경험을 할 수 있다. 예를 들면 내가 미국에 가지 않았는데도 미국에 관한 책과 가이드를 읽으면, 미국에 직접 가 본듯한 느낌을 받을 수 있다.

셋째, 위인전이나 옛 조상에 관한 책을 읽으면, 그 위인에 대해 많이 알게 된다. 그래서 위인의 좋은 점을 알 수 있고, 그 위인이 살았던 시대의 배경등을 알 수 있다.

이처럼 책을 많이 읽으면, 지식이 풍부해지고, 아는 것이 많아지며, 간접 경험을 할 수 있다. 또, 위인전을 많이 읽으면 그 위인의 업적이나 위인의 좋은 점을 본받을 수 있으며, 그 위인에 대해 많이 알게 된다. 이런 이유들 때문에 책을 많이 읽어야 한다.

형식을 잘 갖추고 꼭 맞는 말을 하고 있지만, 이런 글을 읽으면 감동이 오지 않습니다. 어른이 하고 싶은 말을 아이가 대신 하는 것 같은 주제일 때 더욱 그렇습니다.

논설문의 글감도 절실한 생활 속의 문제를 다루어야 글의 감동도 커지고 더 큰 설득력을 가질 수 있습니다. 아이들과 같이 공부할 때는 늘 그 아이 삶 속에서 가장 절실한 문제가 무엇인지를 관심 깊게 지켜볼 필요가 있답니다. 그렇다면 주장거리는 어디서 찾아야 할까요? 바로 삶 안에서지요……

형식은 나중에, 또렷한 할 말 찾기가 먼저

속셈 학원에 그만 다닐래요 노경려(경기 하안남4)

엄마, 나 학원에 다니기 싫어요. 숙제도 많고 어렵고 귀찮아서 다니기 싫어요.

난 산수를 잘 못하지만 선생님께 물어보는 것보다 자기가 풀으려고 하는 것이 제일 좋다고 생각해요. 학원에 가면 아는 것도 많이 있지만 문제를 푸는데 모르는 것을 물어보면 선생님이 이렇게 하는 거다라고 말씀하시지 않고 그냥 선생님은 귀찮은 듯이 답만 가르쳐 주세요. 그러니 무슨 소용이 있겠어요. 괜히 시간 낭비하고 돈만 들잖아요.

그러니까 학원을 끊게 해 주세요. 그게 제 소원이에요.

이 아이는 속셈 학원에 다니기 싫으니 그만 다니게 해 달라는 주장(호소)을 하고 있습니다. 속셈 학원에 다니기 싫은 이유(근거)로는,

1. 학원에서 내 주는 숙제가 너무 많고 어렵다.
2. 선생님의 도움을 받아서 문제를 푸는 것보다 스스로 푸는 것이 좋다고 생각한다.
3. 학원 선생님은 문제 푸는 과정을 설명하지 않고 답만 가르쳐 준다.

는 점을 들어 소용이 안 된다고 하면서 '그런데도 학원을 다니는 것은 시간 낭비고 돈 낭비다.'라고 결론짓고 있습니다.

이 아이의 말이 잘못되었다고 볼 수 있나요? 논리를 앞세워 글을 쓴 것은 아니지만 자신의 체험 속에서 우러난 주장을 하다 보니 나름의 논리가 섰고 설득력도 가지게 되었습니다.

논설문 쓰기에 가장 쉽게 접근할 수 있는 방법은 '생활하면서 정말 억울했던 일, 부당하다고 느꼈던 일'을 떠올려 보고 어떻게 하면 좋겠는가를 생각해서 써 보는 것입니다. 자신의 경험에서 절실하게 할 말이 나오는 법입니다. 비록 작은 문제이기는 하지만 모든

사람의 삶과 이어지는, 좀 더 중요한 문제에 관심을 갖는 건강한 자세가 이런 데서 만들어지고 커 나가게 되지요. 그러면서 차츰 가정과 학교, 사회의 문제로 그 범위를 넓혀 가면 좋겠습니다.

> **옷걸이를 반에 만들자**　　　　　　　　　　　　　　　양미연(신도3)
>
> 선생님, 옷걸이를 만들어 주세요. 옷이 긴 것은 땅에 질질 끌리고 애들이 밟은 날도 있어요. 그래서 공부도 선생님 말씀도 안 들리고, 옷 생각뿐이에요. 6반은 있는데 우리는 왜 없나요? 우리도 옷걸이를 만들어요. 그러면 옷도 깨끗하고 공부도, 선생님 말씀도 잘 들을 수 있을 거예요. 만들어 주세요. 그리고 짧은 옷 입고 다니는 친구들이 많아요. 꼭 옷걸이를 만들어 주세요.

교실에 옷걸이를 만들어 달라고 호소하는 글입니다. 교실 옷걸이가 없으니 외투를 입고 온 날은 그 옷을 간수하기가 어렵습니다. 그러다 보니 '공부도 선생님 말씀도 안 들리고 옷 생각뿐'입니다. 생각이 절실하다 보니까 옷걸이를 만들어 달라는 말을 네 번이나 하고 있습니다. 누가 읽어도 '이 아이의 말(주장)이 맞다. 옷걸이가 있어야 하겠구나.' 하고 생각할 것입니다. 설득력이 있습니다.

그런데 이 글은 서론이 없이 본론을 직접 말해 버렸습니다. 물론 격식을 갖추지 못했다고 이 글이 할 말을 다 못하고 있는 것은 아니고, 아직 3학년이니까 이렇게 써도 좋습니다. 앞으로 이 글을 쓰게 된 까닭 따위를 밝히는 머리 부분(서론)이라든가 자기 주장을 다시 한 번 선명하게 밝히면서 글을 맺는(결론) 방법을 배우면 되지요.

> **친구를 따돌리지 말자**　　　　　　　　　　　　　　　최효석(연촌4)
>
> 얘들아! 친구들을 자꾸 따돌리지 말자. 따돌림 받는 친구는 자꾸 혼자

> 있게 되고 혹시 나쁜 길로 접어들지도 몰라. 그러니 따돌림을 받으면 따뜻하게 해 줘야 해. 그리고 따돌리는 아이들은 조금 생각해 봐야 해. 입장 바꿔 생각해 봐. 너희들이 따돌림을 당했으면 좋겠니? 하고 물어 볼 때 "그래." 하고 대답하는 사람은 비정상적이야! 그리고 당장 자신도 따돌림을 당해 봐야 돼. 그리고 "……그래 미안하다." 하고 말해 주는 사람이 진짜 멋쟁이야. 그리고 친하게 놀아 주고 서로 위로해 주는 아이는 더 멋쟁이야. 친구들아! 서로 친하게 놀아.

이 글은 아이 나름대로 친구를 따돌리면 안 되는 이유를 말하고 있습니다. '친구를 따돌리게 되면 그 친구는 나쁜 길로 들어설 수도 있다. 누구나 따돌림당하는 것을 좋아하지 않는다. 그러므로 다른 친구를 따돌리지 말고 친하게 지내야 한다. 그런 사람이 멋쟁이다.' 라는 것이 이 아이 글의 요지입니다. 맞는 말입니다.

거기에다 따돌림을 받던 친구를 어떤 다른 친구가 따뜻하게 대해 줘서 어떻게 변화되었다는 식의 구체 사실로 자신의 주장을 뒷받침했다면 '따돌림당하는 사람과 처지를 바꾸어 생각해 보라.' 는 말과 어우러져 더 큰 설득력을 가질 수 있을 것입니다.

형, 대변 보고 물 좀 내려 주쇼
김형주(대길6)

> 나는 우리 형이 화장실에서 똥을 누고 물 좀 내려 줬으면 좋겠다.
> 언제였는지는 모르지만 화장실에 들어가니까 변기통에 똥이 있었다. 그걸 보니까 너무 불쾌했다. 그래서 내가 내렸는데 다음 날도 또 똥이 들어있었다. 그래서 내가
> "이 똥 누가 눴어?"
> 그러니까 형이.

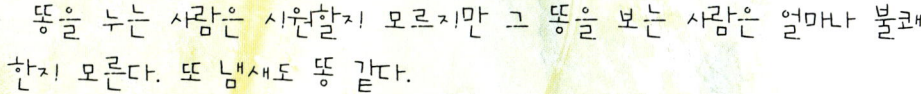

"내가 눴어."
하고 말해서 내가
"형 물 좀 내려라. 우웩, 더러워."
그러니까 형이
"니가 내려 멍청아"
라고 했다. 그 때 그냥 내가 내렸다.
똥을 누는 사람은 시원할지 모르지만 그 똥을 보는 사람은 얼마나 불쾌한지 모른다. 또 냄새도 똥 같다.
그러니 형이 아니라도 우리 가족 모두가 똥을 누고 물을 내려줬으면 좋겠다. 집에서 가족들도 기분 나쁜데 다른 곳에서 다른 사람한테 그러면 얼마나 더 기분이 나쁘겠는가?

 이렇게 생활 속의 문제를 '발견' 하고 다른 사람이 '어떻게 해 주었으면 좋겠다.' 혹은 '어떻게 하자.'는 자기 주장을 또렷이 글로 나타내는 공부부터 해 나가면 됩니다. 이 글에서처럼 어떤 주장의 근거를 서사문을 쓰듯 정확한 이야기로 써 보이는 것이 좋습니다.

글을 쓰는 차례를 정하고 형식의 옷을 입힙니다

 논설문은 내용과 형식이 잘 어우러져야 제대로 된 글이라 할 수 있겠습니다. 생활 속의 문제를 찾은 내용에 형식의 옷도 잘 입혀야 하겠지요.
 논설문은 보통 서론, 본론, 결론으로 나누어서 구상을 하게 되고 글도 그렇게 씁니다. 그러니 구상(개요 짜기) 지도를 가장 잘 할 수 있는 갈래가 논설문입니다.
 그러나 '○○○논설문 경시 대회' 이런 것에 너무 익숙해져 버린 아이들은 서론, 본론, 결론만 나누면 되는 것으로 생각해서 여기저기서 주워 들은 지식만 조합하고 나열하여 틀에 끼워 넣는 식의 글을 쓰는 일이 많습니다. 그러니 처음 쓰기 시작할 때는 서론이니 본론이니 이런 이야기는 좀 생략하고, 자신이 하고자 하는 이야기를 먼저 또렷하게 전달하도록 하는 것이 더 중요합니다.

　대체로 논설문을 쓸 때는
　1. 무엇을 쓸 것인가를 정합니다.
　2. 누구한테 하고 싶은 말인가 생각합니다.
　3. 구상을 하는 과정을 거칩니다.
　그런 다음 서론, 본론, 결론에 담을 이야기를 적어 봅니다.

　처음부터 글을 어떤 구조에 맞추어서 쓰기는 어렵습니다. 그럴 때는 글을 다 쓰고 난 뒤 내 글에서는 서론이 어디까지인가 나누어 보게 합니다. 서론이 없다는 것을 깨닫고 나중에 써 넣는 경우도 있습니다. 할 말만 먼저 적고 글의 구조에 대해 알아보면서 부족한 부분을 보완해 나가는 방식이 되겠지요. 논설문을 처음 쓰기 시작할 때는 이렇게 시작해도 좋습니다.

　그러면서 차츰 개요를 짜 보고 쓰도록 지도합니다. 그러나 개요를 짜는 것은 글을 실제로 쓰는 것 이상으로 어려운 일입니다. 아이들에게 너무 꼼꼼한 개요 짜기를 요구하지 마세요. 그리고 일단 개요를 짰더라도 글을 쓸 때는 보지 않고 글을 쭉 써 내려가고, 다 쓰고 난 뒤 내가 짠 개요와 확인하면서 빠진 것은 없는지 살펴보게 합니다.

　개요 짜기는 서론부터 생각하는 방법도 있지만, 결론부터 생각하고 그 위에 본론, 결론을 뒤집은 내용으로 서론을 보여 주는 거꾸로 짜는 방식이 있습니다. 뒤의 방법이 더 쉬워서 아이들도 부담 없이 받아들입니다.

　서론에서는 나는 왜 이 글을 쓰게 되었나?(글 쓰는 목적), 이 글을 쓰게 된 까닭을 담게 됩니다. 글의 첫머리를 시작하지 못하고 고통스러워하는 아이가 있다면 서론 쓰는 '방법'을 알려 주기보다 자기가 할 말이 무엇인지를 다시 한 번 정확히 말해 보게 합니다. 그런 뒤 그 '결론'에서 이야깃거리를 찾아 글을 시작하게 합니다. 예를 들어 내가 하고 싶은 말이 '에너지를 절약하자.'는 것이라면 '에너지' 하면 떠오르는 생각을 적는다든가 '절약' 하면 떠오르는 사람을 적어 보면서 글을 시작하는 것이지요.

본론에서는 자기가 하고 싶은 말을 씁니다. 문제에 대한 글 쓰는 이의 처지를 밝히고 자신의 견해를 분명히 합니다. 이 때에는 그렇게 말하는 근거가 있으면 들어 보입니다. 막무가내식의 주장이 되지 않도록 충분히 보기를 들어 말합니다. 보기는 자신이나 둘레의 사람이 체험한 사실이 될 수도 있고 조사, 관찰, 궁리한 결과일 수도 있습니다. 다른 책이나 자료에서 인용할 수도 있는데, 이 경우에는 어디서 인용해 온 것인지를 밝혀 쓰도록 지도하세요.

본론은 자신의 주장이 정당하다는 것을 다른 사람도 읽고 수긍할 수 있도록 쓰는 것이므로 논리 정연하고 문장이 정확해야 합니다.

결론은 본론을 요약할 수도 있고, 문제 해결책을 제시할 수도 있습니다. 앞으로의 전망 같은 것을 쓰기도 하지요.

> **싸우지 말자** 　　　　　　　　　　　　이혜인(장위4)
>
> 나는 아이들이 싸우지 않았으면 좋겠다. 왜냐하면 교실이 너무 시끄럽기 때문에. 나도 싸우기는 했다. 남자아이들이 건드리면 난 못 참는다. 그래서 나는 때린다. 하지만 지금은 조금 후회스럽다. 그래서 난 남자아이들이 놀려도 꾹 참을 것이다. 그래야지 남자아이들이 안 놀리니까. 또 '싸우지 않는 것이 좋다' 왜냐하면! 선생님한테 몽둥이로 맞으니까. '싸우지 말자'

'싸우지 말자.'고 주장하면서 그 근거로 싸우면 교실이 너무 시끄러워진다, 내가 싸워 보았더니 후회스럽더라, 싸우면 선생님한테 몽둥이로 맞는다는 것을 들고 있습니다. 4학년이니까 이렇게 써도 좋겠습니다만 5,6학년이 되면 차츰 글의 틀을 갖추어서 쓰는 연습을 해 나가도록 합니다.

글은 '내가 왜 이 글을 쓰는지, 또는 아이들의 싸움 때문에 어떤 일이 있었는지를 밝히는 내용(서론)' '싸움 때문에 교실이 시끄러웠던 일, 싸우고 후회한 일을 구체로 보여 주는 내용(본론)' '이미 다루어진 주제의 요점을 간추려 적고 자기의 생각을 확실히 하는 내용(결론)' 을 더해 보면 더욱 짜임새 있는 글이 되겠습니다.

내용을 먼저 채운 후 형식을 하나씩 갖추어 나간 글쓰기 사례를 하나 들어 보입니다.

엘리베이터 짝홀제로 운행해야 한다
권정현(대길5)

우리 아파트 10동에는 엘리베이터가 두 대가 나란히 있다. 옛날에는 홀수층 짝수층 해서 두 개 중 하나만 탈 수 있었다. 그런데 요즈음은 사람들이 바빠서 그런지 엘리베이터 두 대가 모두 전층을 운행한다. 그러니 편리해지긴 했다. 그런데 여기에 좀 문제가 있다.

나는 아침마다 바쁘다. 매일 한 시, 두 시 정도에 자서 7시 30분에 일어나다보니 바쁘다. 7시 50분에 친구랑 만나기로 약속을 하는데 내가 항상 늦는다. 안 그래도 늦어서 마음이 급한데 더 열 받게 하는 사람들이 있다. 우리보다 높은 층에 사는 사람들이 두 개의 엘리베이터를 다 부른 것이다. 안 그래도 늦었는데 높은 층을 두 개가 다 올라갔다 와야 하는 것이다. 그래서 나도 두 개 다 누르고 사람이 안 탄 쪽으로 타 버렸다. 그런데 6층에서 또 멈춘 것이다. 그런데 아무도 타는 사람이 없었다. 물론 사람들이 바빠서 한 일일 것 같다. 하지만 다른 사람 생각도 해 줘야 되는 것 같다.

이렇게 생각하는 나도 습관처럼 엘리베이터를 두 개 다 부른다.
"10동 주민 여러분, 엘리베이터 두 개 누르지 마세요. 저도 인제 안 그럴게요."

그런데 한 가지 문제가 있을 수 있겠다. 누구든 빨리 가고 싶어 하는 욕

> 심이 있을 텐데 빨리 올 줄 알고 다른 엘리베이터를 불렀는데 예상과 달리 다른 쪽 것이 빨리 올라오거나 내려 올 수도 있지 않은가? 그러면 자기가 잘못 선택한 것 같아서 화가 날게 뻔하다.
> 그러니 두 대가 나란히 있는 엘리베이터를 아예 짝홀제로 운행하는 것이 속도 편하고 전기도 아끼는 길이 될 거라 생각한다. 바쁘면 한층 걸어내려 가서 먼저 오는 엘리베이터를 타면 되는 것이니 그렇게 불편할 것도 없겠다.

우선 글을 다 써 놓고 그 글을 서론 본론 결론으로 나누어 보게 했습니다. 하지만 이 글은 글의 가운데만 있는 격이니 나누기가 참 애매했지요. 그래서 결론으로 정말 하고 싶은 말이 뭔지 생각해 보고 결론을 찾아 써 넣게 했습니다.

> 이처럼 엘리베이터가 두 대 나란히 붙어서 동시에 움직이는 것은 아무래도 낭비가 심하다. 에너지 절약이 뭐 별건가? 필요 없는 것은 안 쓰면 되는 것이다. 짝홀층 운행제로 바꾸어 전기 낭비를 막았으면 좋겠다. 우리 아파트부터라도.

'에너지 낭비를 막자.'라는 결론이 나왔네요. 이 결론을 뒤집으면 서론이 됩니다. '에너지 낭비를 하자.' 물론 이렇게 말하는 사람은 없겠지요? 그러니 그것을 그대로 서론으로 씁니다.

> 에너지를 낭비하자고 하는 사람은 아무도 없을 것이다. 우리 선생님도 우리 나라는 석유 한 방울 안 나는 곳이니 에너지를 절약해야 한다고 말씀해 주신다. 그런데 우리 아파트의 엘리베이터는 에너지를 두 배로 쓰고 있다. 나는 그 이야기를 해 보려고 한다.

글의 부분마다 담은 내용을 정리하면 이렇습니다.(개요)

서론

　에너지를 낭비하는 일이 많다.(우리 아파트 예)

본론

　현상: 아파트 엘리베이터가 동시에 움직인다.

　　　　사람들이 엘리베이터 두 개를 동시에 부른다. 에너지 낭비다.

　주장: 엘리베이터를 하나만 누르자.

　예상되는 문제점: 자기 선택이 잘못되면 화가 난다.

　해결 방법: 짝홀제로 운영하자.

결론

　엘리베이터를 짝홀제로 운영해서 에너지 낭비를 막자.

서론과 결론으로 쓴 글들을 붙여 정리해 볼까요?

엘리베이터 짝홀제로 운행해야 한다
권정현(대길5)

에너지를 낭비하자고 하는 사람은 아무도 없을 것이다. 우리 선생님도 우리나라는 석유 한 방울 안 나는 곳이니 에너지를 절약해야 한다고 말씀해주신다. 그런데 우리 아파트의 엘리베이터는 에너지를 두 배로 쓰고 있다. 나는 그 이야기를 해보려고 한다.

우리 아파트 10동에는 엘리베이터가 두 대가 나란히 있다. 옛날에는 홀수층 짝수층 해서 두 개 중 하나만 탈 수 있었다. 그런데 요즈음은 사람들이 바빠서 그런지 엘리베이터 두 대가 모두 전층을 운행한다. 그러니 편리해지긴 했다. 그런데 여기에 좀 문제가 있다.

나는 아침마다 바쁘다. 매일 한 시, 두 시 정도에 자서 7시 30분에 일어나다보니 바쁘다. 7시 50분에 친구랑 만나기로 약속을 하는데 내가 항상 늦는다. 안 그래도 늦어서 마음이 급한데 더 열받게 하는 사람들이 있다. 우리 보다 높은 층에 사는 사람들이 두 개의 엘리베이터를 다 부른 것이다. 안 그래도 늦었는데 엘리베이터 두 대가 다 높은 층까지를 두 개가 다 올라갔다 와야 하는 것이다. 그래서 나도 두 개 다 누르고 사람이 안 탄 쪽으로 타 버렸다. 그런데 6층에서 또 멈춘 것이다. 그런데 아무도 타는 사람이 없었다. 물론 사람들이 바빠서 한 일일 것 같다. 하지만 다른 사람 생각도 해 줘야 되는 것 같다. 이렇게 생각하는 나도 습관처럼 엘리베이터를 두 개 다 부른다.

"10동 주민 여러분, 엘리베이터 두 개 누르지 마세요. 저도 인제 안 그럴게요."

그런데 한 가지 문제가 있을 수 있겠다. 누구든 빨리 가고 싶어 하는 욕심이 있을 텐데 빨리 올 줄 알고 다른 엘리베이터를 불렀는데 예상과 달리 다른 쪽 것이 빨리 올라오거나 내려 올 수도 있지 않은가? 그러면 자기가 잘못 선택한 것 같아서 화가 날게 뻔하다. 그러니 두 대가 나란히 있는 엘리베이터를 아예 짝홀제로 운행하는 것이 속도 편하고 전기도 아끼는 길이 될 거라 생각한다. 바쁘면 한층 걸어내려가서 먼저 오는 엘리베이터를 타면 되는 것이니 그렇게 불편할 것도 없겠다.

이처럼 엘리베이터가 두 대 나란히 붙어서 동시에 움직이는 것은 아무래도 낭비가 심하다. 에너지 절약이 뭐 별건가? 필요 없는 것은 안 쓰면 되는 것이다. 짝홀층을 운행제로 바꾸어 전기 낭비를 막았으면 좋겠다. 우리 아파트부터라도.

논술 이야기*

논술은 어떤 글인가?
자신의 '의견'을 적는 글

자신의 의견을 조리 있게 말한다는 것이 논술의 핵심입니다. 그러면 이것은 적어도 '의견'이 있어야 한다는 것을 전제로 합니다. 무슨 말인가를 해야 하는데, 할 말이 있을 때와 없을 때를 생각해 보세요. 내가 하고 싶은 말이 많을 때는 그걸 어떻게 엮어서 말할까 하는 것을 크게 고민하지 않아도 말이 술술 나올 때가 많지요? 그런데 하고 싶은 말이 없을 때는 우선 무엇을 말해야 하나를 고민하게 되고, 그러다 보니 말하는 것 자체가 어려워지지요. 논술이 어렵다고 느껴지는 가장 큰 까닭은 바로 의견이 없다는 데에 있답니다.

앞서서 밝혔듯이 글의 갈래를 말할 때는 논설문, 시험의 형식으로 논설문을 쓰는 것은 논술이라고 할 수 있습니다. 그렇다고 이 두 가지가 엄밀하게 같은 것은 아닙니다.

논설문은 남이 자기 글을 읽고 이렇게 생각해 주면 좋겠다, 또는 이렇게 행동해 주면 좋겠다는 목적으로 씁니다. 설득하기 위한 것이지요. 그러면 무엇에 대해 다른 사람들이 이렇게 생각하거나 행동해 주기를 원하는 걸까요? 바로 자기 생활에서 부당하다고 생각하는 일, 불편하다고 생각하는 일, 고쳤으면 좋겠다고 생각하는 일이지요. 말하고자 하는 바의 기본(≒의견)은 자기 생활에서 나오기 때문입니다.

거기에 비해 논술은 시험을 치르는 형식으로 쓰는 글이기 때문에 시험에서 요구하는

---

*논술도 논설문의 하나라 논설문에서 다루어야겠지만, 오늘날 우리 사회에서 논술이라는 말은 그 의미장이 대단히 확장되어 새로운 영역을 만들어 내고 있어 따로 분리하였습니다.

말할거리를 찾는 것입니다. 그런데 시험이 성립되려면 '객관적이고 공정한 판단 근거'가 있어야 하지요. 논설문에서처럼 '생활하면서 부당하다고 느끼는 것에 대해 의견을 쓰라.'는 식으로 주문을 하게 된다면 객관성과 공정성을 확보하기 어려울 것입니다.

그래서 대부분의 논술 시험은 지문과 발문 안에서 '의견'을 찾아 내도록 요구하고 있답니다. 논술 시험 문제를 보면 거의 지문이 한두 개, 요즈음은 서너 개까지 제시됩니다. 그 지문에서 어떤 문제나 출제자가 요구하는 그 무엇을 찾아 내어 거기에 대한 자기 의견을 풀어 내는 것이지요.

논설문이 자기 생활에서 주장거리를 찾는다면, 논술은 제시된 상황에서 주장거리를 찾는다는 점에서 이 둘은 출발점이 좀 다른 글이라고 할 수 있겠습니다.

흔히 말하는 독서 과정과 일치하는 것

대부분의 논술 시험은 제시문을 읽고, 그것이 요구하는 답을 쓰는 형식을 취하고 있습니다. 이것은 바꾸어 말하면 어떤 상황에 적절히 반응할 수 있는가를 묻는 것이라고 할 수 있습니다.

이 과정을 보면 우리가 흔히 말하는 독서의 과정과 일치합니다. 올바른 독서란 글의 내용이나 글쓴이의 주장을 그저 맹목으로 받아들이는 것이 아니라 자신의 가치관과 현실을 배경으로 판단하면서 받아들이는 것을 말합니다. 이런 것을 비판적 독서 방법이라고 합니다. 어떤 글을 읽고 나서(상황) '그 글이 마음에 든다. 왜? 이러저러한 이유 때문에.' 혹은 '이러저러한 까닭으로 그 글은 잘못되었다고 생각한다.'는 점을 따지고 밝히는 것(반응)이지요. 논술 시험이 등장하면서 독서 교육이 강조된 것은 바로 이러한 점 때문이랍니다.

내용을 알아야 의견도 세울 수 있지요

많은 학생들이 논술을 어려워한다고 합니다. 그 까닭은 자기가 말하고자 하는 의견을 세우지 못하기 때문입니다. 무엇을 말하는지 무엇을 원하는지 잘 알아듣지 못하니 이야깃거리를 찾지 못하는 것이지요.* 글쓰기에서 가장 중요한 것은 글을 잘쓰느냐 못쓰느냐 하는 것이 아니라 할 말(의견)이 있느냐 없느냐 그것이 어떤 것이냐 하는 것입니다.

우리는 자기가 잘 아는 문제에 대해서는 논리적 구성 따위를 생각하지 않고도 말을 잘할 수 있습니다. 하지만 '진리가 우리를 자유롭게 하는가?' 하는 식으로 평소에 생각해 본 적이 없는 일이라면 당연히 할 말을 찾기가 어려운 법입니다. 할 말이 없으니 논리도 세울 수 없습니다.

글도 마찬가지입니다. 말하고자 하는 것에 대해서 잘 알고 쓴다면 어떻게 조리 있게 (논리적으로) 풀어 나가야 할지는 스스로 깨치는 경우가 많습니다. '논리'는 글을 쓰는 도구이지 논리로만 글을 쓸 수 있는 것은 아니지요. 내용이 없는데 형식만 그럴 듯하게 갖추어 놓는다고 글이 되는 것이 아닙니다. 글의 형식만을 강조하는 글쓰기, 논술 지도는 아주 잘못된 방법입니다.

논술 시험도 그 글이 삼단 논법으로만 잘 규격화되어 있느냐 아니냐로 가치를 평가하는 것이 아니라 쓰고자 하는 의견이 무엇인지, 그것이 제대로 표현되어 있는 것인지를 평가하는 것입니다.

글을 정확하게 읽는 능력이 필수

2000학년도 ㅎ대의 논술 문제를 예로 들어 말씀드리겠습니다.

> 환경 문제는 새 천 년에 인류가 해결해야 할 중요한 과제 중의 하나이다. 글 (가)와 (나)를 관련지어 환경 문제가 대두되게 된 원인을 분석하고, 글 (다)에서 시사점을 찾아 환경 문제 해결을 위한 방안을 논술하시오.

삼단 논법이란?

2개의 전제에서 하나의 결론을 이끌어 내는 논리적 추론을 뜻합니다. '사람은 모두 죽는다.' '영희는 사람이다.'라는 2개의 전제에서 '그러므로 영희는 죽는다.'라는 결론을 얻는 추론은 전형적인 삼단 논법입니다. 삼단 논법의 논증이 타당한 이유는 전제들을 받아들이면서 동시에 그 결론을 부정하는 것은 모순이 되기 때문이지요.

이 글을 읽어 보면 제시문 (가)와 (나)에 환경 문제의 원인이 있다는 것을 알 수 있습니다.

그러면 (가)와 (나)를 잘 읽어 보아서 거기에 드러나 있는 환경 문제의 원인을 먼저 찾아 내야 하겠지요? 자기의 머릿속에 있는 온갖 환경 문제의 원인이 아니라 이미 제시되어 있는 내용 안에서 찾아야 한다는 것이지요.

그런 다음 (다)에서 보여 주는(시사하는) 환경 문제의 해결 방안이 무엇인가를 잘 읽어서 찾아봐야 할 것이고, 거기에 근거해서 그 방안을 써 내면 되는 것입니다.

그런데 많은 학생들이 제시문을 읽고도 거기에 들어 있는 원인을 찾아 내지 못했다고 합니다. 왜 그럴까요? 물론 대학 입시에서 보여 주는 제시문들이 이제껏 학생들이 읽어 왔던 글보다는 훨씬 수준이 높다는 점도 그 원인의 하나이지만, 그보다는 글을 꼼꼼히 읽어 내는 훈련이 되어 있지 못한 데 더 큰 원인이 있다고 할 수 있습니다. 글을 정확하게 읽어 내야 그 안에 어떤 내용이 들어 있는지 알 수 있고, 그것을 바탕으로 자기 의견도 말할 수(쓸 수) 있는 것인데 말이지요. '논리'는 그 다음의 문제입니다. 또 글의 내용을 정확히 파악할 수 있고 평소에 거기에 대한 지식이 있다면(자기가 잘 알고 있는 일이라면) 논리에 대해서 크게 마음 쓰지 않아도 조리 있는 글을 쓸 수 있습니다.

결국 논술 시험이란 글을 정확히 읽고 그에 대해 나름의 평가를 내려서 자신의 의견을 세운 뒤 그것을 효과적인 방법으로 표현하는 능력을 평가하는 시험이라고 하겠습니다. 따라서 이를 준비하기 위해서는

첫째, 글을 정확히 읽는 능력

둘째, 내용에 대해 나름대로 평가를 내릴 수 있는 능력

셋째, 의견을 표현하는 능력

을 갖추어야 할 것입니다. 논술이 무엇인지 조금 보이기 시작하지요?

그런데 이런 글을 써야 하는 아이들은 고등 학생들입니다. 초등 학생이 아니라는 말이지요. 학교 교육에서 필요한 정도의 글쓰기 능력, 논술 시험이 요구하는 정도의 글쓰기 능력은 누구나 훈련하면 갖출 수 있습니다. 초등 중등에서, 고등에서 그 단계에 맞게 차근차근 천천히 공부하면 된답니다. 조급해하지 마세요.

지금 우리 글쓰기 교육은 초, 중, 고가 체계적으로 연결되어 있지 못한 것이 가장 시급히 해결해야 할 과제입니다. 중등은 중등에 맞는, 고등은 고등에 맞는 글쓰기 지도 체계를 갖추고 지도를 해야 하는데 현실은 그렇지 못합니다. 중·고등 학교에서는 글쓰기 공부를 거의 하지 않는, 아니 못하는 상황이지요.* 그러다가 논술 시험 시기가 다가오면 고액을 들여 과외를 해야 하는 것으로 생각하게 되니 정말 큰 문제이지요. 그러다 보니 마음이 바쁘고 조급해져서 중·고등 학교에서 가르쳐야 할 것들을 초등 학교 아이들에게 마구 가르치고 있습니다. 이것도 우리 교육 현실에서 빨리 시정돼야 할 부분이라고 생각합니다.

이렇게 논술에 대해서 관심이 높아진 것은 아무래도 대학 입시 때문입니다. 대학 입시에서 논술이 없었다면 이렇게 큰 관심을 불러일으키지 못했을 거예요. 그러나 우리가 시험만을 위해서 사는 것은 아니고, 논술 역시 시험만을 위해서 존재하는 것은 아닙니다.

사람은 살아가면서 끊임없이 선택을 하게 됩니다. 어떤 직업을 가질 것인가, 어떤 배우자를 선택할 것인가, 어떤 인생을 살 것인가, 시사 문제에 대해서는 어떤 의견을 가질 것인가…… 그런 갈등과 고민을 해결하는 과정 그 자체와 논술은 아주 밀접한 관계가 있지요. 상황을 정확히 파악하고 그것에 대해 평가를 하고 표현하는 일이 그러합니다.

단순히 시험을 잘 보려고 어떤 체험을 하거나 책을 읽는 것은 아니지 않나요? 사람이 살아가면서 느끼고 가져야 할 지식, 올바른 정서, 가치관의 확립…… 이런 것이 더 큰 목적이지요.

부모님들의 마음이 조급한 가장 큰 까닭도 지금 바로 눈앞에 있는 현상(시험)만 생각하기 때문입니다. 멀리 길게 보면 지금 아이에 대해서 걱정하고 있는 그 문제가 사실 아무 것도 아닌 때가 참 많거든요.

---

* 특히 각 대학의 논술 문제가 너무 어렵게 출제되고 있는 점도 한몫을 단단히 합니다. 평소에 읽던 제시문의 수준보다 갑자기 어려워진 제시문을 보면서 학생들이 당황하는 경우가 많고, 얼른 읽어 잘 알 수 없는 어려운 문장으로 논제를 제시하는 것도 그 원인이라고 봅니다.

우리가 아이들에게 무언가를 가르치고자 하는 이유는 성적 올리기나 시험 잘 보기가 최종의 목적이 아니라, 자기 삶을 되돌아보면서 앞으로 더욱 지혜롭게 살아가는 데 도움을 주려고 하는 것이겠지요. 논술도 그렇게 다가가면 되는 것입니다.

논술을 좀 더 쉽게 재미있게

'논술'을 사전에서 찾아보니 '의견을 논하여 말함'으로 되어 있습니다.(동아 새국어사전) 그런데 이 뜻이 무엇인지 선명하게 들어오지 않아요. 좀 더 쉽게 논술이란 '자기 의견을 말하거나 쓰는 것'을 말합니다. 그렇다면 자기 의견을 쓰는 일이 특별히 '논술'이라는 쓰기 교육 활동 속에 묶여 있어야 할 이유는 없습니다. 의견을 말하는 것은 모든 교과의 교육 활동 속에 보편으로 들어 있는 활동이거든요. 그러니까 모든 교과의 교육 활동은 '논술 능력'의 함양에 직간접으로 관여되는 것이라고 할 수 있지요.

이것은 논술이 단순한 '문장 기술'이 아니라 '지식을 정리하고 부리는 기술' 또는 '논리적 사고력'에 해당한다는 것을 의미합니다. 모든 교과 활동에서 학생들이 자기 의견을 말하고 그것을 논리적으로 풀어 가는 과정을 중요시한다면 논술에 대한 기본 토양은 잘 갖추어진 것이라 할 수 있어요.

1 먼저 생활 속에서 훈련이 되어야

이런 교육이 되려면 아이들이 자기 의견을 눈치 보지 않고 말할 수 있는 바탕이 마련되어 있어야 합니다. 논술 공부도 결국은 아이들의 이야기를 귀담아 들어 주고 의견을 무시하지 않는 데서 출발해야 하는 것이에요. 평소에 아이들이 무슨 말이라도 하려고 하면 "네가 뭘 안다고…….", "어른들이 알아서 할 일이니 너는 공부나 해." 하는 식으로 억누르지는 않는지요? 많이 좋아졌다고는 하나, 아직도 우리 현실이 그렇습니다. 그런 아이들에게 '토론 시간'이 되었다고 자기 생각을 발표하라고 하니 아이들은 할 말을 찾지 못하거나 아니면 자꾸 뜬구름 잡는 이야기만 하는 일이 많습니다. 집에서는 마구 윽박질러서 말도 못 하게 해 놓고 글쓰기 독서 공부하는 곳에서만 논리적으로 말하고 생각하라니요? 아이도 어른도 답답할 노릇이지요. 열린 분위기에서 하고 싶은 말을 하고 자란 아이가 논술도 잘하게 됩니다.

2 할 말을 또렷하게

실제 현장에서 보면 논술문의 겉으로 드러난 형식인 서론-본론-결론, 중심 문단과 보조 문단, 주제문의 위치 같은 것들을 강조하는 지도에 치우치는 일이 너무 많습니다. 논술문은 내용과 형식이 잘 조화를 이루어야 하는 글이지만, 그 가운데서는 내용이 더 우선입니다. 내용이란 곧 할 말이지요. 자기가 할 말을 또렷하게 정하지 않고 형식만 맞추어 글을 쓰면 가치도 없고 의미도 없는 글이 되고 맙니다.

글의 형식이나 글을 쓰는 기법보다는 '폭넓게 생각하는 방법'을 알려 주는 것이 필요합니다. 이를테면 지금 자기가 하고 있는 말이 주어진 주제에 합당한 것인지, 또 자기 의견을 말하기 위해서 든 근거가 적절한 것인지, 어떤 대상에 대한 비판이 올바르게 되어 있는지 따위를 알아보는 것이지요. 이 부분이 논술의 핵심입니다. 그런 다음 형식을 입히는 지도를 해도 늦지 않습니다.

3 논술이라고 '나'를 아주 감추는 것은 아니다

> **질서를 잘 지키자**
> 차주영(5학년)
>
> 우리는 어디서나 질서를 잘 지켜야 한다. 그래야 혼잡하지 않고, 다치는 사람이 없게 된다. 특히 여러 사람이 함께 오고가는 복도 층계에서는 질서를 잘 지켜야만 한다. 그렇지 않으면 무척 혼잡해지고, 다치는 사람도 나오게 된다.
>
> 그렇다면 우리가 어떻게 해야만 복도 층계에서 질서를 지킬 수 있을까? 그 방법들을 생각해 보자.

> 첫째, 걸을 때는 항상 왼쪽으로 걷는다. 우리는 걸을 때 항상 왼쪽으로 걷는 것을 규칙으로 삼고 있다. 만일 내가 오른쪽으로 걷는다면 이쪽으로 오는 사람들과 부딪쳐서 무척 혼잡스럽게 될 것이다. 뿐만 아니라, 다칠 위험도 있게 된다. 따라서 우리는 약속된 대로 왼쪽으로 걸어야 한다.
> 둘째, 뛰지 말고 천천히 걸어간다. 뛰어가면 먼지가 날 뿐만 아니라, 부딪쳐서 사고가 날 위험이 있다. 걸어갈 때는 바른 자세로 천천히 걷는 것이 좋다.
> 셋째, 줄을 서서 걷는다. 여러 사람이 모이는 곳에서 차례를 지키는 것은 가장 중요한 규칙이다. 앞에서 걷는 사람과 적당한 거리를 두고 줄을 서서 걸을 때 복도 층계에서의 질서가 잡혀서 모든 사람이 편하게 걸을 수 있다.
> 이상에서 살펴본 것처럼 우리는 복도 층계에서 걸을 때 왼쪽으로 줄을 서서 천천히 걸어가야 한다. 그래야만 그 곳에서의 질서가 잡혀 혼잡을 피하고, 부딪쳐 부상당하는 위험으로부터 벗어날 수 있다.

    이 글은 '맞는 말'을 하고 있는데 글을 읽는 재미나 맛이 없는 글이 되어 버렸습니다. 왜 그런가 하면 글쓴이(여기서는 논술적 자아)가 드러나지 않고 누구나 하는 말만 늘어놓았기 때문입니다. 논술문을 쓸 때 논술적 자아를 나타내는 방법은 여러 가지가 있습니다. ① '나' 라는 일인칭대명사로 표시하는 방법, 권할 만한 방법은 아니지만 ② '필자' 라는 객관화된 명칭으로 적는 방법, ③ '우리' 라는 복수 대명사로 적어 나름대로 객관성을 유지하려는 방법, ④ 우리말의 특성에 기대서 주어를 적지 않는 방법 따위가 있습니다.
    대학입시의 논술시험은 대체로 ④번의 형식을 요구하고 있지요. 그러나 그것은 여러 가지 방법 가운데 하나일 뿐 그것만이 논술문을 쓰는 방법의 전부는 아니에요. 그리고 이 가운데서 가장 쉽게 글을 쓸 수 있는 것은 당연히 ①번입니다. 그러니 아이들에게는 글을 그렇게 쓰도록 하는 것이 맞습니다. 초등학생을 대상으로 하면서 ④번의 형태로만 글을 쓰도록 요구하는 것은 발달단계를 무시한 아주 잘못된 방법입니다.

또 논술문이라고 해서 서론·본론·결론의 형식으로만 쓰는 것은 아닙니다. 기·승·전·결의 형식으로 쓸 수도 있고, 안건과 결론·이유·예상되는 반론·반론 꺾기의 형식으로 적기도 하고 나열형으로 적기도 하는 것처럼 그 형식은 아주 많아요. 서론·본론·결론의 형식도 여러 가지 가운데 하나일 뿐, 꼭 그렇게 써야 하는 것은 아닙니다. 지도하는 사람이 대입논술문이 요구하는 형식을 머릿속에 가득 넣고 아이들을 지도하니 더 어렵고 힘들게 되는 것입니다. 형식에 대해 좀더 유연하게 받아들였으면 좋겠습니다. 아이들이 자라면서 형식을 갖추어 나가는 부분도 차츰 배우면 되는 것입니다.

수능부정 행위를 한 사람은 어떤 벌을 주면 좋을까?

이승재(와부5)

6일 오후 수능시험 부정 행위가 있었다. 부정행위 방법은 통신 기기를 이용했다는 것이다. 이 사람들은 벌을 주는 것에 대하여 생각을 해보았다.

먼저 부정행위를 한 사람을 모두 불러모은다.

둘째, 이 사람들을 수능을 10년간 못 보게 한다. 왜 10년이라고 생각하냐면 10년이 지나고 나서는 기억력이 딸려서 공부를 어렵게 해야 할 것이기 때문이다.

세 번째, 10년이 지나고 나서 감독관을 한 명씩 붙여서 공부를 시킨다. 그러고 나서 언제든지 자신이 원할 때 수능을 시켜준다. 이때 또 그런 일을 저지르면 1. 군대에서 3년간 극기 훈련을 시킨다. 2. 수능을 못 보게 한다. 3. 감옥 생활을 3년간 시킨다. 4. 삼 년간 목에다 "나 좀 개 취급해 줘요" 하고 쓴 것을 걸고 다닌다. 이것은 보기이다. 이중에서 한 가지를 고른다. 더 심한 벌을 줄 수 없는 게 한번 밖에 살 수 없는 인생이여서이다.

자칫 장난스럽게 들릴지 모르지만, 잘 살펴보면 이 아이는 나름대로 문제에 대한 자기만의 해결 방안을 내놓고 있습니다. 문제 해결이라고 하면 어떤 정답을 제시해야 하는 것으로 착각하기 쉬운데 정답은 전문가들이 마련해 놓고 있는 것이겠지요. 글 쓰는 사람은 자기 의견을 말하고 왜 그렇게 생각하는지 밝혀 놓으면 되는 것입니다.

수능 시험에서 부정 행위를 한 사람들을 처벌하는 방법으로 '10년간 수능 시험을 못 보게 해야 한다.'는 것이 이 아이의 생각입니다. '10년이 지나고 나서는 기억력이 달려서 공부를 어렵게 해야 할 것'이므로 그것이 벌칙이라고 생각하는 것이지요.

마지막 문장을 표준 어법으로 따져 보면 깁고 더해야 할 부분이 있지만 '더 심한 벌을 줄 수 없는 게 한 번밖에 살 수 없는 인생이어서이다.'는 그 아이만의 독특한 문체입니다. 객관적인 문장이 아니라고 고치려고 든다면 아이를 잘 알지 못하는 어른의 욕심입니다. '죄는 미워하되 사람은 미워하지 말아야 한다.'는 아이의 마음이 잘 느껴집니다.

초등 학생들의 글에서 '논술'이라고 너무 매끈한 문장으로 고쳐 주고 다듬어 주는 일은 하지 말아야 합니다. 그것은 그 아이의 글이 아닐 뿐만 아니라 이번에 그렇게 고쳐 놓는다고 다음 번에 금방 어른이 기대하는 대로 쓰게 되는 것도 아닙니다. 글은 그 '사람만큼' 쓸 수밖에 없고 그렇게 쓰는 것이 당연합니다. 아이들은 차츰 자라면서 알맞은 어휘의 선택이라든가 형식을 좀 더 갖추는 문제 따위를 배워 가면 되겠지요.

논술은 논리를 따지는 객관의 글이지만, 동시에 한 개인의 세계관이 반영되는 주관의 면모도 지니고 있습니다. 문제는 이 주관성이 어떤 근거로 설득력을 확보하는지가 중요한 것이지요. 그러니까 논술이라고 해서 지나치게 개성 없는 글쓰기로 치닫는 것은 바람직하지 않습니다. 논제의 성격에 따라 글쓴이가 개입할 수 있는 폭이 달라질 수 있습니다만, 평범한 논술이 아닌 '아주 잘 쓴 논술'이 되기 위해서는 항상 '나'를 드러내는 것이 관건이 됩니다.

4 생활은 논술의 연속

논술을 문제 해결 과정의 하나로 본다면 살아가면서 자연스럽게 '논술'을 해야 하는 경우가 많아요. 예를 들어 비가 오는데 우산이 없다면 이것은 '문제' 상황이 되는 것이고, 길 가는 사람에게 부탁해서 같이 쓰고 간다면 문제를 '해결' 하는 것이 되겠지요. 문제와 문제 해결이라는 말을 이렇게 생활 가운데서 생각해 보세요. 그러면 우리 생활이 끊임없이 문제를 해결해 나가는 과정을 거치게 된다는 것을 알 수 있습니다.

논술은 문제를 파악하고 그것의 해결 방안을 언어로 펼쳐 보이는 것입니다. 언어와 사고는 서로 팽팽한 영향 관계에 있습니다. 사람들은 자기가 아는 말로 생각하고, 생각한 만큼 글로 쓸 수 있습니다. 바꾸어 말하면 아는 것을 넓히는 것이 논술을 잘하는 비결이라고 할 수도 있겠지요.

5 '논술'이라는 말이 빚어 낸 문화 현상

오늘날 '논술'이라는 말은 그 의미장이 아주 많이 확장되어 있습니다. '백인백색의 정의'라고 해도 과언이 아닐 정도입니다. 그러다 보니 '논술'이 무슨 도깨비 방망이라도 되는 양 '논술만 잘하면 대학 간다.'는 식으로 떠들어 대는 사람도 있습니다.

이런 지경에 이르다 보니 어디에나 논술이라는 말을 붙이지 않으면 '장사'가 안 될 정도입니다. 심지어는 '유머 논술' '인형 만들기를 통해서 하는 논술 교육' 'NIE 논술' 하는 신조어도 많이 생겨나고 있습니다. 이를 정리해 보면 현재 우리 사회에서는 '논술'이라는 말이, ① 글쓰기 전반을 지도하면서 논술이라는 말로 대체해서 지칭하는 경우 ② 그 진행 과정이 비슷한 독후 활동을 논술이라고 말하는 경우 ③ 가상의 문제 상황을 조리 있게 풀어 나가는 공부를 하면서 논술이라고 말하는 경우 ④ 실제 대학 입시 준비를 위한 논술 공부를 하면서 논술이라고 하는 경우 ⑤ 삶이 곧 논술이라고 주장하는 경우와 같이 다양하게 쓰이고 있습니다.

여기서 이런 사회 현상을 길게 말씀드리는 것은 어떤 단어의 정의를 분명히 아는 것은 무슨 일을 해 나가야 할지를 알 수 있는 기본이 되기 때문입니다. 논술이 무엇인가, 그 말이 어떤 문화 현상을 빚고 있으며 바람직한 방향은 어떤 것인가를 정확히 알아야 논술 공부도 제대로 할 수 있는 일이라 생각합니다.

바람직한 논술 교육의 방향

논술 교육은 합리적이고 논리적으로 생각하고 분별력 있게 생활하는 태도를 길러 나가는 데 목적을 두고 있어요. 그것을 향해 가는 과정을 글로 나타내는 것이지요. 그저 책을 읽고 어른들이 말하는 것, 가르쳐 주는 것을 정리하거나 적당하게 자기 생각이라고 하여 의견을 적는 글이 아니라 진정에서 우러난 자기 생각, 의견을 쓰는 글이어야 합니다.

책읽기와 논술의 관계

어떤 상황에서 문제를 발견하고 그것을 이치에 맞게 해결해 나가려는 노력은 우리가 살아가는 모든 영역의 과제라고 할 수 있습니다.

문제를 해결하기 위해서는 열심히 책을 읽는 것이 필요합니다. 여러 분야의 책을 읽은 사람은 다양하고 풍부한 경험을 가질 수 있습니다. 그런 경험을 바탕으로 이치에 맞게 생각을 전개할 수 있고, 이치에 맞게 글도 쓸 수 있지요. 따라서 책을 읽을 때는, 나는 왜 이 책을 읽어야 하는가 생각해 보기도 하고, 이 책에는 어떤 내용이 담겨져 있을까 예측해 보기도 하고, 글쓴이는 어떤 생각을 하면서 썼을까 상상해 보며 읽는 것이 책에 있는 내용을 더 확실하게 자기 것으로 만들 수 있습니다.

자기가 좋아하는 분야의 책부터 읽는 것이 좋습니다. 자기가 남보다 잘 알거나 잘 하는 것이 있으면 말할거리가 생기는 법입니다. 그렇게 읽은 자료에서 스스로 논란거리를 보고 가까운 사람들과 이야기를 나누도록 합니다. 논술을 떠나 이런 공부가 참다운 공부가 아닐까요?

글쓰기와 논술

논술은 합당한 논거를 바탕으로 자기 주장을 내세우는 글이기 때문에 정서 표현의 글을 쓸 때와는 다른 지적 능력이 필요합니다. 또한 실용적인 글쓰기와도 다릅니다. 실용적인 글쓰기는 그 글에서 제시한 문제 해결 방법이 현실에 적용될 수 있는 것인가가 중요합니다. 그러나 논술은 '적용'의 단계까지 나아가지 않을 수도 있습니다. 내적 논리가 얼마나 튼튼하고 타당한가를 들어 보이면 되는 글입니다.

논리가 튼튼한 글을 쓰기 위해서는 일관성을 잃지 않으면서도 자신의 생각을 드러내도록 글을 구성해야 합니다. 자기가 전하고자 하는 내용을 다른 사람도 잘 알아들을 수 있도록 정리하는 것을 말하는 것이지요.

자기 생각을 남에게 또렷하게 전달하는 힘은 살아가는 데 중요한 능력이고, 그것을 달성하기 위해 논술 공부를 한다 해도 과언이 아닐 것입니다.

그런데 아이들은 왜 논리적인 글을 못쓰는가?

우선 비판적으로 생각하는 힘이 부족하기(아직 자라지 않았기) 때문입니다. 사고 자체를 논리적으로 해야 글도 논리적으로 쓸 수 있습니다.

두 번째, 글에 대한 기본 지식이 부족하고 글을 성의 있게 쓰지 않기 때문입니다. 능숙한 필자는 글은 매만질수록 윤기가 난다는 것을 잘 압니다. 글다듬기의 중요성을 알게 하고 제대로 가르쳐야 합니다. 이런 문제를 해결하려면, ① 평소에도 사회 문제에 관심을 갖고 거기에 대한 자기 생각을 가져볼 것 ② 그런 생각을 차근차근 말해 볼 것 ③ 실제로 글을 많이 써 볼 것(많이 써보아야만 실력이 늘어난다.) ④ 문법 층위에서 글을 다듬기보다는 논리 중심으로 글을 다듬고 고칠 것 따위를 대안으로 들어 볼 수 있습니다. 이것은 논술 공부를 위해서만 필요한 것이 아니라 올바른 문장을 쓰기 위한 노력이라고도 할 수 있습니다.

너무 어렵고 무겁게 가르치는 논술

논술은 '논리' 공부가 아닙니다. 자기 표현력 훈련이며, 자기 의견을 효과적으로 전달하기 위해 교양을 쌓는 과정입니다. 이 과정에서 깊게 생각하고 합리적으로 생각하는 힘을 기르는 공부입니다. 논술은 논리를 공부하는 것이라는 잘못된 생각을 버려야 합니다. 어려운 말을 쓰는 것이 논술 공부도 아니지요.

논술을 가르친다는 한 학습지의 문제입니다.

한 아이가 웬일인지 밥을 먹지 않으려고 합니다. 엄마가 아무리 맛있는 음식을 해 주어도 먹기 싫다고 하네요. 이럴 땐 어떻게 하는 것이 좋을까요? 구조적인 사고 능력을 발휘해서 엄마에게 좋은 방법을 알려 주세요.

초등 학생들하고 공부하는 과정인데, 구조적인 사고 능력을 발휘해서 좋은 방법을 생각해 보라니 어떤 것이 구조적 사고 능력인지 잘 모르겠습니다. 아이들은 알까요? 그러면 교사가 그것을 설명해 주어야 할 것인데 어떻게 아이들이 알아듣기 쉽게 전달을 할 수 있을지 궁금합니다. 마지막 문장 때문에 오히려 사고의 흐름을 막아 버리고 말았습니다. 알지 못하는 말이 나오니 생각이 거기서 뚝 멈추어 섰겠지요. 논술을 공부한다고 이렇게 어려운 말로 아이들을 괴롭히지 않았으면 좋겠습니다.

다른 학습지를 가르치는 선생님한테서 이런 전화가 왔습니다.

"학습지를 보면 거기에 있는 문제들이 아이들의 호기심을 자극하는 것도 같고, 새롭게 어떤 글을 쓰게 할 것도 같아요. 학습지 자체를 보면 잘 만들어진 것 같은데, 실제 아이들하고 공부를 해 보면 전혀 그렇지 않아요. 아이들은 힘겨워하면서 좇아오고, 쓰는 글은 너무 한심한 수준이에요. 오히려 답만 빨리 달고 끝내려고 합니다. 어떻게 하면 좋을까요?"

이 선생님의 말은 우리에게 많은 생각거리를 주고 있습니다. 잘 만든 것 같은데 공부하는 아이들이 힘겨워한다면 그것은 어른의 시각으로 볼 때 잘 만든 것이지 아이들을 너무 모르고(혹은 너무 과대 평가해서) 만든 것입니다. 그러니 잘못된 것이지요.

글쓰기에 관한 한 어렵게 만들어진 교재에 흡족해하는 학부모의 선택에도 문제가 있습니다. 이렇게 하면 우리 아이가 빨리 논리적인 글을 쓸 수 있을 거라 막연히 생각하기 때문이겠지요. 그러나 결과는 어른의 기대와는 달리 아이들은 글 쓰는 일을 어렵고 지겨운 일로 생각해서 더욱 멀리 달아나 버립니다.

또 '생각'을 중심으로 쓰는 글을 어린아이들에게 많이 쓰게 하는 것이 문제입니다. 우리는 여러 가지 일을 겪고 나서도 생각은 한 가지(예를 들면 재미있다)로 정리되는 일이 많습니다. 그러나 생각으로 글을 쓰면 누구나 쓰는 글이 비슷해지고 글 쓰는 힘이 붙지 않습니다. 그러니 아이들이 쓰는 글이 한심한 수준에서 벗어나지 못하는 것입니다. 이런 원리를 깨닫지 못한 채 자꾸자꾸 어렵게 문제를 만들고, 그것을 아이들에게 풀어 보고 글로 써 보라고 하고 있으니 안타깝습니다. 근사해 보이는 문제가 아니라 재미있게 생각할 수 있는 생활 속의 문제를 찾아 내는 일이 중요합니다.

글쓰기를 가르친다는 것은 크게 본다면 사고를 훈련시키는 것이며, 자신이 생각한 것을 글로써 효과적으로 남에게 전달하는 방법을 가르치는 것을 의미합니다.

자신의 의사를 말이나 글로 '분명히 표현하는 능력'을 기르는 것은 사람이 살아가는 데 대단히 큰 힘이 됩니다. 오늘날 사람들의 삶은 글쓰기와 뗄래야 뗄 수 없게 되어 있습니다. 회사의 보고서나 업무상 의견 교환, 자신의 노력으로 무엇인가를 개발해 낸 것을 알리는 일…… 거의 모든 경우 글쓰기와 관련이 되어 있습니다. 자신의 의견을 설득력 있게 표현하는 힘을 갖추는 것은 미래를 준비하는 일입니다.

어린이와 논술

그러면 이런 공부를 언제쯤 시작하면 좋을까요? 지금은 논술 바람이 워낙 거세게 불어 학년과 관계 없이 논술을 가르치려고 하는 일이 많지만 그것은 맞지 않습니다. 초등 5,6학년 이상은 되어야 해 볼 만한 공부입니다. 저학년 아이들은 즐겁게 자기를 표현하는 글쓰기만으로도 충분합니다. 이것을 잊지 말아 주세요.

또 5,6학년이 되었으니 의무적으로 이런 공부를 해야 하는 것도 아닙니다. 우선은 생활 글쓰기로 글과 친해지고 글 쓰는 힘을 좌악 길러 놓은 후, 아이의 관심이 넓어지고 글도 차근차근 쓸 수 있을 때 그 때부터 시작해도 늦지 않습니다. 그 시기는 아이에 따라 다 다르겠지요.

어린이들과 논술 공부를 하려면 무엇보다도 그 나이나 관심 수준에 맞는 논란거리를 잘 선택하는 것이 중요합니다. 논제라고 하면 모두 책에서 읽은 지식이나 이론을 쓰도록 하는 것으로 잘못 생각하고 있지만, 체험을 바탕으로 쉽게 자기의 의견을 쓰면서 좋은 생각을 하게 만드는 문제가 바람직합니다.

  그리고 논제에 대해서도 충분히 알게 한 뒤 글을 쓰게 해야 할 것입니다. 논제만 던져 놓고 글로 써 봐라 해도 그 문제에 대해 아는 것이 없으면 글을 쓸 수 없습니다. 또 글을 쓴다고 해도 결국 머릿속에 들어 있는 지식을 나열하는 정도밖에 쓸 수 없습니다. 대상에 대해 충분히 아는 것이 글쓰기에 앞서는 일입니다.

생활 속에서 찾은 생각거리

  다음은 생활 속에서 찾은 논제의 일부입니다. 그것을 바탕으로 쓴 학생의 글도 소개합니다.

초등 고학년 정도에 맞는 논제 예시

  요즈음 우리 동네에서는 학교 오가는 길의 학생들에게 학원 같은 곳에서 나온 사람들이 여러 가지 선전을 하고 있습니다. 이런 일에 대해서 어떻게 생각하는지 자기 생각을 써 보세요.

잡상인들을 몰아 내자!   이희재(와부5)

  요즘 어느 학교를 가도 속셈학원, 태권도, 검도, 책 주문 등 많은 잡상인들이 우리를 유혹한다. 많은 또래와 형, 동생들이 선물에 정신 팔려 전화번호를 가르쳐준다. 이런 점이 왜 나쁜가 지금 이야기 해보자.

  첫째, 그 사람들이 전화번호를 물어봐 전화번호를 알아내서 자꾸 전화가 온다. 한 번 가르쳐주면 몇 날 며칠을 전화한다. 내 동생도 어느 태권도에 전화번호를 가르쳐 주었다. 어느 날 전화가 왔다. 내가 받았다.

  "여기! ○○○ 태권도인데요. 승재 있나요?"

  나는 깜짝 놀랬다. 그리고는 승재는 바꿔 주었다.

"아이, 아저씨!! 전화하지 말랬잖아요!"

이렇게 통화할 때 엄마에게 알려서 엄마가 알아서 처리하셨다. 내가 이런 걸 벗어나는 방법을 가르쳐 주겠다. 다른 길로 가든가 다른 사람이 전화번호 말할 때 재빨리 도망치는 방법과 들은 척 만 척하며 그냥 걸어가는 게 제일 효과적이다.

둘째, 선물로 유혹해서 자기 학원에 오게 한다. 게임기, 강아지, 총, 그리고 그걸 3개나 고를 수 있고 맨 처음에 오는 사람은 선물 10개나 준다니 대부분이 다 넘어가게 된다. 이런 걸 이겨내는 것은 침을 삼키면 된다.

셋째, 이런 학원에서만 오는 게 아니다. 목걸이, 달고나 등도 있다. 이런 것은 돈 낭비다. 특히 돈 없는 할머니 분들이 하신다. 특히 달고나!! 다 모양대로 오려내면 돈을 준다는데 돈만 쓰고 완벽히 굶은 사람은 아무도 없었다. 당연히 낭비였다. 달고나는 너무 달아서 못 먹겠던데 왜 맛있다고 먹는지. 그리고 솜사탕! 그건 대부분의 아이들이 먹었다. 200원짜리 쭈쭈봉이 더 맛있는데 먹으면 입가가 끈적해지는 걸 500원이나 내서 먹는지 모르겠다.

솜사탕, 달고나, 목걸이는 다 사라졌지만 학원 광고하는 사람들은 뒷 정문에 여전히 자리 잡고 있다. 우리 학교에서 몰아냈으면 좋겠다. 학원에서 교사들이 열심히 하면 아줌마들에게 소문이 퍼져 아이들을 그 학원에 보낼 텐데 뭐 하러 선물을 사고 그러는지 모르겠다. 우리는 절대 전화번호를 대지 않고 선물에 홀리지 않기 바란다.

한·걸·음·더

생각하는 법

자신의 생각을 글로 쓸 때, 생각을 풍부하게 떠올릴 수 있도록 도와 주는 일이 중요합니다. 그 방법에는 여러 가지가 있겠습니다만, 그 가운데서 아이들과 함께 쉽고 재미있게 할 수 있는 몇 가지를 살펴보겠습니다.

1 거꾸로 생각해 보기_그렇게 안 하면 어떻게 될까?

"약속은 왜 지켜야 할까? 잘 생각해 보자. 왜 약속을 지켜야 하지?" 이것이 우리가 아이들에게 흔히 하는 질문 방식인데요. 이렇게 한번 바꾸어 보세요.

"약속을 안 지키면 어떻게 될까?" 그러면 답하기가 훨씬 쉬워집니다. '믿음성이 떨어진다.' '약속을 안 지키면 상대방이 짜증이 난다.' '교통 신호도 약속인데 안 지키면 사고가 난다.' '위험한 일이 생길 수도 있다.' …… 하는 식으로 생각이 꼬리를 물고 나올 수도 있답니다.

2 결과를 생각해 보기_그걸 잘 하면 어떻게 될까?

"약속은 왜 지켜야 할까?" 하는 질문에 대답하기가 막연하다면 "약속을 잘 지키면 어떻게 될까?" 하는 식으로 그 결과를 생각해 보게 합니다. '약속을 잘 지키면 기분이 좋아지고, 사고도 없어지고, 믿을 만한 사람이라고 말도 듣고…….' 아이들도 크게 어려워하지 않고 자기 생각을 쉽게 떠올릴 수 있겠지요.

3 나누어서 생각해 보기

이것은 중심 문장만 써 놓고 뒷받침 내용을 생각하지 못할 때 슬쩍 말해 주면 좋은 방법입니다. 예를 들어 '운동은 유익하다.' 라는 중심 문장이 있다면 운동을 하위 항목으로(축구, 농구, 맨손 체조 등) 나누어서 생각해 보는 것이지요. 그러면 '운동은 신체 발달에 도움이 된다.' 정도로 떠오르던 생각이 '축구는 다리 근육 발달에 도움이 되고, 규칙을 준수하는 습관을 들여 준다.' 는 식으로 좀 더 구체화될 수 있겠지요.

또 다른 방법으로는 자기가 겪은 사실을 뒷받침 내용으로 나누어 생각하는 것이지요. 어떤 주장의 근거를 이야기로 드는 것은 권할 만한 사항입니다.

4 여러 맥락에서 생각해 보기

어떤 주제를 폭넓고 깊이 있게 생각해 보는 방법입니다. 예를 들어 "산유국에서 석유를 감산한다면 우리 생활이 어떻게 바뀌는지 생각해 보자."고 하면 우선은 '석유값이 올라서 물가가 올라간다.' 는 정도로 생각할 수 있습니다. 그것을 개인의 측면, 사회의 측면, 국가의 측면 하는 식으로 여러 맥락에서 생각해 보도록 하는 것입니다. 이 때의 큰 기준으로는 공시적(어떤 한 시기의) 맥락과 통시적(시간의 흐름에 따른) 맥락이 있습니다.

짧은 글에 담긴 놀라운 감동, 시 쓰기

시가 뭘까?

시, 그러면 무엇이 먼저 떠오르나요? '이 시의 주제는 뭐고, 운율이 어떻고, 상징, 뭔지 잘 모르겠다·······.' 이런 것들인가요?

시란 우리 마음 속에 '어떤 느낌'이 일어났을 때 그것을 짧은 글로 적은 것을 말합니다. 무언가를 보고 아무 느낌도 일어나지 않았다면 그 무언가에 대해 쓸 수가 없겠지요.

느낌을 그대로 나타내기만 하면 되는데 왜 '동시' 하면 리듬감이 먼저 떠오를까요? 그것은 리듬감 있는 동시에 너무 익숙해서 그렇습니다. '동시'는 어른이 아이에게 주는 것으로, 읽고 즐기라는 것이지 그것을 보기로 삼아서 비슷하게 쓰라는 것은 아닙니다.

유치원에서부터 외운 동시의 영향*으로 시를 쓴다고 하면 먼저 가락을 떠올리고 그것에 맞추어서 말을 만들려고 합니다. 물론 시는 가락과 한몸입니다. 그렇다고 가락만 맞추어 놓는다고 시가 되는 것은 아니지요. 시 쓰기 지도를 할 때는 되도록이면 '동시'라는 말을 쓰지 않았으면 좋겠습니다. "오늘은 동시를 쓴다."는 말을 듣는 순간 아이들은 "구름은 구름은 요술쟁이." 하는 식의 운율을 떠올리게 되고 거기에 말을 맞추어 적으려고 할 테니까요. 느낌을 그대로 나타낸다고 했는데, 느낌은 어떻게 오는 걸까요? 느낌과 생각은 좀 다릅니다. 느낌이 가슴으로 오는 것이라면 생각은 머리에 떠오르는 것입니다. 따라서 마음이 없으면 어떤 것을 만나도 느낌이 일어나지 않습니다. 우리가 어떤 느낌을 받고자 하면 먼저 그 대상에 마음을 주어야 하겠지요.

---

* 시를 외우고 낭송하는 것은 대단히 바람직한 일입니다. 유치원 같은 데서 동시를 많이 들려 주고 외우게 하는 것은 아이들이 시와 친해질 수 있게 하는 아주 좋은 활동입니다. 그런데 여러 가지 사정으로 리듬감 있는 시에 관심이 집중되다 보니 아이들이 알게 모르게 '리듬감이 있어야만' 시가 된다고 생각하는 일이 많습니다.

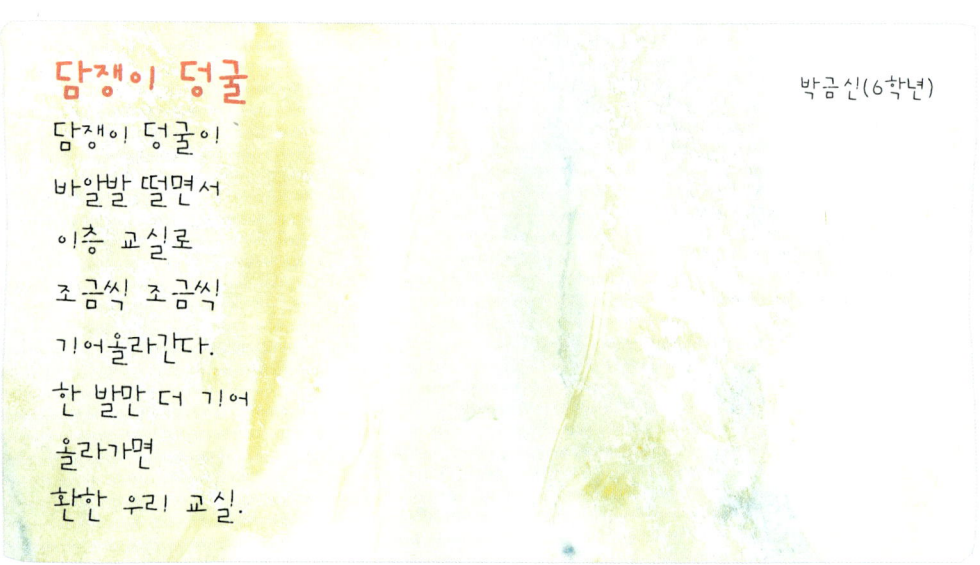

이 아이는 담쟁이덩굴이 벽을 타고 올라가는 모습을 '바알발 떠는 것'으로 느꼈습니다. 그렇게 '기어올라가'면 '환한 교실'과 만나게 되리라 생각합니다. 담쟁이를 자기와는 아무 상관도 없는 하나의 풀로만 보았다면, 이 시는 탄생할 수 없었겠지요. 금신이는 완전히 담쟁이덩굴이 되어 함께 이층 교실로 기어올라가는 마음으로 바라보았기 때문에 이런 감동의 말이 절로 나온 것입니다.

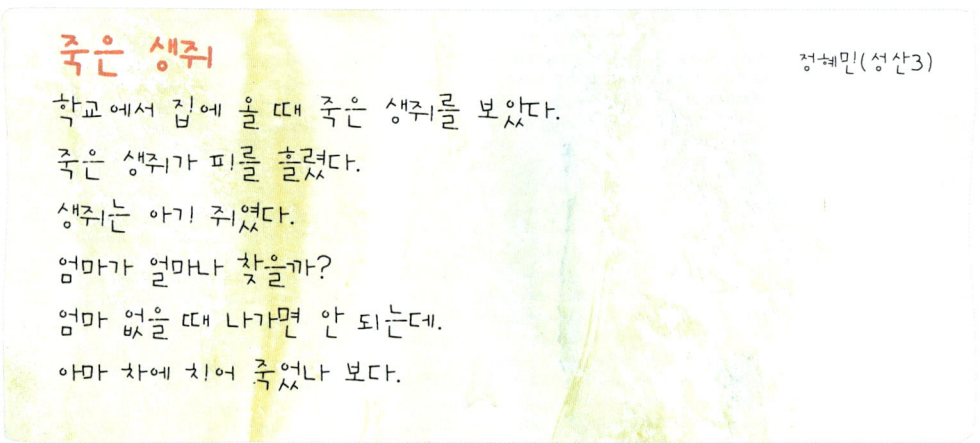

아이가 학교에서 돌아오는 길에 죽은 생쥐를 보았습니다. 생쥐의 모습이 구체로 드러나지 못한 것이 좀 아쉽기는 하지만 '엄마가 얼마나 찾았을까? 엄마가 없을 때 나가면 안 되는데 차에 치어 죽었나 보다.' 하는 말에서 죽은 생쥐를 보고 받은 '불쌍하다, 안타깝다'는 느낌이 잘 담겨 있습니다.

> **까치**
> 정중수(3학년)
>
> 까치가
> 날아가면서
> 날개를 치는 것을 보니
> 참 훌륭한 것 같다.

날아가는 까치를 보았습니다. 그리고 그 까치가 날개를 치면서 가는 것이 '참 훌륭한 것 같다.'는 생각이 들었습니다. 그것을 그대로 짧은 글로 적으니 좋은 시가 되었습니다. 다만 '훌륭한 것 같다.'라는 말을 '훌륭하다.'라고 쓰면 더욱 선명한 표현이 되었겠습니다.

까치가 날아가는 것을 보면 사람마다 다 느낌이 다릅니다. 어떤 사람은 재수가 좋을 거라고 느끼는 사람도 있을 테고, 어떤 사람은 까치의 흰 배가 아름답다고 느낄 수도 있을 것입니다. 이런 느낌을 그대로 적어 보면 시가 됩니다. 억지로 시를 지어 내려고 하지 말고 먼저 주위를 둘러보게 해 주세요. 그리고 어떤 느낌을 주는 것을 찾아보게 합니다. 아주 작고 사소한 느낌을 주는 것이라도 좋아요.

> **달 옆에 별**
> 김준영(홍익3)
>
> 검은 밤하늘에 달이 떠 있네.
> 그 옆에 작은 별 하나가 반짝이고 있다.

> 나도 누구를 좋아하듯이
> 별도 달님을 좋아한다.
> 다른 별은 구름 뒤로 숨었는데,
> 한 별은 달님을 만나기 위해
> 숨지 않았다.
> 그 별은 참 용감한 별
> 달님도 그 별을 좋아하나 보다.

준영이가 본 것은 달과 별입니다. 구름에 가려서 다른 별은 다 보이지 않는데 어느 별 하나만 그 모습을 나타내서 반짝이고 있습니다. 그것을 보면서 이 아이는 '달님을 만나기 위해 숨지 않았다. 참 용감하다.'고 느끼고 있으며 그런 자신의 느낌을 그대로 적고 있습니다.

사람은 누구나 자기의 생각과 느낌을 말로 표현합니다. 글쓰기도 방법만 다를 뿐이지 마찬가지입니다. 그런데 왜 말하기는 쉬운데 글쓰기는 어렵고 힘들게 느껴지는 걸까요? 그것은 우리가 그냥 친구들하고 웃고 떠들면서 말하는 것은 쉬운데 남들 앞에서 발표하려면 어려워지는 것과 같은 이치입니다. 말하기도 잘하려고 하거나 남을 의식하게 되면 힘들고 어렵게 되는 것이지요. 글쓰기도 그렇게 대하기 때문이라고 생각합니다.

친한 친구에게 내 생각과 느낌을 말하듯이 글도 그렇게 쓰면 된다는 것을 깨닫게 해 주세요. 그리고 글을 썼을 때마다 자꾸 조각을 내어 평을 하고 고치게 하면 글과 멀어지게 만드는 것입니다. 우선 아이가 시라고 썼으면 그냥 시라고 받아들여 주세요. 시적 완성도, 그것은 그 다음의 일입니다.

살아 있는 시, 굳어 있는 시

시를 가르치는 것은 쉽지 않고, 말로 설명할 수 없는 부분도 많습니다. 세상을 직관으로 보는 것, 자신의 마음 밑에 숨어 있다 어느 순간 불쑥 일어나는 느낌, 이런 것들을 어떻게 설명으로 다 전달할 수 있을까요? 작품을 보여 주고 직접 쓰도록 하면서 가까이 가는 수밖에 없겠지요.

현장에서 아이들을 가르치는 선생님들의 고민 가운데 하나가 줄글은 그런 대로 이해를 하고 알겠는데, 시는 '이게 과연 좋은 시인지 아닌지 구별하기 어렵다.'는 것입니다. 물론 시를 보는 방법을 대쪽 가르듯이 이거다 제시하기는 어려운 일이겠습니다만, 가장 선명한 잣대는 '감동이 있는가?' 하는 것입니다. 그 시를 읽고 '참 그렇구나.' 하는 것이 느껴진다면 그 시는 좋은 시라 할 수 있을 것입니다.

어른의 시를 두 편 보겠습니다.

보기글 1

철이 바뀌자 아내는
아이들에게 입힐 옷을
한 보따리 얻어 왔습니다.
이웃집 홍선생님 댁에서
입던 헌 옷을
또 얻어 왔습니다.
잠바며
티셔츠며
바지며

입힐 만한 옷은 모두 다
싸 가지고 왔다 합니다.

엄마가

주섬주섬 풀어 놓는
헌 옷들을

이것도 입어 보고
저것도 입어 보던
우리 집 아이들은

말없이
쳐다만 보는
축 처진 내 가슴에

새 옷 같은
한마디를
던져 줍니다.

"아빠, 미안해하지 말아요."

_〈맑은 하늘을 보면〉(정세훈/창비) 가운데 '헌 옷' 전문

보기글 2

지난했던 날들이
기억의 부품으로
조립을 시작할 때면
나는 밤내 흐느끼다가
부정하던 신에게
고해를 한다.

돌이킬 수 없는 것일까.

　　허무의 끝자락에서
　　회한의 렌즈를 끼고
　　주위를 성찰하면서
　　나락의 절규를 떠올리며
　　경건히 폐부를 여민다.

_'참회' 전문

'참 그렇구나!' 하고 느껴지는 시는 어떤 것이었나요? 저는 보기글 1을 읽으면서 그런 생각이 들었습니다. 반면 보기글 2는 뭔가 어려운 말은 썼지만 무슨 말인지 모르겠다는 느낌이 컸습니다.

　물론 제가 모른다고 해서 시가 안 되는 것은 분명 아닙니다. 그런데 시가 아무리 필자의 주관 정서에서 출발한다고 해도, 아무리 행간을 읽어 봐도 무슨 말인지 잘 알 수 없다면 그걸 시라 하기에는 불만족스럽습니다.

　시 공부에서 중요한 것은 지식이 아니라 느낌입니다. 시의 운율이 어떻다, 심상이 뭐다, 행과 연이 어떻다 아무리 머릿속으로 따져 보아야 별 도움이 안 됩니다. 공감이 가는 시를 보았다면 "이 시는 왜 공감이 가지?" 재미없는 시를 보았다면 "이 시는 왜 재미가 없을까?" 하는 것을 자꾸 느껴 보아야 합니다.

　그리고 아이들의 글쓰기를 지도하는 분이 생각해야 할 한 가지, 시중에 나와 있는 아이들 글 모음 책을 보면 다른 아이들은 저렇게 시를 잘 쓰는데 우리 아이, 혹은 내가 가르치는 아이는 왜 그렇게 쓰지를 못할까 하는 생각입니다. 그러나 그 책에 실린 글은 아이가 늘 그렇게 잘 쓰는 것 중에서 고른 것이 아니라 그 아이가 쓴 많은 글들 가운데에서 하나가 '채택' 된 것이랍니다. 다른 아이들이라고 해서 언제나 다 그렇게 쓰고 있는 것은 아니거든요.

너무 잘 쓴 글하고만 비교하지 마세요. 아이들은 어느 순간 탁 튀어나온 느낌을 놓치지 않고 붙잡아 시로 쓰는 일이 많은데, 우리 아이는 그 순간을 놓친 것뿐일지도 모른다고 생각해 주세요. 살아 있는 시를 쓰도록 관심을 갖고 지도를 하면 되겠지요. 살아 있는 시와 굳어 있는 시는 표에서 보는 것 같이 서로 다릅니다.

살아 있는 시 (좋은 시)	굳어 있는 시 (좋지 않은 시)
자세히 관찰하고 구체적으로 그린다.	겉모습만 대충 그려 어떤 영상인지 알 수 없다.
새로움이 있다.	남들이 다 아는 얘기, 뻔한 얘기, 당연한 얘기를 늘어놓는다.
자기만의 발견이 있다.	어른들이 쓴 동시투를 흉내낸다.
자신의 말투 그대로 솔직하게 쓴다.	읽을 맛이 안 나고 또 이런 걸 썼구나 생각된다.
"참, 그렇구나." 공감이 간다. 꼭 필요한 말만 쓴다.	아무 느낌이 없다. 쓸데없이 내용이나 형식을 반복한다.

시는 쓰는 사람의 모습같이 각양각색이며, 또 그래야 합니다. 지도의 편의를 위해

1. 무엇을 보고 쓴 시
2. 어떤 일을 겪고 나서 쓴 시
3. 언제나 생각하고 있는 것을 쓴 시

하는 식으로 나누어 살펴보기도 합니다. 어떤 일을 겪으면서 그 동안 자기가 늘 생각하고 있던 일이 확 떠올라 시를 쓰는 경우도 있으니 이 기준이 꼭 한 작품에 하나씩 들어맞는다고는 할 수 없습니다. 다만 어느 쪽의 비중이 더 큰가를 살펴서 생각하면 되겠습니다.

자연을 노래한 시

도시에서 살아가는 사람들이 날마다 보는 것은 대체로 콘크리트 벽이거나 아스팔트 길, 아파트 건물 같은 것들이지요. 이런 인공적인 것들도 그 나름으로 아름다움을 지니고는 있지만 자연이 우리에게 주는 아름다움이나 정취와는 결코 견줄 바가 못 됩니다.

푸르고 싱싱한 힘을 보여 주는 산, 벼가 익어 가는 가을 들판, 맑은 강…… 이렇듯 살

아 있는 자연은 항상 어떤 말을 걸어 옵니다. 우리가 바쁘고 관심이 없어서 그것을 듣지 못할 뿐이지요.

사람이 살아가면서 하늘에 떠도는 구름도 한번 올려다보고, 내 목덜미를 스쳐 나뭇가지를 휘돌고 나가는 바람의 손길도 느껴 보고, 해질녘의 그 황홀한 아름다움에 마음도 주어 볼 일이 아닐까요?

도시에서 자라는 아이들은 자연과 떨어져 살기 때문에 자연의 숨결을 잘 느낄 수 없습니다. 그러나 문을 열고 나가 보면 자연이 거기에 있답니다. 아이들이 자연을 사랑하고 자연을 즐길 줄 알게 해 주세요. 이제부터라도 둘레에, 자연에 눈길을 주어 봅시다. 길바닥을 기어가는 개미 한 마리, 화단의 꽃들, 하늘, 비, 바람…… 이런 자연이 우리에게 들려 주는 이야기를 자기가 느낀 대로 적으면 좋은 시가 될 수 있습니다.

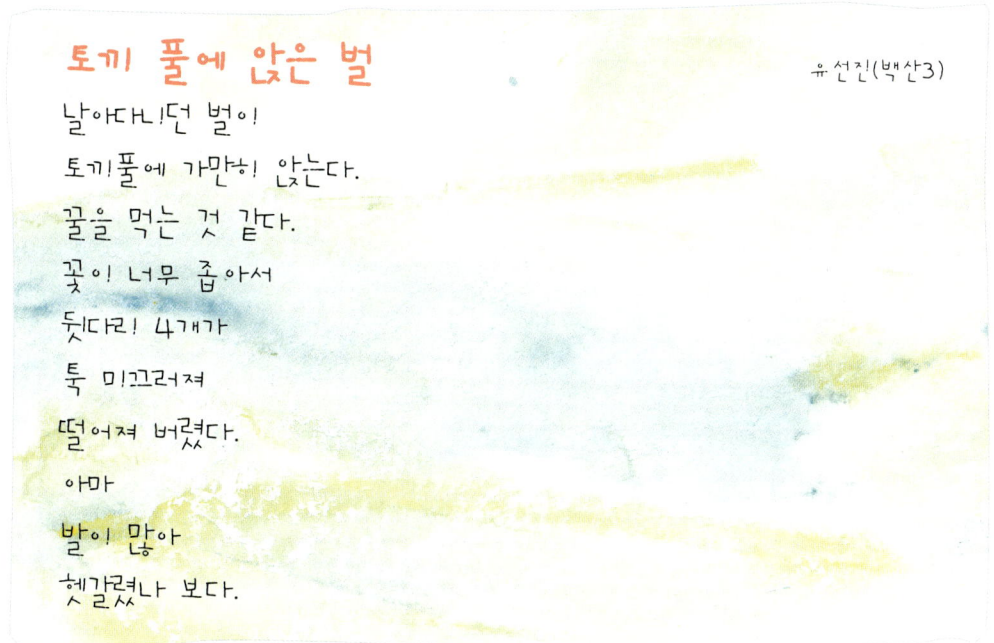

토끼풀에 앉은 벌을 가만히 들여다보고 있다가 벌이 움직이는 모습을 그대로 적은 글입니다. 벌 뒷다리가 툭 미끄러지는 순간이 그대로 보이는 듯합니다. 이렇게 본 모습 그대로 쓰는 시를 '사생시'라고 합니다.

자신이 쓸 것(관심 있는 것)에 대해 오래 지켜보게 해 주세요. 오래 관찰하면 더 많은 느낌을 받게 되고, 거기서 받은 느낌이 클수록 좋은 시가 나올 수 있답니다. 사생시 쓰기는 시의 세계에 어렵지 않게 들어가는 좋은 방법입니다. 시와 친해지기 위해서도 쓰지요.

신기한 소나무
조현주(홍익3)

봄, 여름, 가을, 겨울에도
잎이 안 떨어져요.
마음속으로
"떨어져 떨어져"
그래도 안 떨어져요.
바람이 불어도
안 떨어져요.
소나무에 기대면
내가 좋아하는 목캔디 냄새도 나고
아픈 팔도 다 낫는 것 같아요.

겨울이 가까이 오니 다른 나뭇잎은 다 떨어지는데 소나무 잎은 안 떨어집니다. 소나무 잎이 안 떨어지고 있으니 마음 속으로 '떨어져 떨어져.' 하고 말을 해 보았습니다. 소나무는 상록수라 겨울에도 잎이 안 떨어진다는 것은 대부분 다 아는 일이지요? 그래도 한 번쯤 떨어지는 것을 보고 싶었던 모양입니다.

그리고 소나무에 기대어 보니 포근한 느낌이 들었습니다. 은은한 솔향도 마음에 들었습니다. 그것으로 자기가 먹어 본 사탕의 향을 기억해 냈습니다. 시가 되었느냐 아니냐를 따지기에 앞서 이렇게 소나무에 기대어 보기도 하고 말을 걸어 보는 경험, 그 자체가 소중한 것이겠지요.

별

송미선(용남4)

밤하늘의 초롱초롱
빛이 나는 별

엄마별 아빠별
다정히 모여 앉아

까아만 도화지 위에
반짝이는 얼굴 내밀며
재미난 이야기 꽃피우네.

   별을 보고 쓴 글처럼 보입니다. 초롱초롱 빛나는 별을 엄마별 아빠별이라고 말하고 있습니다. 그러나 실제로 별을 바라다보고 느낀 자연스런 마음을 쓴 글로 보이지는 않습니다. 머릿속으로 말을 만들어 맞춘 것으로 흔히 말하는 '동시' 투이지요. 읽는 사람에게 감동—마음을 맑게 해 준다거나 따스하게 해 주는 것, 어떤 깨달음을 주는 것은 하나도 없습니다. 또 시를 읽으면서 어떤 모습이 그림처럼 그려지지도 않습니다. 그러니 재미가 없고 '또 이런 걸 썼구나.' 하는 생각이 듭니다.

   시 쓰기 지도를 제대로 받지 못하면 늘 이렇게만 쓰게 됩니다. 이 아이의 잘못이라고 볼 수는 없습니다. 잘못된 글쓰기 방법을 배웠고, 고정 관념을 깨뜨리지 못한 어른들이 다시 그런 방법으로 아이를 가르쳤기 때문입니다.

   사생시는 감각으로 느낀 그대로 적은 것이라서 관념이 파고들 틈새를 주지 않는 것이 특징입니다. 늘 개념만 늘어놓아 굳어 버린 시를 쓰는 아이들을 치료(?)하는 한 방법이기도 합니다. 시 쓰기 공부를 할 때 '느낀 것을 짧게 써 보자.' 는 식으로 이끌어 주는 것이 좋습니다. '동시' 라는 말만 들으면 금방 또 이렇게 쓰려고 하거든요.

실제 지도에서
자연을 친구처럼

> **바람**　　　　　　　　　　　　　서민수(연지1)
>
> 바람아 너는
> 왜 그렇게
> 돌아다니니?
> 돌아다니지 말아라
> 내가 너무 추워

바람이 부는 것을 보고 느끼며 쓴 글입니다. 앞에 있는 사람에게 이야기를 건네는 방식으로 글을 써서 더 정다워 보입니다. 바람이 불어서 춥다는 제 마음을 자기 말로 적고 있습니다. 1학년 어린이의 깨끗하고 순수한 마음이 드러나 보이지요? 이렇게 어떤 대상에게 말을 건네는 것은 저학년 어린이들이 좋아하는 방법이기도 합니다.

나만의 느낌이 살아나야

> **물**　　　　　　　　　　　　　이은지(중계2)
>
> 물은 참 고맙지요.
> 놀고 들어오면 깨끗이
> 씻겨 주니까요.
>
> 그리고 그리고
> 물은 물은 목이 마를 때

> 입안을 시원하게 해 주니까
> 물은 물은 참 고마운 물이다.

　어떤 일을 겪으면서 늘 가지고 있던 생각이 떠올라 쓴 글입니다. 씻는 일을 하면서 '물이 고맙다'고 '느낀' 것입니다. 그런데 '물이 고맙다'는 것은 누구나 그렇게 느낄 수 있지요. 이것을 '상식적인 생각'이라고 합니다. 그런 이야기보다 자기가 고맙다고 느낀 순간을 잘 붙잡아 또렷이 보여 주었다면 은지만의 느낌이 살아 있는 글이 될 수 있습니다. 그것은 은지 마음 속에 이미 숨쉬고 있습니다.
　시에서는 되도록 접속어를 쓰지 않는 것이 좋습니다. 그래야 시적 긴장감을 유지할 수 있어요. '물은 물은' 하고 자꾸 되풀이할 필요도 없답니다.

아름다움을 느끼는 마음

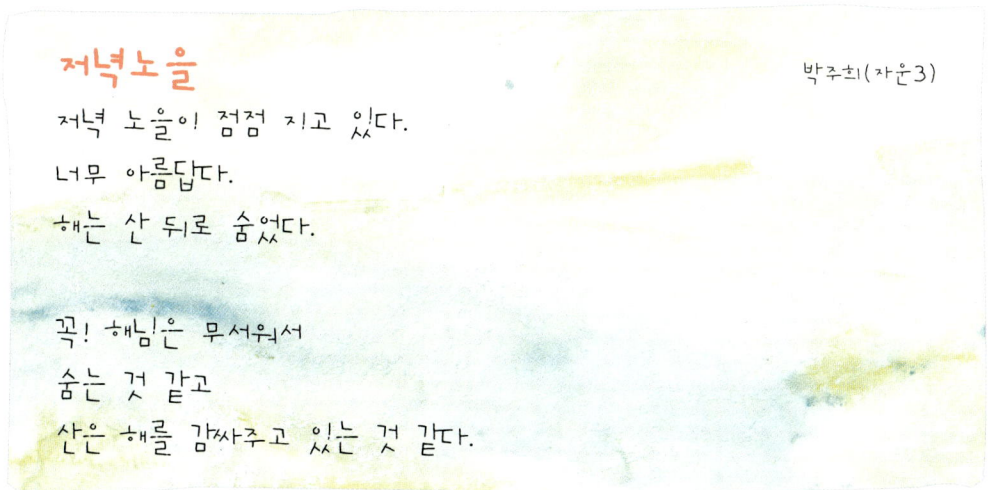

> **저녁노을**
> 　　　　　　　　　박주희(자운3)
> 저녁 노을이 점점 지고 있다.
> 너무 아름답다.
> 해는 산 뒤로 숨었다.
>
> 꼭! 해님은 무서워서
> 숨는 것 같고
> 산은 해를 감싸주고 있는 것 같다.

　이런 시를 읽고 있으면, 자연의 모습을 조금이라도 관심을 갖고 잘 보고 있노라면 누구나 시인이 될 거라는 생각이 듭니다. 주희는 '무서워서 숨는(지는)' 해를 '산이 감싸 주고 있는 것 같다.'고 느끼고 있습니다.

　주희가 시를 쓰려고 의도적으로 저녁 노을을 보았든, 어쩌다 눈을 들어 먼데 하늘을 보니 아름다운 저녁 노을이 거기에 있었든, 이런 것에 관심을 갖는 공부는 요즈음 아이들에게 권장할 일입니다. 요즈음 아이들은 쫓기는 생활로 이런 것들을 죄 빼앗기고 말았으니 딱한 일이 아닐 수 없습니다.

머릿속의 생각만으로 말을 만들지 말고

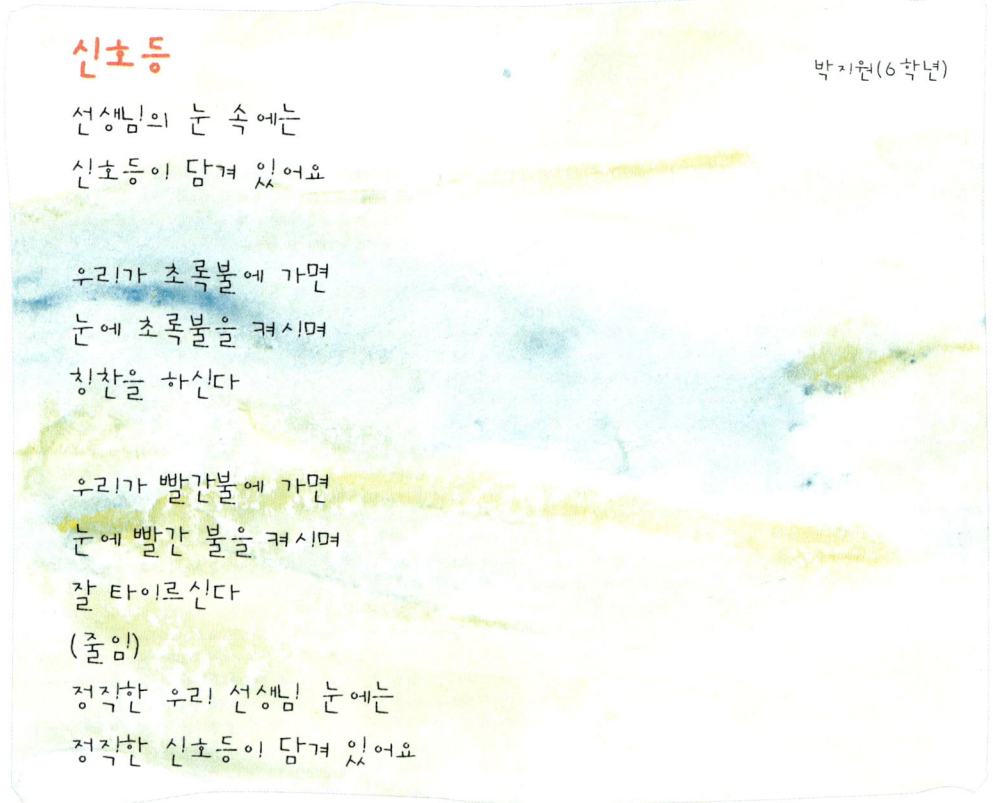

신호등
　　　　　　　　　　　박지원(6학년)

선생님의 눈 속에는
신호등이 담겨 있어요

우리가 초록불에 가면
눈에 초록불을 켜시며
칭찬을 하신다

우리가 빨간불에 가면
눈에 빨간 불을 켜시며
잘 타이르신다
(줄임)
정작한 우리 선생님 눈에는
정작한 신호등이 담겨 있어요

　이 시에서는 선생님의 눈빛을 신호등으로 나타내고 있습니다. 우리가 좋은 일을 할 때는 선생님의 눈빛도 온화하고 따뜻해지고 우리가 안 좋은 일을 할 때는 선생님의 눈빛도 주의

나 경계를 나타내는 눈빛이 되신다는 이야기를 하려고 한 것 같습니다. 그러나 이것은 어느 순간 실제로 느껴서 쓴 것이 아니고 마음 속으로 그럴 것이다 하고 생각하면서 쓴 글입니다. 물론 이렇게 쓸 수도 있지만 머리로 만들어 낸 말은 깊은 감동을 주지 못합니다.

이런 시들을 보면 우리 아이들이 참 얽매여 살고 있구나 하는 생각이 저절로 들지요? 이 시에 자기가 본 것이 어떤 새(비둘기)라는 것이 드러나 있습니다. 잘 되었습니다. 거기에 자기가 언제 '비둘기는 좋겠다.'고 느꼈는지 그 순간의 모습을 정확하게 적어 보면 더 좋은 시가 될 수 있겠지요. 어떤 생각을 적을 때는 그런 생각이 들게 된 자리(사실)를 잘 밝혀 적어야 합니다. 그래야 다른 사람도 정말 그렇겠구나 하고 느낄 수 있답니다. 조그만 느낌이나 생각이라도 자신의 삶 속에서 얻은 것, 가슴에 울림을 주는 것을 잡아서 쓰는 것이 좋습니다.

말 없는 사물을 보고

흔히 생명이 없는 것들을 사물이라고 합니다. 우리는 자연에서뿐만 아니라 사물을 보고도 '느낌'을 받을 수 있습니다. 또한 같은 사물이라도 그것을 바라보는 처지에 따라 다르게 봅니다. 이 때의 느낌을 놓치지 않고 잘 표현하면 좋은 시(사물시)가 나올 수 있지요.

1연에는 '거울이 고맙다.'는 마음을, 2연에는 '거울에게 미안하다.'는 마음을 담고 있지만, 그 마음이 확 다가오지는 않네요. 왜 그럴까요?

단순히 자기의 '해바라기 같은 눈, 작고 귀여운 코, 빛나는 입술을 보여 줘서' 고맙다고 했는데 실제 어느 순간 자신이 그렇게 '고맙다'고 느끼게 되었는지 이해할 길이 없습니다. 또 둘째 연에서 거울의 모습을 비추어 주지 못해 미안하다고 했지만 실제로 절실한 체험이 보이지 않습니다. 그러다 보니 머리로 말을 맞추어 써 낸 글이구나 하는 생각을 하게 됩니다.

새로움이 없기 때문에 시답지 못하고, 글을 쓴 이의 마음이 제대로 담겨 있지 않기 때문에 감동도 일지 않습니다.

　쓸 거리에 대해서 대충 바라보고 대충 생각하고 대충 느낀 것을 대충 쓰다 보면 거기에 내 느낌이 들어가기 어렵습니다. 어디선가 본 것 같은 뻔한 글만 쓰게 되지요.

　흔히 아이들이 시를 쓰는 글감으로 사물을 선택하는 경우가 많습니다. 필통, 안경, 시계, 우산, 신발……. 그러나 절실한 감동의 체험이 없이 선택한 경우 말장난에 머무는 일이 많습니다. '~은 바보야.' '~는 요술쟁이' '~인가 봐.' '~ 거야.' 하는 투의 글들이 대부분 그렇다고 생각해도 크게 어긋나지 않을 정도입니다.

　　카메라
　　찰각찰각 사진기/웃기 싫은 사람도 김치/사람들의 기분을 좋게 하는/카메라

　　거울
　　내 얼굴을 비추어 주는 거울/내 얼굴과 똑같은 거울 속의 나/볼 때면 나의 잘못된 옷차림을 고쳐 주는 거울

　　라디오
　　라디오는 말을 하는 물건……/재잘대면서 노래도 부르고 팝송도 부르고/재잘대면서 사람을 매일 즐겁게 해 준다.

　이 글들은 모두 사물시라는 것과, 어떤 사물을 대상으로 누구나 할 수 있는 말, 할 수 있는 생각을 늘어놓았다는 공통점이 있습니다.

　많은 아이들의 글에서 이런 유형의 글을 발견할 수 있어요. 생각보다 사물시는 그 대상에 접근하기가 쉽지 않다는 것을 알게 합니다. 생명이 없는 것들이라 글 쓰는 이와 서로 교감이 어려워서 그런 모양입니다.

이 시도 열쇠라는 사물을 보고 느낀 것을 적은 것입니다. '저 문을 열어라 하고 외치면'(열쇠 구멍에 넣어 돌리면) 자물쇠를 이기고 문을 여니 '힘 센 장군'이라고 보았습니다. 아이다운 생각이 엿보입니다. 다만 '열쇠는 힘센 장군'을 자꾸 되풀이하고 있어 조금 식상한 느낌을 주네요.

시는 원래 노래와 한몸이었기 때문에 시에서 운율은 중요한 요소입니다. 운율(말의 가락)은 대개 같은 말을 반복할 때 생기지만, 같은 내용이나 형식을 쓸데없이 반복하면 지루한 느낌이 들게도 합니다.

> 끝날 때 보고
> 아빠랑 운동장에서 축구할 때도 본다.
> 시계가 오줌 누는 것 같이 생각된다.

학교 갈 때나 쉬는 시간에, 축구할 때 학교 시계를 봅니다. 여기까지는 잘 알아들을 수 있습니다. 그런데 왜 '시계가 오줌 누는 것같이 생각' 되었을까 궁금합니다. 그 과정이 생략된 채(논리의 비약) 자기 느낌만 써 놓으니 읽는 사람은 무슨 말인지 알아들을 수가 없습니다. 시는 꼭 필요한 말을 짧게 압축해서 쓰는 것이지만, 이렇게 써 버리면 알 수 없는 글이 되고 맙니다. 왜 그렇게 생각하게 되었는지 써야 내 느낌이 다른 사람에게도 전달됩니다. 말이 되어야 시가 되지요.

도움말 써 주기에 대해

다음 시를 읽은 다음, 실제 아이에게 써 준다 생각하고 도움말을 써 보세요. 다음 시가 어떤 종류의 글인지는 금방 구별할 수 있을 거예요.

> **연필**   (4학년, 남)
>
> 연필은 언제나
> 검은 줄만 쫙
>
> 연필은 어디서나
> 검은 줄만 쫙
> 연필은 언제나
> 검은 색만 좋아하나 봐.

도움말의 보기

　　　정말 연필은 검은 줄만 쫙 긋네. 네 말이 맞다. 그런데 사람들은 연필이나 필통 같은 것에 대해 시를 쓰는 것을 참 어려워한단다. 왜냐하면 그런 물건들한테서 어떤 새로운 느낌을 받기가 어렵기 때문이야. 그래서 '연필은 검은색만 좋아한다.'는 것처럼 누구나 할 수 있는 말만 생각나기도 하고……. 앞으로는 이렇게 누구나 할 수 있는 말 말고 ○○만 할 수 있는 생각을 적어보면 더 좋겠다.

　　위 글이 꼭 정답이라고는 할 수 없겠습니다만, '쓸데없는 말만 되풀이해서 지루한 느낌이 든다. 또 연필이 검은색만 좋아한다는 것은 누구나 할 수 있는 상식적인 말이다. 좀 더 새로움이 있는 시를 쓰자.' 하는 것처럼 같은 내용이지만 잘못만 꼬집는 글은 조금 피하면 좋겠다 싶습니다.

　　우리말에 '아' 다르고 '어' 다르다고 했듯이 도움말 한 줄을 써도 아이를 보듬어 안을 수 있는 표현이면 더욱 좋겠습니다.

계절을 느끼며

　　　　　　　　　　　　　　　　　　　　　하호석(인천 병방3)

　　봄

　　겨울에는 추워서 밖에서 놀기가 싫었는데
　　따뜻해지니까 밖에 나가서 놀고 싶은데
　　학원 땜에 밖에서 못 논다.
　　밖에서 많이 놀고 싶다.
　　그래서 봄이 된지 알았다.

　　이 아이는 '나가서 많이 놀고 싶어지는 마음'에서 봄을 느끼고 있습니다. 아 참 그렇구나 싶습니다. 겨울에는 날씨가 추워서 나가 놀지 못했는데, 봄이 되니 날이 따뜻해졌습니다. 그래도 학원 가야 하는 일 때문에 또 나가 놀지 못합니다. 어른들도 봄빛이 속삭이면 마음이 싱숭한데 아이들도 마찬가지겠지요. 아이의 안타까운 마음이 잘 전달되어 오는 글입니다.

> 민들레 싹
>
> 김기환(광명 가림3)
>
> 돌 틈에 핀 민들레 싹
> 돌 틈에 앵겨서 어떻게 피었니?
> 참 장하구나.

어른 시인의 시와 견주어 읽어 보세요.

강철 새잎

박노해

저거 봐라 새잎 돋는다
아가 손마냥 고물고물 잼잼
봄볕에 가느란 눈 부비며
새록새록 고목에 새순 돋는다

하 연둣빛 이파리
네가 바로 강철이다
엄혹한 겨울도 두터운 껍질도
제 힘으로 뚫었으니 보드라움으로 이겼으니

(줄임)

_〈참된 시작〉(창비) 중에서

시인이 새잎을 보면서 '연둣빛 이파리 네가 강철이다.' 라고 느끼는 것과 우리 어린이가 민들레 싹을 보고 장하다고 느끼는 것과 맥이 닿아 있지요? 작은 싹이 지닌 강한 힘! 이것은 언제나 우리에게 감동을 줍니다. 이렇게 마음이 움직이는 순간을 놓치지 않고 글로 쓰면 좋은 시가 된답니다.

생활 속의 글감들

생활이란 말 그대로 '살아서 움직인다' 는 것이지요. 우리는 특별한 일이 없는 한 날마다 이런저런 일을 하면서 살아갑니다. 밥 먹고, 옷 입고, 공부하고, 친구 만나고…… 이런 것들이 모두 생활이지요. 생활하면서 어떤 느낌을 받아 쓴 시를 생활시라고 할 수 있습니다. 한마디로 '내가 겪은 일에 대한 내 느낌을 적은 것' 이라고 할 수 있습니다.

무엇을 겪고 나서는 그 느낌이 ①좋다 ②그저 그렇다 ③나쁘다 하는 정도로 생각해 볼 수 있습니다. 이 가운데 ①이나 ③이 글로 쓰기 더 좋겠지요? 하지만 그저 그런 무덤덤한 느낌도 좋은 시의 바탕이 될 수 있답니다.

우리가 겪는 일 가운데에서 특별히 시가 될 수 있는 것과 없는 것의 구별이 따로 있는 것은 아닙니다. 아무리 별것이 아니더라도 그 속에서 자기 나름대로의 느낌을 붙잡을 수 있으면 시를 쓸 수 있어요. 중요한 것은 내가 겪은 일에서 내가 받은 느낌을 놓치지 않는 것입니다. 그것이 훌륭한 생활시를 쓰는 지름길이지요.

아이들이 글쓰기를 하면서 가장 힘들어하는 부분이 쓸 게 없다는 것입니다. 그런데 하루하루가 아무 일도 없이 그냥 지나가는 것 같지만 사실은 아주 많은 일들이 일어난답니다. '미술 준비 안 해 온 짝에게 얼른 내 것을 빌려 준 일' '발표하다 틀린 일' '동무랑 같이 화장실 가 준 일'…… 이러한 작은 일들에서 내가 어떤 느낌을 받았다면 그것은 생활시의 좋은 글감이 될 수 있어요.

쓸 게 없다고 걱정하기에 앞서서 요즘 나한테, 우리 집에, 우리 반에, 우리 학교에 무슨 일이 있었는지 가만히 생각해 보세요. 사실 글은 '쓸 게 없는' 것이 아니라 '쓸 마음이 없는' 것인지도 모르겠습니다.

미운 엄마

김만기(광명 하안3)

시험연습 문제를 푸는데
점수가 80점이다.
엄마한테 말하니 막 때리신다.
아파서 눈물이 날라 그랬다.
백점 맞을라고 열심히 했는데
글자도 또박또박 찐하게 썼는데
내 마음도 모르는 엄마가 밉다.
엄마가 밉다.
매로 시험지를 가리키면서
먼 이렇게 해야지!
먼 어떻게 해야지! 하신다.
무슨 말인진 모르겠지만
매 맞는 것보단 좋다.

100점을 맞으려고 '글자도 또박또박 찐하게 썼는데' 그만 80점을 맞았습니다. 어머니는 속이 상해서 큰 소리로 야단을 치십니다. 그래서 시험지를 가리키면서 '먼 이렇게 하고 먼 어떻게 해야지.' 하고 말하지만 아이 머릿속에는 들어오지를 않습니다. 다만 잔소리가 '매 맞는 것보단 좋'을 뿐이지요. 이렇게 아이들과 생각이 엇갈리는 것을 우리 어른들은 얼마나 눈치를 챌 수 있을까요?

짝이 없는 나

이원택(인천 부개3)

나는 학교에서 혼자 앉는다.

선생님 말을 안 들어 가지고
혼자 앉는다.
아직 엄마한테 안 말했다.
엄마한테 들킬까 봐
나는 마음이 매일 두근두근거린다.
나는 혼자 앉아서 심심하고,
구석에 앉기 싫다.
나는 그 일 때문에
힘이 쭉 빠져있다.

어때요, 이 아이의 모습이 그려지지 않나요? 선생님 말씀을 안 들어서 벌로 짝이 없이 한 구석에 앉게 되었습니다. 그 사실을 엄마한테 들킬까 봐 늘 마음이 두근두근합니다. 혼자 앉아 심심하고, 구석도 싫어서 '힘이 쭉 빠져 있을' 만도 합니다. 아이는 자신의 요즘 일 가운데 제일 마음이 쓰이는 일을 글감으로 잡아 썼습니다. 이렇게 무엇이든 자신을 사로잡는 것을 떠올려 보는 일은 좋은 시를 쓰는 출발점입니다.

엿

김태희(인천 안남2.)

엿을 먹으니!
엿이 내 이빨에 집을 짓는 것 같다.
입에 가득 엿을 먹으니 이상한 말로 나왔다.
깨와 땅콩이 박힌 엿은
손을 일 시키는 것 같다.
이빨을 긁어야 하기 때문이다.

엿을 먹다 보니 엿이 이에 달라붙었습니다. 그래서 말도 이상하게 나왔지요. 그게 답답해 손으로 이에 붙은 엿을 떼어 내 봅니다. 누구나 이런 경험이 한 번쯤은 있을 것입니다. 아주 사소한 일이지만 그 때의 느낌을 잘 잡아 써서 재미있는 글이 되었습니다. 자기만의 느낌이 살아 있는 글입니다. 다만 '손을 일 시키는 것 같다.'라는 표현은 '손에게…….'로 바꾸어야 좀 더 뜻이 또렷해지겠네요.

살아 있는 시를 쓰고 싶다면 눈을 크게 뜨고 내 주변을 천천히 둘러보세요. 그리고 마음을 담아서 그것을 보세요. 말을 걸 듯 마음을 담아서 보아야 한답니다.

한·걸·음·더

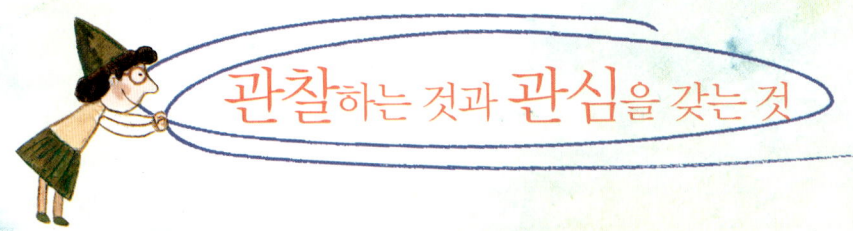
관찰하는 것과 관심을 갖는 것

1 관찰에 대해서

관찰이란 무엇인가를 주의 깊게 살펴보는 것을 말합니다. 그냥 멍하니 바라보고 있는 것이 아니라 자세하게, 깊이, 자기가 그 대상이 되어 생각하고 상상하면서 새로운 그 무엇을 찾아 내려는 마음으로 바라보는 것이지요.

최근에는 많은 선생님들이 아이들과 들공부를 나가는 경우를 많이 봅니다. 좋은 일이지요. 아이들과 같이 집 근처의 작은 언덕이나 화단에 나가서 평소 그냥 지나쳤던 것들에 대해 '관찰'을 합니다.

"자, 오늘은 화단을 잘 보세요. 무엇이 있는지 살펴보세요. 자기 마음을 담아서 보세요." 선생님은 아주 열심히 설명을 합니다. 그러나 아이들의 관심을 끌기에는 부족하군요. 아이들은 선생님이 보라고 하니 그냥 보다가 "선생님 언제 끝나요?" 이러기나 하지요. 선생님은 마음이 좀 무거워집니다. 이 아이들이 왜 보는 것조차 싫어할까 싶어 기운이 쭉 빠지지요. 열심히 '봐라. 잘 봐라.' 했건만 실제 아이의 마음이 담긴 글도 잘 나오지 않고요.

이럴 때는 설명하는 방법을 바꾸어 보세요. 예를 들면 아이의 관심을 끄는 대상을 하나 정해 말을 걸어 보게 하는 것입니다. 처음에는 한동안 그냥 바라보게 합니다. 거기서 뭔가를 발견하고 못 하고는 그 다음 일이지요. 생각이 떠오르지 않더라도 조용히 편안한 자세로 바라보게 합니다. 좀 긴 시간 집중해서 바라볼 수 있는 힘을 기르는 것도 중요한 일입니다. 그러고는 보이는 그대로의 모습을 짤막하게 쓰게 합니다. 시 쓰기가 처음이라면 여기까지만 진행해도 좋겠습니다. 다음으로 그 대상을 동무라고 생각하고 마음 속에 있는 말을 건네 보게 합니다. 막연히 "잘 보아라."가 아니라 "저 나무를 네 동무라고 생각하고 보아라." 하는 식으로 구체로 말해 줍니다.

관찰도 관심에서 출발하는 것입니다. 둘레의 사람이나 사물에 대해서 관심을 갖게 해 주는 일, 이것이 지도하는 사람이 해야 할 큰 몫이겠지요.

2 관심은 어디서부터 생길까요?

사람들은 자기가 어떤 대상에 대해서 '알면' 더 많은 관심을 갖게 마련입니다. 풀이나 나무에 대해서 전연 아는 것이 없을 때보다는 조금이라도 알고 있을 때 자연스럽게 관심이 쏠릴 수 있습니다. 아이들과 같이 공부를 할 때도 그냥 잘 보라, 또 네 동무가 된 것처럼 생각하고 보라 하는 것도 사실은 관념이지요? 좀 더 실제로 들어가는 방법 가운데 하나는 그 대상을 가지고 놀아 보는 것입니다.

들판에 아주 흔한 오이풀이 있습니다. "수박 냄새 나라, 참외 냄새 나라." 하고 노래를 부르면서 이파리가 여럿 달린 이 풀을 갖고 손바닥을 두드려 보세요. 그러고 나서 손바닥의 냄새를 한번 맡아 보세요. 놀랍게도 수박 냄새가 납니다. 아이들이 아주 신기해하겠지요. 어떤 설명이 필요 없이 그냥 그 놀이로 직접 들어가 보세요. 그런 것들이 풀에 대한 관심을 갖게 하는 놀이가 되지요.

또 강아지풀을 손바닥에 올려놓은 다음 입을 가까이 대고 강아지 부르는 소리를 내면 신기하게도 강아지풀이 움직인답니다. 손에는 복실복실한 강아지가 꼬리를 치는 느낌이 들고요. 누가 붙였는지 참 이름도 잘 붙였다 싶습니다. 강아지풀을 갖고 선생님이 놀이를 해 보세요. 역시 설명은 필요 없지요. 아이 하나만 집중해서 봐도 다른 아이들은 뭔가? 해서 달라붙어 본답니다. 이렇게 실제로 느껴 보게 하는 일은 관심을 불러일으키는 좋은 방법입니다.

2 수업 사례

지도하는 사람이 반드시 명심해 둘 일은, 아이들이 즐거움을 갖고 배우고 익히는 일이 중요하지 어떤 활동이 끝났다고 꼭 글로 쓰기를 요구하지 말아야 한다는 것입니다. 그것이 '글로 표현되면 더욱 좋은 일' 정도로 생각하세요. 자꾸 글쓰기를 요구하게 되면 아이들은 활동 자체에 대해 미리 겁을 먹고 흥미를 보이지 않게 됩니다. 또 아이들이 쓰는 글은 관찰글이 되기도 하고, 사생글이 되기도 하고, 시가 되거나 또는 서사문이 되기도 합니다. 어떤 갈래를 구별하기보다는 아이들이 자기가 겪은 것을 편안한 마음으로 적을 수 있게 해 주면 좋겠습니다.

내가 살아온 이야기 쓰기

자기가 살아온 이야기를 한번 써 봅시다. 간단한 자서전이라고 할 수 있겠지요. 이 때는 막연히 자라 온 과정을 써 보자 하는 것보다는 기억에 선명하게 남는 일을 간단히 적게 한 뒤 써 내려가는 것이 좋습니다.

저학년
○○○ 이렇게 컸어요

준비물: 헌 달력(크기가 좀 큰 것) 1장, 어렸을 때 사진 5~6장(태어나면서부터 자라 온 순서에 따라), 스카치 테이프, 색사인펜

만드는 법: 헌 달력의 뒷면을 이용해, 윗부분에 '○○○ 이렇게 컸어요.' 하고 큰 글씨로 써 넣습니다. 그런 다음 스카치 테이프를 이용해서 사진을 적당한 곳에 드문드문 붙여 놓습니다. 사진마다 거기에 알맞은 설명을 적어 넣습니다. 이 때 사진에 나타난 일 말고도 그 시절 생각나는 일이 있으면 적어도 좋습니다.

잘 된 사진 설명의 예: 제 돌날 사진이에요. 저는요, 돌상에서 연필을 집었대요. 그러고는 그걸로 밥을 막 찌르고 수박도 찌르고 그랬대요. 못 하게 하면 막 울고 그랬대요. 하도 울어서 이 사진을 찍느라고 우리 아빠가 아주 고생하셨대요. 이쁘죠?

재미없는 사진 설명의 예: 돌 때 모습

사진 설명에 '이야기'가 들어갈 수 있도록 격려해 주세요. 다 만든 다음에는 그것을 벽에 붙이고 한 사람씩 발표하는 시간을 갖습니다.

고학년

자서전 쓰기

자라면서 있었던 일 가운데 기억에 선명한 일을 중심으로 글을 써 봅니다.

언제 어디서 태어났는지, 내가 태어나던 날 우리 집 분위기, 제일 어렸을 때 기억나는 일, 유치원에서 있었던 일, 엄마를 잠깐 잃어버린 일은 없었는지, 아주 위험했던 일은 없었는지 차분히 기억을 되살려 보는 게 좋습니다. 긴 설명보다는 보기글을 보여 준 뒤 이런 글을 한번 써 보자고 접근하는 것이 효과적일 수도 있습니다.

나만의 책 만들기 같은 활동으로 8쪽짜리 책을 만들고, 글을 써도 좋습니다. 자기가 살아온 이야기가 한 권의 책으로 탄생하는 순간이 되겠지요?

자서전

황원(백산5)

1982년 5월 22일 9시 강화은 산부인과에서 태어났다. 그날 아버지는 학교 숙직이셔서 병원에 오지를 못하셨다고 한다.

어렸을 때 할아버지가 산토끼 노래를 부르시는데 토끼를 '투꾸'로 해가지고 내가

"투꾸 아니야 토끼야!"

라고 계속 말했다고 한다. 계속 할아버지는 '투꾸' 나는 '토끼'를 주장했다. 또 어렸을 때 맨날 잠을 늦게 잤다. 엄마 아빠가 불 끄고 자도 내가 다시 불을 켜고 다시 놀다가 잤다고 한다.

엄마 회사 앞 아파트가 우리 집이어서 엄마 일직만 하면 따라가서 놀았다. 부산 외가집에는 방학마다 가는데 한산도 이충무공 유적지가 거제도에

있고 우리 친척도 거기 있어서 놀러 갈 겸 공부하러 갈 겸해서 간다. 한 번은 배를 타는데 엄마 아빠는 멀미를 하는데 나는 밖에서 놀았다고 한다.

난 어렸을 때부터 천자문을 배웠다. 그러나 금방 잊어버려서 하나수학을 시작했더니 잘했다고 한다. 그래서 지금까지 해오고 있다.

난 또 나쁜 버릇이 있다. 이모랑 있을 때 카셋트 라디오를 들으면서 자는 버릇이 생겨 카셋트 테이프를 들으면서 자야 한다.

또 다섯 살 때 선물 받은 곰인형이 없으면 잠을 자지 못했다. 그러나 요즘에는 없어도 잘(?) 잔다.

백산초등학교에는 내가 7살 때 이사를 왔기 때문에 다니게 되었다.

5살 때부터 아버지를 따라 야영을 다녔다. 속리산 문장대까지 간 적이 있는데 한 번도 안 쉬고 올라갔다. 그런데 같이 야영을 온 어떤 누나들이 선생님과 같이 와서 조금만 쉬었다 가자고 했다고 한다. 근데 선생님이 나를 가리키며

"저런 꼬마도 올라 가는데 왜 못 올라가니?"

해서 누나들이 열받아서 더 잘 올라갔다고 한다.

1학년 입학식 날 비가 온 것이 기억이 난다. 그 때 감기가 걸려서 입학식날 병원에 갔다. 그런데 벌써 1년이면 졸업을 하게 된다. 1학년 때 아주 어려서 엄마만이 아니라 선생님이 정말 많이 고생 하셨다. 나도 그 정도는 잘 안다.

학교에서 좋아하는 과목은 자연이다. 그러나 내가 장래에 하고 싶은 일은 외교관이나 변호사가 되고 싶다.

부모님 어렸을 때 이야기 듣고

아이들은 어른들의 어린 시절이 궁금합니다. 지금은 흔하디 흔한 아이스크림도 그 때는 귀했다는 이야기도 재미있고, 또 어머니나 아버지가 하던 놀이가 궁금하기도 합니다. 또 한 대를 올라가 할머니, 할아버지의 어렸을 때 모습이 어땠는지도 궁금합니다. 이야기를 듣는 것만으로 그 때의 일을 다 이해할 수는 없겠지만, 조상들의 삶의 모습 한 조각을 느껴 볼 수는 있겠지요.

부모님의 어렸을 적 이야기 가운데 아이들이 아주 흥미 있어 하는 부분은 역시 무엇을 하고 놀았나 하는 것입니다. 지금은 없어진 놀이를 궁금해하기도 하고, 그 때 부모님이 하던 놀이를 나도 하고 있구나 하는 것을 알면 즐거워한답니다.

미리 알아볼 것: 아버지 어머니가 태어난 곳
      어릴 때 읽은 동화책 기억나는 것
      친했던 동무 이름
      집에서 길렀던 동물
      즐겨 했던 놀이

아이들과 함께: 연탄 때던 이야기
      엿장수에게 고물 주고 엿 바꿔 먹던 일
      불량 식품일 것이 뻔했던 삼각 비닐 속의 주스
      설탕을 녹여 만든 뽑기
      등목을 하던 일

고드름을 따먹던 일

겨울철 뜨개질 – 그 지겨웠던 실 붙잡고 있기

벽돌 찧어서 해 보던 소꿉놀이

이런 이야기를 부모님한테서 듣는 것만으로도 즐겁겠지요? 들은 이야기 가운데 몇 가지를 골라 씁니다.

저학년의 경우에는 '놀이'에 집중해서 글을 써 보는 것이 좋습니다. 범위가 너무 넓으면 쓰기가 막연하거든요.

아버지가 하고 논 일
김세하(대방2.)

우리 아버지는 시골(화성)이라는 데서 자라셨대요. 우리 아빠는 메뚜기 잡으러를 많이 다녔대요. 빈 병에다가 메뚜기를 가득 잡아가지고 와서 연탄불에 볶아 먹었대요. 근데 그게 굉장히 맛있었대요. 병이 없을 때는 어떤 풀을 하나 뜯어서 그 풀에다가 메뚜기를 죽 꽂아가지고 왔대요. 메뚜기는 논에 가면 아주 많아서 걸어가기만 해도 여기서 폴짝 저기서 폴짝 뛰어 도망간대요. 어떤 때는 쌍메뚜기를 잡아서 야호한 적도 있대요. 우리 아빠는 지금은 농약 때문에 메뚜기가 없어졌다고 메뚜기가 있어야 좋은 거래요. 나는 아빠 얘기가 재미있어요.

아버지가 우시는 것 오늘 처음이었다.
신연정(인천 동춘5)

우리는 자리에 둘러앉아 아버지의 이야기를 들었다.

할머니는 새벽이 되면 일을 한다고 한다. 닭을 키우셨는데 더러운 닭이 며칠 흰 닭처럼 된다고 하셨다. 그런데 아버지께서 네 살 되던 해 할머니는 몸이 약해서 돌아가셨다. 그렇게 부지런하던 할머니가 돌아가시자 슬펐다.

늘 웃으시는 할머니, 우리들은 엄마라고 부르는데 우리 아버지는 엄마라고 부르지도 못하며 자라셨다. 그리고 우리 아버지는 할머니 품에 안기지도 못했다. 그리고 아버지께서는 할머니 얼굴을 기억하지 못한다고 한다. 단지 볼 수 있는 건 할머니의 사진, 그것밖에 없다고 한다.

달걀을 팔아서 많은 돈을 모았지만 쓰지 않고 마을마다 어려운 사람을 도와 주셨다. 이렇게 부지런한 할머니가 오래오래 사셨어야 했는데, 돌아가시니까 아버지는 많이 우셨다고 한다.

아버지는 이렇게 젖도 먹지 못하고 외롭게 자라셨다.

그런 어려움 속에서도 아버지는 열심히 공부하셨다. 말을 마치신 아버지 눈에 눈물이 맺히셨다. 아버지께서 우시는 건 오늘 처음이었다. 이것을 본 나는 눈물이 나올려고 했지만 참았다.

아버지가 자랑스럽다.

    부모님(과 할머니 할아버지)이 살아온 이야기 듣기 활동은, 들은 바를 글로 다 나타내지 못한다 하더라도 이야기를 듣는 과정 그 자체가 가족 간의 정을 다시 느낄 수 있는 좋은 기회가 된답니다. 그것이 글로 표현되면 더욱 좋은 일이겠지요.

어린이를 살리는 감각 교육

감성이 살아 있고 자기만이 느낄 수 있는 눈을 가진 사람으로 자라게 하려면 먼저 어린이들의 감각이 활짝 열려야 합니다. 살갗으로 느끼기부터 맛보기, 냄새 맡기, 잘 보기, 제대로 듣기에 이르기까지 감각 훈련은 끊임없이 넓어지고 깊어져야 하지요.

그런데 요즈음 도시 아이들은 대체로 감각이 무디어져 있습니다. 주변에 대한 관심도 애정도 없고, 그저 바쁜 일과 속에서 어른들이 시키는 일만(주로 공부) 하기에도 숨이 찰 지경입니다. 그러니 무엇을 보아도 제대로 보는 일이 없고, 무엇을 들어도 제대로 듣는 것이 없어요. 또 무엇을 만져 볼 기회도 빼앗기고 말았지요. 호기심이 나서 한번 만져 보려고 하면 부모님이 못 하게 하십니다. 둘레가 지저분해진다, 손이 더러워진다, 냄새난다…… 이런 저런 까닭을 들어 아이들에게 손은 딱 붙인 채 눈으로만 보고 지나가게 합니다. 하지만 눈으로 본 것과 실제로 만져 본 것과는 느낌의 차이가 클 때가 많습니다. 눈으로만 무엇을 보고 끝내는 버릇은 어린이들이 사물과 직접 접촉하는 것을 막아 버립니다. 이 때문에 도시 아이들이 사물을 이해하는 방식이 대단히 관념적이고 추상적인 것으로 바뀌고 만 것이지요.

아이들에게 건강한 상상력을 키워 주고, 이 상상력이 과학적 인식과 결합된 창조력으로 발전해 나가도록 어린이들의 감각을 살리는 교육이 절실합니다.

감각 살리기 학습법의 실제

우리가 가지고 있는 감각(시각, 청각, 후각, 미각, 촉각의 5감)을 살리는 방법이에요. 여기서는 편의상 보고, 듣고, 냄새 맡아 보고, 먹어 보고, 만져 보고 하는 것을 각각 살펴보지만 실제로는 이 모든 것을 함께 하는 경우가 많답니다.

지도하는 사람이 반드시 명심해 둘 일은, 아이들이 이런 활동을 하는 가운데 즐거움을 갖고 배우고 익히는 일이 중요하지 그것이 끝났다고 꼭 글로 쓰기를 요구하지 말아야 한다는 것입니다. 어떤 활동을 한 후에 자꾸 글쓰기를 요구하게 되면 아이들은 그 활동 자체에 대해 미리 겁을 먹고 흥미를 보이지 않게 되거든요.

아이들이 쓰는 글도 관찰글이 되기도 하고, 사생글이 되기도 하고, 시가 되거나 또는 서사문이 되기도 합니다. 어떤 갈래를 구별하기보다는 아이들이 자기가 겪은 것을 편안한 마음으로 적을 수 있게 해 주세요.

잘 보고 쓰기

본 대로 쓰는 것입니다. 그런데 아이들은 이런 것에 익숙하지 않아서인지 처음에는 사물을 분석해서 쓰려는 경향이 있습니다. 그러나 자연 속에서는 '자연과 나'가 하나가 되어 감성이 살아 있는 글을 쓰는 경우가 많습니다. 닫힌 실내에서보다는 열린 자연 안에서 아이들의 마음도 열리기 때문이겠지요.

잘 보고 쓰기는 사생글이 될 수도 있고 서사문에서의 본 일 쓰기가 될 수도 있습니다. 사생글이, 시간이 아주 멈추었거나 정지된 것으로 보고 눈앞에 보이는 현상을 나타내는 것이라면 서사문의 본 일 쓰기는 어떤 사건의 진행 상황을 나타내는 것으로 조금 다르다고 할 수 있습니다.

눈앞에 있는 그대로(사생글)

버섯　　　　　　　　　　　　　　　　　　　　　이주영(3학년)

사생글 쓸 자리를 찾다가 바위 밑에 있던 버섯을 보았다. 어떤 것은 황토색 바탕에 검은 점이 있고, 그 속에 갈색원이 있다. 또 어떤 것은 그냥 갈색인 것도 있다. 만져 보니까 거칠거칠 하다.

독버섯인지 먹을 수 있는지 모르겠지만 갈색 버섯은 먹을 수 있을 것 같다. 그 버섯 사이로 군데군데 거미줄이 쳐져 있어서 보기 흉하기도 하다. 조그만 것도 있고, 큰 것도 있다.

작은 것은 귀엽지만 큰 것은 미웠다. 또 층층이 차곡차곡 있다. 버섯 주위엔 둥글둥글한 게 있다. 그 주위엔 쓰레기도 있어서 버섯이 못 자랄 것 같기도 하다. 바위 밑에 옹기종기 붙어 있는 버섯이 남의 집에 세 들어 사는 것 같다. 버섯이 붙어 있는 바위 위에는 개미가 기어다니고 있다.

여드름이 많은 딸기의 생김새
유동현(3학년)

딸기는 거의 빨간색인데 누런색도 약간 섞여 있다. 겉면은 폭폭 파여 있고, 거기에는 누런 씨가 있다. 속은 꼭 배추 같은 줄이 있고, 분홍색도 있다. 위에는 초록색인 꼭지가 있는데 노란색도 조금 섞여 있고 더 위에는 까시 같은 게 붙어 있다. 만져 본 느낌은 꼭 터질 것 같은 느낌이 나고 맛은 시기도 하고 싱겁기도 하다.

축축한 딸기
김민주(3학년)

선생님이 가져 온 딸기의 느낌은 축축하고 물컹물컹 하다. 맛은 시큼시큼하고 달콤하다. 냄새는 시기도 하고 시큼하다. 딸기를 먹을 때 씨앗의 소리는 '딱딱' 소리가 나고, 팝콘 소리 같이 난다. 딸기를 보기만 하면 입에 침이 고인다.

잘 듣고 쓰기

1 소리 찾기 놀이

먼저 특정한 곳에서 나는 소리를 잘 듣습니다. 이것은 음성(사람의 성대를 통해 나오는 소리)이 아니라 음향(물체에서 나는 소리와 그 울림)인 경우가 많아서 글로 표현하기가 쉽지 않습니다. 소리를 잘 듣고 난 후 그것을 말로 표현하게 하세요. 그리고 그에 가깝도록 글로 쓰게 하세요.

아이들이 말로 표현한 예

선생님 구두에서 나는 소리: 또독또독

양철판 구부리는 소리: 뚱구룽 뚱구룽

놀이터의 그네 소리: 끼꺽끼꺽끼꺽

낙엽 밟는 소리: 시샥시샥 샥샥

낙엽 쓰는 소리: 쑤욱쑤욱

풀들이 바람에 스치는 소리: 스스스스스

서 있는 자동차 소리: 트래트래트래트래

> **옹달샘물**
> 김성은(3학년)
>
> 조르륵 조르륵 물소리가 들린다. 바위들 사이에서 나오는 소리가 처량한 것처럼 들린다.
>
> 매미 소리에 귀 기울여 보면 주르륵 흐르는 물소리를 들을 수 있다. 한 방울 떨어질 때마다 잔잔하게 고여 있는 물이 좌우로 퍼진다. 만져 보니 차갑다.

2 주고받은 말을 쓰기

주고받은 말을 '그대로' 쓰는 것입니다. 생각 없이 쏟아 놓는 말을 그대로 다 적기란 어려운 일이므로, 방금 한 말이라든가 엄마가 잘 하시는 말을 그대로 씁니다. 또는 아침에 들은 말 가운데 생각나는 말만 그대로 쓰기도 합니다. 겪은 일 쓰기를 할 때 대화글을 살려 쓰는 힘을 기를 수 있겠지요?

> **엄마놀이**
>
> 이은배(백산)
>
> 오늘은 지원이랑 엄마 놀이를 했다. 내가 엄마였다. 그리고 지원이는 딸을 했다. 이중민이 아빠였다. 나는
> "얘, 공부해라."
> 엄마처럼 말했다. 지원이는
> "알겠어요." 하고 말했다.
> 그러고 나니 엄마처럼 할 말이 생각이 안났다. 그래서 다시
> "지원아, 숙제했니?"
> 했더니 지원이는
> "아니요." 했다. 그래서 내가
> "숙제 다하고 놀아야지!"
> 그랬다. 그랬더니 지원이가 갑자기
> "야, 너는 왜 진짜 엄마처럼 공부하라고만 하냐?"
> 그래서 엄마놀이가 재미없어졌다.

아이들의 놀이 속에서도 엄마들은 항상 공부하라 소리만 하는 사람으로 비쳐지고 있습니다. 이 글은 1학년 어린이가 놀이하면서 주고받은 말을 잘 생각해서 썼습니다. 놀이하는 장면이 실감나게 다가오지요?

만져 보고, 냄새 맡아 보고, 맛보고

먼저 아이들 모르게 여러 가지 것들을 준비한 후 돌아가면서 손을 넣어 만져 보게 합니다. 그리고 그 느낌을 말하게 합니다. 먹을 수 있는 것이라면 먹어 보게 하는 것도 좋습니다. 또 모두 돌아가며 만져 보게 한 후 손을 냄새 맡게 합니다. 냄새로만 물건 알아맞히기도 좋은 방법이지요.

1 키위를 만져 보고

"아빠 다리 같아요. 복숭아 같아요. 꺼끌꺼끌해요."

2 멸치를 만져 보고 먹어 보고

"조그맣고 딱딱해요. 끈적이는 데도 있어요."

먹어 보았더니 처음에는 짜고 중간에는 고소하고 나중에는 김맛이 났다.

3 물오징어를 만져 보고

"아유 뭐가 느글느글하다."

"으이 이게 뭐냐 미끈덩미끈덩하고……. 여기는 똥그랗고 딱딱하다"

4 생닭을 만져 보고

"으아, 차거. 이게 뭐야? 우우 좀 징그러운 것 같아요. 뭐가 토돌토돌해요."

"으으 츠츠 이게 뭐냐? 뭐가 홀렁홀렁하다. 차겁구 소름났다."

나도 일할 수 있어요

아이들이 몸으로 부딪치며 배우는 일은 아주 중요합니다. 무엇이든 내가 할 수 있는 일을 해 보게 하는 것이 좋지요. 아이의 수준에 맞는 일을 즐겁게 할 수 있도록 격려해 주세요. 일하기의 소중함을 알게 하는 것, 아무리 강조해도 지나치지 않답니다.

〈제랄다와 거인〉을 읽고

1학년 아이들 4명과 한 시간 동안 수업한 이야기입니다.

오늘은 〈제랄다와 거인〉(토미 웅거러/비룡소)으로 말문을 열었습니다. 표지를 보여 주면서
"얘들아, 이건 〈제랄다와 거인〉이라는 책인데 이 표지를 잘 봐봐. 그리고 이 안에는 무슨 내용이 들어 있을까 한번 생각해 보자."
아주 상상력이 풍부한 형원이가 먼저 말문을 엽니다.
"아주 무서운 거인이 애들하고 노는 이야기요."
"제랄다하고 거인이 결혼하게 되는 이야기 같아요."
서우가 이어서 말을 받습니다.
"칼이 있어 애들 잡아먹는 이야긴가 봐."
아이들은 이렇게 표지만 보고도 책의 내용을 잘 짚어 냅니다. 아이들이 영민한 것인지 웅거러의 솜씨가 날렵한 것인지 구분을 못하겠네요.

저는 한 장 한 장 그림책을 넘기면서 천천히 읽어 주었습니다. 아이들은 또랑또랑한 눈을 책에다 고정하고 꼼짝도 하지 않습니다. 첫 장을 넘기자 무시무시한 거인이 칼을 들고 있는 그림이 나옵니다. 아이들은 모두 깜짝 놀랍니다.
"선생님 왜 이런 책을 가지고 오셨어요?"
서우가 걱정이 된다는 듯 말했습니다. 걱정 반 호기심 반으로 어쩔 줄을 몰라합니다. 숨소리도 들리지 않습니다. 이런 모습을 보면서 토미 웅거러의 위력을 다시 한 번 확인했습니다. 아이들을 확 붙들고 놔 주지를 않습니다.

아버지가 아파 누워서 제랄다에게 혼자 장을 보러 가 달라고 하는 데까지 왔습니다.

"다음 장면에 뭐가 나올까?"

책장을 넘기지 않고 아이들에게 물었습니다.

"제랄다가 장보러 가요."

말없이 앉아 있던 회승이가 말을 합니다.

"거인하고 만나요."

독서는 일정 부분 예측 게임이라고도 할 수 있어요. 다음이 어떻게 될지 자기도 모르게 상상하고 확인하면서 진행되는 게임 같은…… 이것이 약 6,70%가 들어맞을 때 사람들이 가장 재미있어한다고 하지요. 자기 예측과 들어맞는 비율이 50% 미만일 때는 너무 어려워서 이해하기 힘들어하고, 90%가 넘어가면 시시하게 생각한다고 합니다.

책장을 넘겼습니다. 과연 제랄다가 혼자 장을 보러 가고 있고, 바위 위에 거인이 제랄다를 잡아먹으려고 기다리고 있습니다. 아무것도 모른 체 마차를 타고 오는 제랄다…….
이 때의 면 구성을 보면 거인이 기다리고 있는 곳에 제랄다가 오고 있는 것을 그림의 방향으로 알려 줍니다. 이 장면의 방향이 바뀌어 있다면 제랄다는 이미 이 곳을 지나쳐 가고 있는 상황이 되겠지요.

바위의 색깔이나 모양도 무시무시한 분위기 조성에 한 몫을 합니다. 그림을 보고 있던 연희가 "빨리 도망 가!" 하고 소리를 지릅니다. 책에 이미 푹 빠져 있습니다.

서우는 바위 사이 나뭇가지에 앉아 있는 새를 가리키면서

"선생님, 얘가요, 너 그러지 마. 나쁜 짓 하지 마. 짹짹짹…… 그러고 있어요." 하고 말합니다. 그러고 나서 그림을 보니 구석에 새가 한 마리 앉아 있습니다. 작가는 그런 장치로 만들어 놓은 것인지도 모르겠습니다. 저보다 아이가 먼저 발견하고 말을 해 줍니다.(그 장면의 그림을 보면서 아이들의 반응을 읽어 주세요.)

거인이 굴러 떨어지고 제랄다가 거인을 돌봐 주는 장면이 나옵니다. 거기에는 돼지 요

리를 하는 모습도 보이지요. 연희는 책장을 앞으로 한번 넘겨 보고 그 돼지가 제랄다가 마차에 싣고 오던 것이라는 것을 확인하더니 "불쌍하다"를 연발하고 있습니다. 그러니까 서우가

"키우는 거하고 잡아먹는 거하고 따른 거였으면 좋겠어요."

하고 그 느낌을 전해 받습니다. 이런 아이들이 어찌 예쁘지 않을 수 있겠나 싶습니다.

이야기는 끝을 바라보며 가고 있습니다. 제랄다의 음식이 멋지게 차려져 있습니다.
"와! 맛있겠다."
"진짜로 여기 상 위에 있다면 좋겠다."
모두들 먹을 것의 그림을 보자 한마디씩 합니다.
"그래? 나도 그런데…… 뭐가 젤 맛있을 거 같으니?"

그러자 각자 이런 저런 요리 그림에 손가락을 갖다 댑니다. '흡~' 하면서 먹는 시늉을 하기도 합니다. 요리 감상도 하면서 잠시 다른 길로 접어들었다가 다시 돌아나왔습니다.

거인들이 포식하는 그림 다음, 제랄다의 음식 덕분에 거인들이 아이들을 잡아먹지 않게 되고 아이들이 위험에서 벗어나 다시 밖으로 나와 노는 장면이 펼쳐집니다. 그림을 보고 있던 아이들이 한숨을 다 쉽니다. 조마조마했던 마음이 놓이는 순간이지요.

"여기는요, 거인이 애들한테 미안하다고 사탕을 주고 있어요. 강아지도 받아 먹어요."

긴장되었던 마음이 풀리고 포근한 결말이 마음에 드는지 아이들은 아주 즐거워했습니다. 결혼해서 행복하게 살았다는 조금은 도식적인 결말도 아이들을 만족시켜 주었지요.

책장을 덮고 더 이상 아무것도 묻거나 하지 않았습니다. 잠시 뒤표지를 바라보고 있었지요. 긴장과 이완이 이어지면서 즐거운 노곤함이 밀려 오는 거 같았습니다. 여기까지 오는 데 30분이 걸렸습니다.

글 쓰는 시간입니다. 우리는 서로 "뭐 써요?" 하는 것을 묻지 않기로 했습니다. 묻고 싶으면 다른 친구들에게 해 주고 싶은 이야기가 뭐가 있는지 먼저 생각해 보자고 했습니다. 그래도 그래도 생각이 안 나면? 그 때 물어보자 그랬지요. 그 때는 제가 아이들을 도와 주어야 할 시간이니까요.

나는 준비해 간 보기글도 읽어 주고, 내가 여기 오는데 오늘 차가 너무 많이 막혀서 차 안에서 답답했던 심정을
"시간은 없는데 차가 너무 막혀서 나 울 뻔했어, 얘들아."
하면서 좀 과장되게 말해 주었지요. 그리고 아이들의 시간을 방금 전, 오늘 아침, 어제 저녁의 순으로 돌려서 생각하게 해 주었습니다. 아이들은 어렵지 않게 자기가 쓸 글감을 찾아 냈습니다. 오늘은 글감찾기를 크게 도와 주지 않아도 되는 날이네요.
그런데 형원이가
"선생님, 제랄다와 거인 써도 돼요?" 하고 물어요.
"물론이지." 하고 짧게 대답해 주었습니다.
글을 쓰기 시작하기 전에 제가 조금 양념을 쳤습니다.
"너네들 인제 3학년 올라간다구?"(물론 아닙니다. 2학년으로 올라가는 아이들이지요.)
"아니요~ 2학년 올라간다구요."
"와, 그렇구나. 그런데 나는 이 반에만 오면 우리 친구들이 막 3학년도 넘는 거 같아. 글 쓸 때도 열심히 쓰지요. 글감도 혼자서 찾으려고 해 보고, 찾기도 잘 하고. 와 놀랍니다. 나는 전국에 있는 아이들을 다 가르치는데 어딜 가 봐도 너네들처럼 잘 하고 열심히 하는 애들이 없어요. 그래서 막 자랑하고 다닌다구!"
아이들은 저의 이 속보이고 빈약한 칭찬에도 어깨를 으쓱입니다. 각오 같은 게 아이들의 얼굴에 스칩니다. 그러면 이미 이날 수업은 만족스럽게 끝날 거라는 느낌이 오지요.
그날 쓴 아이들의 글 가운데 두 편을 올립니다.

〈제랄다와 거인〉을 읽고

백형원(행당)

나는 〈제랄다와 거인〉을 글쓰기에서 글쓰기 선생님, 서우, 희승, 연희랑 나랑 읽었다. 〈제랄다와 거인〉 책 속에는 거인이 아이들을 잡아먹어서 사람들은 아이들을 숨겨서 키웠다. 중간중간에 선생님이 다음에 뭐가 나올까 하고 물어봐서 우리가 상상하고 우리가 맞추었다.

제랄다의 아버지가 아퍼서 제랄다가 혼자 집을 나섰는데 거인은 숨어서 제랄다를 잡아 먹으려고 하는데 그만 발을 헛딛어서 거인이 코피가 나고 그랬다. 제랄다가 돌봐 주었다. 제랄다가 요리를 잘해서 음식을 만들어서 거인에게 주었다. 거인이 함께 성에 가서 음식을 만들어 달라고 했다. 그래서 제랄다가 좋다고 허락했다. 제랄다가 사람잡아 먹는 거인을 불러서 잔치를 벌였더니 거인들이 음식 만드는 비법을 알려달라고 했다. 제랄다가 어른이 돼서 거인과 행복하게 살았다. 아이들도 많이 낳았다. 그리고 거인들은 아이들을 안 잡아먹었다.

옷

김희승(행당)

어제밤에 막내 고모가 옷을 사주셨다. 형이 말했다.
"엄마, 이거 뭐유?" 라고 했다. 형이 모르고 발음을 잘 못했다. 나는 "아따~ 이게 뭐유." 라고 말했다. 그냥 심심해서 그렇게 말했다. 형이 웃었다. 형이 말했다.
"너 그거 어디서 배웠어."
내가 말했다.
"나 그냥 심심해서 말했어."
형이 말했다.

> "너 서울 말은 안 해?"
>
> 그러자 엄마가
>
> "옷 좀 입어봐. 옷은 안 입고 계속 말만 할려고?" 했다. 내가 먼저 옷을 입어봤다. 옷이 너무 컸다. 내가 형 옷을 입은 거다. 형은 내 옷을 입었다. 형한테는 (옷이) 작았다. 형은
>
> "왜 작지?"라고 말했다. 나는
>
> "왜 크지?"라고 말했다.
>
> 옷이 이상하다고 생각했다. 엄마가 바꿔 보라고 했다. 바꿔 보니 딱 맞았다.

　아이들이 글을 마치는 시간은 서로 다릅니다. 조금 일찍 끝을 내는 아이가 있는가 하면 늦게 끝을 내는 아이도 있지요. 이 틈을 타서 흰 종이를 한 장씩 나누어 주었습니다. 글을 다 쓴 사람은 마음껏 그림을 그려 보자 하면서요. 글에 쓴 내용도 좋고 무엇이든 내가 그리고 싶은 대로 그리면 되는 거야 하고 열어 놓습니다. 그래서 그림까지 신나게 그렸습니다.

　이제 아이들 글을 하나하나 읽어 주는 시간입니다. 아이들이 자기 글을 읽을 때도 있고 제가 읽어 주는 때도 있습니다. 1학년인 경우는 제가 읽어 주는 일이 많습니다. 아직 읽기에 능숙하지 않은 학년이라 자칫 다른 아이들의 관심이 흩어지기 쉽기 때문입니다.

　글 한 편을 읽고 나서 말도 안 되는 퀴즈를 내 줍니다. 이를테면 이런 식이지요.

회승이 글을 읽고 나서는

"회승이한테 '옷을 사 준 분은 할머니이다.' 맞다? 틀리다?"

"틀리다."

"회승이는 형아랑 싸운 일을 글로 썼다. 맞다? 틀리다?"

"회승이 형은 운동화를 사 달라고 했다?"

이런 내용은 없지요. 그러면 아이들은 처음에는 무슨 말인가 하다가

"에이 그런 말은 안 나와요." 합니다.

이런 식으로 재미있어할 부분을 양념으로 넣어 물어보지요. 다른 친구의 글을 정성껏 읽어(들어) 주는 것도 좋은 공부잖아요?

신통하게도 힘들어하지 않고 아이들 모두 60분 내내 즐겁게 따라왔습니다. 수업을 마치는 저도 마음이 아주 흡족했습니다.

동물들의 꼬리 자랑_노래극 대본

이 글은 외국 동화 '동물들의 꼬리 자랑'을 노래극으로 각색한 것입니다. 아이들과 함께 극 수업 자료로 활용해 보세요

등장 인물: 산토끼, 캥거루, 딱따구리, 다람쥐, 잉어

산토끼: 오늘은 꼬리 자랑 대회가 있는 날이지. 어어, 친구들이 벌써 다 와 있구나. 안녕?

캥거루, 다람쥐, 잉어: 안녕? 저기 딱따구리도 온다!

딱따구리: 안녕? 내가 제일 꼴찌로 왔네.

다람쥐: 이제 다 모였으니까 어서 꼬리 자랑 대회를 시작하자.

딱따구리: 그래, 좋아. 그럼 누가 먼저 할까? 산토끼가 어떻겠니?

모두: 그래그래.

산토끼: 나는 보다시피 꼬리가 짧아요. 그래서 좋은 점이 있지요. 생각해 보세요. 빨리 달려야 하는데 꼬리가 치렁치렁하면 불편하잖아요? 짧아도 할 일은 다 하는 꼬리라구요.

딱따구리: 아하, 산토끼는 꼬리가 짧아서 빨리 달리는 것이구나.

다람쥐: 정말 멋지다. 나는 산토끼는 꼬리가 없는 줄 알았거든, 헤헤.

잉어: 산토끼는 꼬리가 짧아서 똥 눌 때도 편하겠다.

모두: 으하하하하! (산토끼, 들어와 앉는다.)

캥거루: (앞으로 나서면서) 산토끼의 짧은 꼬리 이야기는 잘 들었어요. 그래도 꼬리 하면

뭐니뭐니해도 캥거루 꼬리가 제일이지요. 자, 들어 보세요. 우리 캥거루들은 새끼주머니에 새끼들을 넣어 가지고 다니지요?

산토끼: 맞아, 캥거루는 어떻게 새끼를 주머니에 넣고 다니는지 정말 궁금했어요.

캥거루: 새끼를 주머니에 넣으려면 이렇게 탁 서서 넣어야 되요. 근데 꼬리가 없으면 얼마나 불편하겠어요? 이렇게 꼬리가 길게 있으니까 마치 다리가 세 개인 것 같이 안정이 되는 거지요.

다람쥐: 오~옷 멋있다.

딱따구리: 꼬리가 다리 역할을 한다구? 굉장히 편하겠다. (캥거루, 으시대며 들어와 앉는다.)

딱따구리: 이번에는 내 차롄가? (앞으로 나서며) 나는 나무줄기에 매달려서 나무에 있는 벌레들을 잡아먹어요. 부리로 따따따 따따 하면서 구멍을 뚫지요.

모두: 따따따 따따 따따따 따따.

딱따구리: 모두 내 흉내를 잘 내는군요. 내가 나무줄기에 매달려 있으려면 이 발톱으로 줄기를 꽉 움켜잡아야 돼요. 그런 다음 꼬리깃털로 몸을 받쳐요. 이 때 내 꼬리는 푹신 의자가 되지요. 따따따 따따.

모두: 따따따 따따 따따따 따따.

산토끼: 그래서 딱따구리가 나무에 잘 매달려 있을 수 있는 거구나.

잉어: 그런데 나무 저쪽에서 파들어 오는 딱따구리가 있으면 잘못하면 서로 뽀뽀하겠다.

모두: 으하하하하!

딱따구리: 에이, 그런 일은 없어요. (들어와 앉는다.)

다람쥐: (앞으로 나가면서) 아무리 봐도 내 꼬리가 제일 멋있는 것 같은데?

모두: 우우~

다람쥐: 아하 농담. 우리 꼬리 자랑 대회도 좋지만 노래 한 곡 부르고 하면 어때요?
모두: 좋아요.
다람쥐: 그러면 '다람쥐' 노래 우리 같이 불러요. 시~작!

모두: (손뼉을 치며 큰 소리로)
산골짝에 다람쥐 아기다람쥐
도토리 점심 가지고 소풍을 간다
다람쥐야 다람쥐야 재주나 한번 넘으렴
팔짝 팔짝 팔짝 날도 참말 좋구나

산토끼: 아이 재미있다. 한 곡 더 해요. 토끼야 토끼야.
캥거루: 그래 좋아, 해 줍시다. 여러분, 어때요?
모두: 좋아요.
산토끼: 시~작! (산토끼만 빼고 모두)
토끼야 토끼야 산 속에 토끼야
겨울이 되면은 무얼 먹고 사느냐
흰 눈이 내리면은 무얼 먹고 사느냐
산토끼: (혼자)
겨울이 되어도 걱정이 없단다
엄~마 아빠가 여름 동안 모아 둔
맛있는 음식들이 얼마든지 있단다 (모두 손뼉)

다람쥐: 나는 평소에는 걸어다니지만 나무를 탈 때는 날기도 해요.
잉어: 다람쥐가 날기도 해?
다람쥐: 그럼요. 내가 날 때는 꼬리를 낙하산처럼 써요. 그러면 이 나무 저 나무 얼마든

지 옮겨 다닐 수 있지요.
캥거루: 우와, 멋있다. 낙하산이래.
딱따구리: (노래처럼) 낙하산 꼬리 정말 멋있다.
다람쥐: 그리고 집 안에 있을 때는 꼬리를 담요처럼 하고 자요.
모두: 정말 멋있다.

잉어: 내 꼬리는 이렇게 부채처럼 생겼어요.
다람쥐: 잉어가 살랑살랑 꼬리를 흔들면서 물 속을 헤엄치는 모습을 보면 정말 근사해.
잉어: 부채처럼 생긴 꼬리는 아주 힘있게 헤엄칠 수 있게 해 준답니다. 꼬리를 이리저리 흔들면 물 속에서는 못 가는 데가 없어요. 그리고 꼬리를 힘껏 탁 치면 물 위로 2미터는 솟아오를 수 있지요.
모두: 우와!
산토끼: 잉어는 어미가 되면 다리 위까지도 뛰어오를 수 있대요.
딱따구리: 그 꼬리로 한 대 맞으면 정신이 하나도 없겠다.
모두: 하하하!
잉어: 우리 잉어들은 꼬리를 흔들면서 물을 거슬러 올라가기도 해요.
모두: 멋있다.

산토끼: 그런데 오늘 대회에서 우승은 누구야? 나는 캥거루 같은데?
캥거루: 나는 딱따구리 꼬리가 제일 멋진 것 같은데?
딱다구리: 나는 다람쥐 같애.
다람쥐: 나는 잉어 꼬리 같애.
잉어: 나는 산토끼 꼬리야. 어떡하지, 우리가 정할 수가 없네. 어머님들~ 누구 꼬리가 제일 멋있어요?

어머니들: 꼬리마다 제각각 쓰임새가 있어요. 다 훌륭한 꼬리들이에요. 모두 일등!

모두: 와! (손뼉)

('둥글게 둥글게'에 맞춰)

사람은 누구나 저마다 다르게
모두모두 개성 있게 살아가지요
노래 잘하는 애, 운동 잘하는 애
친구하고 사이좋게 잘 노는 애
링가 링가 링가 링가 링가 링
링가 링가 링가 링가 링가 링
튼튼하고 착하게 살아가지요
엄마 아빠 걱정 마세요
(한 번 더)

연극 막이 내린다.

전쟁과 아이들_세상일에 대해 관심 갖기

 2학년 한 모둠, 5학년 한 모둠과 만나는 날이었습니다. 2학년 아이들하고는 별 다른 이야기 없이 평범하게 수업을 시작했어요.

 2학년이라고 해 봐야 이제 막 1학년을 끝낸 아이들이니 세상하고 조금 비껴 살아도 좋지 않겠나 하는 생각에서였지요. 먼저, 아이가 읽어 달라고 가지고 온 책을 한 권 읽어 주었습니다. 조금 힘은 들지만 아이들이 재미있어하고 저도 재미있어서 수업 시작 전에 꼭 하고 있는 일입니다. 2학년 아이들이라서 자기가 쓰고 싶은 일을 마음껏 써 보자는 이야기만 했지요.

 그런데 회송이가

"선생님, 미국이 전쟁한 거 쓰면 안 돼요?"

이럽니다.

 '어린 아이들이라고 아무것도 모를 줄 알았는데 아이고 그게 아니구나.' 하는 생각이 스쳐 미안한 생각이 들었습니다.

"왜 안 돼? 쓰면 되지. 근데 그거 잘 생각해 낼 수 있겠어?"

"예!"

이렇게 해서 회송이는 TV에서 본 것을 바탕으로 이런 글을 썼어요.

> **전쟁**   김회송(행당2)
> 오늘 미국과 이라크가 싸웠다. 미국은 첨단 기술나라다. 난 평화가 좋다. 미국이 먼저 공격을 했다. 이라크는 계속 방어만 했다. 미국은 이라크 중

> 요한대만 공격했다. 이라크는 막을려고 하는데 미국이 계속 이라크를 괴롭힌다.
> 나는 맨 처음 미국이 좋았다. 왜냐하면 첨단 기술이라 좋았다.
> 제발 전쟁이 끝났다면 좋겠다.

이렇게 어린아이도 미국에 대한 실망감을 감추지 못하고 있었습니다. 첨단 기술을 지니고 있는 나라라 부러워하고 좋아했는데, 그런 말도 안 되는 짓을 저지르고 있구나 싶은 모양이었어요.

5학년 모둠을 만나서는 〈문제아〉(박기범 글/창비) 가운데서 '문제아'를 한 편 읽어 주었습니다. 아이들은 '문제아'의 재미에 금세 빠져들었어요.

"재미있지?"

"네."

"그런데 이것을 쓴 작가 아저씨는 지금 이라크에 가셨어?"

(참고_박기범 이라크 통신: http://cafe.daum.net/gibumiraq)

"네에? 거기 지금 전쟁 났는데……."

"종군 기자예요?"

"아니야. 너희들 '인간 방패'라는 말 들어 본 적 있어?"

"그거 사람이 방패처럼 서 있어서 미국이 공격을 못하게 하는 거죠?"

"우리 선생님이 이야기해 주셨어요. 그리고 텔레비전에서도 나왔어요."

아이들은 제법 소상히 알고 있었어요.

"그래. 미국의 공격이 예상되는 중요한 시설에 사람이 방패가 되어 막자는 거지. 그러면 공격을 안 할 수도 있으니까."

"그럼 미국이 공격을 안 해요?"

"안 하기를 바라는 거지. 그런데도 전쟁은 터지고 말았다."
"거기 석유가 많이 있어서 미국이 그 석유 자기네 걸로 만들라고 전쟁한대요."

무엇에 대해 다른 사람이 잘 알아듣도록 말을 하려면 무엇보다도 그 사실에 대해 내가 잘 알고 있어야 합니다. 이번 전쟁에 관한 일들도 그렇겠지요. 하지만 제가 알고 있는 것들이 참 피상적인 수준에 머물러 있어서 그것을 전달하는 데는 한계가 있겠다는 느낌이 들었습니다.

더욱이 그렇게 많은 사람들이 시위에 참가해서 전쟁 반대를 외치고 있는데 나는 바쁘다는 핑계로, 몸이 안 따라 준다는 이유로 그저 마음으로만 참석하고 있었으니 더 그랬지요. 거기 모인 사람 가운데 바쁘지 않아서 참석한 사람들이 과연 누가 있을까요? 다 자기들의 귀한 생업을 위한 시간이나 쉬는 시간을 아끼고 쪼개서 모여, 온몸으로 반대 의사를 분명히 밝히고 있는 사람들일 텐데 싶어 부끄러웠답니다.

그래서 되도록이면 어설픈 제 해석을 붙이지 않고 객관 사실만이라도 잘 전달하고 싶었습니다.

"이거 미국에 사는 어떤 이라크 여자 아이가 쓴 글인데 한번 들어 봐."
인터넷에 올라온 13살 이라크 소녀의 연설문 '우리는 사람들이 미래를 훔치려 할 때 화가 납니다.'를 읽기 시작했습니다. 중간쯤 "……저는 여러분이 죽이려는 바로 그 아이입니다." 하는 구절이 나오자 조용히 숨죽이며 듣던 아이들이 잠시 술렁이기 시작했어요.
"선생님 그거 쓴 애 죽었어요?"
"아니, 부시 때문에 수많은 이라크 아이들이 죽어 간다는 것을 말하고 있는 거야."
저는 천천히 끝까지 읽어 내려갔지요. 아이들이 한숨을 내쉬며 들었습니다. 아이들도 속이 시끄러운 모양이었어요.

그날 아이들이 쓴 글입니다.

박기범 아저씨께

권민지(햇당5)

아저씨! 안녕하세요?

글쓰기 선생님께서 아저씨가 뭘 하고 계시는지 가르쳐 주셨어요. 아저씨! 무섭지 않으세요? 거기 있다가라도 무서우면 얼른 오시면 좋겠어요.

미국은 참 이기적인 것 같아요. 자기만 살려고 다른 나라를 공격하다니!······

저는요 개인적으로 미국을 싫어해요. 그래서 영어 선생님이 미국 선생님인데 말도 안 듣고 선생님을 싫어해요.

박기범 아저씨, 전 아저씨가 쓴 문제아라는 책을 다 읽어보진 못했지만 글쓰기 선생님이 조금 읽어주셨어요. 문제아라는 책에서 문제아도 아닌데 문제아로 되는 것이 정말 안타까웠어요. 전쟁은 하지 않아야 하는데 전쟁을 하는 것도 안타까웠어요.

아저씨, 이라크는 지금 어떤가요? 겨우 석유 때문에 전쟁을 한다는 게 너무 속상해요. 전 이런 이라크 전쟁을 하지 않았으면 좋겠어요. 아! 지금은 벌써 전쟁을 시작했으니 전쟁 중이겠지요. 전 아저씨가 빨리 돌아와서 동화책을 더 만들어 주셨으면 좋겠어요. 이라크 전쟁이 무사히 끝나고 아저씨도 무사히 돌아오시면 좋겠어요. 제발 전쟁이 지금이라도 멈췄으면······

부시 대통령께

김희준(햇당5)

부시 대통령

왜 전쟁을 하십니까? 그 전쟁을 하면 어린아이들이 많이 죽습니다. 생각해보세요. 당신 자식이나 손주가 그런 꼴을 당했다고 생각해 보세요. 그럼 당신은 그냥 지나치실 겁니까? 그 마음과 이라크 부모들이 슬퍼하는 마음은 똑 같습니다. 애들을 죽이는 전쟁을 그만 하세요.

　또 전쟁을 하지 말아야 하는 이유가 또 있습니다. 아주 야비하게 이라크의 식량 창고를 계속 공격하십니까? 아무리 그게 병법이라고도 하지만 굶어 죽고 폭탄에 맞아 죽고 불태워 죽고…… 많은 사람들이 그렇게 죽어갑니다. 귀신이 되어서 나타날 것입니다.

　당신이 만약에 전쟁에서 이겼다고 해도 별 이득이 없을 것입니다. 전쟁 그만하고 병사들을 조국으로 데리고 가세요. 병사들도 죽음을 각오하고 싸우니 집에 놓고 온 가족들이 얼마나 그립겠습니까? 만약 당신이 이라크 사람과 싸우던 가족을 잃는다고 생각하면 어떻겠습니까?

　또 날씨 상황도 최악의 조건이라 병사들이 진전을 못한다고 들었습니다. 그러니 어서 철수하세요. 그리고 다른 나라한테는 공격을 하지 못하게 하면서 미국은 공격을 하다니 참 뻔뻔스럽다는 생각이 듭니다. 미국이 안 됐다고 생각합니다. 이제 전쟁을 그만하세요.

　우리는 평화를 원합니다. 평화롭게 살고 싶어요.

이라크 친구 아셈에게

김새미 (5학년)

　안녕? 나는 한국에 사는 초등학교 5학년이야. 나는 이라크 소녀의 글에서 네 이름을 알게 되었단다. 전쟁은 불타고 죽는 것이라고 네가 말했다는데 정말 그렇게 생각해. 우리는 여기서 텔레비전으로 그 광경을 보지만 실제로 보는 너는 얼마나 무서울까 생각했어. 엄마 아빠가 전쟁으로 죽고 고아가 되는 아이들도 많다고 들었어. 아셈아 나는 너네 식구들이 아무도 안 죽고 살아서 가난하더라도 행복하게 살았으면 좋겠다. 우리가 빨리 커서 전쟁 없는 세상을 만들었으면 좋겠다.

글을 다 쓰고 자기 글을 자기가 읽어 발표도 하고 수업은 끝났습니다. 그런데도 계속 질문은 꼬리를 물었지요. 다음은 그날 아이들의 질문 가운데 내가 대답을 제대로 못한 것들입니다.

"세상에 있는 무기 다 하고요, 미국이 갖고 있는 무기 다 하고 대 보면 누가 더 세요?"

"부시네 가족들은 왜 전쟁을 좋아하게 되었어요?"

"미국만 빼놓고 온 세계가 다 합쳐서 반대하면 전쟁 못할 거잖아요! 근데 왜 안 해요?"

체육 시간

선생님들이 수업을 하시면서 어려워하는 부분이 아이들 글을 어떻게 봐야 할까, 또 늘 글을 그저 그렇게 쓰는 아이는 어떻게 지도해야 할까 하는 부분이 아닐까 해요. 그래서 학교 체육 시간에 일어난 일을 대충 쓰고 만 아이들의 글을 보면서 글을 어떻게 지도해 나가면 좋을까 이야기해 보고자 합니다.

먼저 윤기가 쓴 글을 읽어 보세요.

> **피구하던 날** 김윤기(와부4)
>
> 지지난 토요일 학교에서 체육 시간이 있었다. 체육시간에 피구를 하였다. 보디가드 피구였다. ① A팀 B팀으로 나누어져 있다. 나는 A팀이다. ② 우리 반 애들이 자꾸 여자가 잡으면 남자가 몰려 위로 던져서 내가 잡았을 때 여자가 막 앞으로 모여서 옆에 있던 여자에게 패스를 해서 던졌다. 그래서 한 명이 아웃됐다. 계속 그 방법을 하다 우리 팀이 졌다. 이유는 B팀에 잘하는 사람이 많았기 때문이다. 나도 열심히 해서 잘해야지.

어때요? 이해가 되시나요? 그렇지 않지요? 무슨 말을 하려는지 전달이 잘되지 않아요. 체육 시간에 피구를 했고 우리 팀이 졌다는 말인 것 같은데, 그 일이 '어떻게' 진행되었는지 잘 알 수가 없게 되어 있습니다. 그래서 궁금한 것을 아이에게 물어봤습니다.

교사: 열심히 썼구나. 그런데 보디가드 피구가 뭐야?
윤기: 그게요, 남자는 남자를 맞히고 여자는 여자를 맞히는 피구예요.

교사: 하하 그거 재밌네. 그러니까 남자가 여자를 맞히면 안 되는 거야?

윤기: 네.

교사: 그런데 왜 보디가드 피구라고 했어?

윤기: 그게요, 남자가 공을 가지면 여자 애들이 남자를 둘러싸요.

교사: 왜?

윤기: 그래야 남자를 맞히기 어렵게 되잖아요. 여자가 공을 가지면 이번에는 남자애들이 여자를 둘러싸요. 그래야 못 맞히잖아요.

교사: 진짜 재밌겠다. 그런데 네 글에는 '보디가드 피구'라고만 써 놓아서 나 같은 사람은 무슨 말인지 모르겠다. 보디가드 피구가 뭔지 조금 설명을 해 주면 좋겠어.

윤기: 아아!

교사: 그런 경기라서 여기처럼 한 거구나.(①번과 ②번을 가리키면서)

윤기: 네.

교사: 그래, 그럼 지금 네가 이야기한 것을 한번 넣어서 다시 정리해 봐. 그리고 진짜 경기할 때 있었던 일을 잘 생각해서 써 봐. 그냥 재미있게 놀았다 하는 식으로 쓰지 말고 '어떻게' 재미있게 놀았는지를 말이야······. 그럼 보디가드 피구 이야기로는 대한민국에서 네가 제일 재미있게 글을 쓴 사람이 될 거야.

이런 이야기를 주고받은 다음 윤기가 고친 글입니다.

> **피구하던 날**   김윤기(와부4)
>
> 지지난 토요일 학교에서 체육시간이 있었다. 체육시간에 피구를 하였다. 보디가드 피구였다. 보디가드 피구는 여자는 여자를 맞혀야 하고 남자는 남자를 맞혀야 한다. 여자가 남자를 맞히면 여자가 아웃이 되고, 마찬가지로 남자가 여자를 맞히면 남자가 아웃이 된다.

> A팀 B팀으로 나누어 경기를 했다. 나는 A팀이다. 그런데 남자가 공을 잡으면 남자가 아웃되게 하기 위해서 상대방 여자 애들이 앞으로 몰려들었다. 여자를 맞히게 하기 위해서다. 그래서 우리 팀 남자 애들은 위로 던졌다. 뒤에 남자가 있으니까.
> 그런 식으로 계속 여자가 잡으면 남자가 앞으로 몰려드는 방법을 썼다. 내가 잡았을 때는 여자 애들이 막 앞으로 몰려들었다.
> "야, 김윤기 나 맞혀 봐."
> 강은주가 자기를 맞히라고 손으로 오라는 시늉을 하면서 말했다. 그렇다고 넘어갈 내가 아니지.
> 그때 내 옆에 여자가 있었다. 나는 그 여자 애한테 패스했다.
> "야, 니가 맞혀 빨리 빨리."
> 우리 팀 여자애가 공을 받아서 강은주를 딱 맞혔다. 아웃!
> 이렇게 열심히 했지만 마지막에 우리 팀이 졌다. B팀에 잘하는 사람이 많아서이다. 그래서 결국 우리 팀이 지고 체육시간이 끝났다.

어때요? 훨씬 재미있고 실감나는 글이 되었지요? 아이들이 설명을 알아듣고 이렇게만 써 준다면 걱정이 없겠다 싶어요. 하지만 늘 이렇게 글고치기가 잘 되는 것은 아니랍니다. 상황에 따라 글 쓰는 것도 차이가 나지요. 이번에는 다른 친구의 글을 읽어 볼까요?

발야구

김지훈(대정4)

> 오늘 체육 시간에 남자끼리 발야구를 하였다. 먼저 선을 그린 후에 팀을 나누어서 시작하였다. ①우리 팀이 수비를 먼저 하는데 처음 하는지 잘 못하였고 벌써 상대팀이 10점을 넘어섰다. 공격도 마찬가지이다. 난 공을

> 잡아서 상대가 가는 ②루에 패스를 하는 역할을 최선을 다했는데 아깝게 지고 말았다. 왜냐하면 상대팀이 너무 강했기 때문이다. 다음엔 좋은 팀에 가서 꼭 이기고 말 것이다.

'루에 패스 하는 역할에 최선을 다' 했는데도 지고 말았으니 얼마나 속이 상했을까요? 그런데 이 아이는 발야구 하는 과정을 ①번 문장 하나로 압축해서 써 놓았어요. 그러니 '우리' 팀이 수비를 얼마나 어떻게 못했는지 공격을 얼마나 어떻게 못했는지가 잘 드러나지가 않지요? 적어도 수비 실수하는 장면 하나라든가 지지부진하게 공격하는 장면 하나라도 들어가 있다면 이 글이 더 풍성해질 수 있었을 거예요. 예를 든다면

> 우리 팀이 수비를 할 차례였다. 우리 편 창빈이가 던진 공을 민식이가 뻥 하고 찼다. 그 공은 1루를 보고 있는 정수 있는 곳으로 날아갔다.
> "야, 잡아, 잡아!"
> 정수는 그 공을 잡으려고 막 뛰어왔다. 그런데 그만 너무 빨리 뛰어서 공을 놓치고 말았다.
> "에이, 잡을 수 있었는데…."

이런 식이 되겠지요. 물론 아이가 이렇게 쓰지 못할 수도 있어요. 하지만 사실이 드러나게 쓰도록 하는 것이 좋겠다는 이야기입니다. 자기 힘 닿는 데까지 자세하게 쓰려고 노력하는 가운데 글 쓰는 힘이 쑥쑥 늘어나는 것이랍니다. 4학년 정도 된 아이라면 조금 힘든 것을 이겨 나가면서 좀 더 자세하게 쓰도록 가르쳐 주면 참 좋겠습니다.

수업 한 차시에 글도 쓰고 고치기도 하려면 시간이 부족할 수도 있습니다. 원칙대로 하자면 다음 시간에 고칠 수도 있는 것인데, 여러 가지 형편상 그럴 수 없을 때가 많이 있지요. 다만 시간이 혹은 여건이 허락하는 한 최선을 다해 보는 것이지요.

중학생의 갈래별 글쓰기

　중학생들이라고 해서 글쓰기 지도의 원칙이 바뀌지는 않습니다. 아이들의 삶에 녹아 붙어 있는 글을 쓰게 하는 데서 시작을 하면 되는 것이지요.
　먼저 둘레에 널려 있는 평범한 것들에 대해 관심과 애정을 갖도록 가르치는 일은 기본이 되어야 할 것입니다. 하늘에 떠도는 구름, 말없이 피었다가 지는 작은 꽃, 성적으로 괴로워하는 친구, 경제의 고통으로 아파하는 이웃들…… 우리들이 관심과 애정을 쏟을 수 있는 대상은 아주 많습니다. 그 모든 것들을 따스하게 바라보도록 해 주세요. 그런 다음 '내'가 생각하고 느낀 대로 쓰도록 해 주어야 합니다. 섣불리 남을 흉내 내려 하지 말고 내 마음 속에서 진정으로 우러나온 것을 글로 쓰도록 도와 주세요.
　그런데 중학생만 되어도 벌써 글에 멋을 부리려고 하는 아이들이 나타납니다. 그런 글을 너무 밀어 내지만 마세요. 자라면서 누구나 한 번쯤 거치는 과정쯤으로 여겨도 괜찮습니다. 그러면서 겪은 일을 솔직하게 전달하는 글의 중요성을 이야기해 주세요. 솔직하게 글을 쓰는 것은 형식적으로 생각하고 기계적으로 느끼는 태도를 버리게 해 주는 좋은 방법이랍니다.
　두 번째, 자기가 쓰기 편한 방법과 갈래를 골라서 쓰도록 해 주세요. 사람이 살아가면서 자신의 생각과 느낌을 정리할 수 있는 방법은 대단히 많습니다. 사진으로 찍든, 그림으로 그리든, 노래로 만들든 우선 중요한 것은 자신에게 알맞은 표현 방법을 선택하는 것입니다. 글쓰기 부분으로 한정해서 말한다면 시로 쓰든, 편지로 쓰든 자신이 편한 형식을 찾으면 된다는 것이지요. 시는 시대로, 편지는 편지대로 일정한 틀이 있습니다. 자기가 쓰고 싶은 것을 쓰고 싶은 양식으로 쓰게 해 주세요.
　세 번째, 많이 읽고 많이 이야기를 나누도록 해 주세요. 체험이라는 것은 아무래도 제

한적이기 때문에 독서를 통해 경험의 폭을 넓혀 나가도록 이끌어 줍니다. 그렇게 함으로써 남들에 대한 관심을 넓고 깊게 가지고, 이러한 과정을 통해 자신과 자신을 둘러싼 세계에 대해 새롭게 보고 인식하는 방법을 알게 될 것입니다.

그리고 가장 중요한 것, 좋은 글을 쓰기보다는 올바른 삶을 사는 것이 훨씬 중요하다는 것을 가르쳐 주세요. 위대한 글장이보다는 인간적 진실을 끊임없이 찾아 내고 어디서든 자신의 삶의 뿌리를 내리뻗는 그런 사람이 되도록 해 주어야겠지요.

자 그럼 실제 수업으로 들어가 볼까요?

서사문 쓰기

먼저 중학생 아이들을 가르쳐 보면 아시겠지만, 아이들이 참 글을 못쓴다는 것을 느낄 수 있을 것입니다. 초등 학교 때에는 그래도 일기 쓰기 숙제가 있어서 좋든 싫든 글을 써 왔는데, 중학교에 들어가니 그것마저 없어져서 아이들이 실제로 글을 쓰는 시간이 많이 부족하지요.

중학생이라고 해서 다른 어려운 것을 가르쳐야 하는 것이 아닌가 생각하지 마시고요, 우선 서사문 쓰기부터 시작을 하면 좋겠습니다. 그런데 글감찾기를 참 어려워하는 경우가 많습니다. 초등 학생들이 처음 글쓰기를 시작할 때처럼 하루의 시간을 나눈다거나, 말하고 싶거나 말하기 싫거나 하는 감정에 따라 나눈 글감찾기 기준을 제시해 주는 것이 좋습니다.

자기를 소개하는 글 쓰기

자기를 소개하는 글을 쓰는 것도 쉽게 접근할 수 있는 방법입니다. 이러한 글쓰기는 우리가 살아가는 공동체 속에서 있는 그대로의 자신을 남에게 알리는 좋은 수단이 되는 것이겠지요. 이제는 막연하게 자신을 소개하는 글을 써 보자고 하는 것보다는 나름대로 자신의 성장 곡선을 생각해 보고, 시기별로 잊혀지지 않는 일들을 적어 본 다음 그것을 바탕으로 내용을 정리하도록 해 봐도 좋겠습니다.

독후감 쓰기

독후감은 학생들이 아주 많이 써 본 글이기 때문에 친숙해하기도 하지만, 반면 그 때문에 아주 지겨워하는 갈래이기도 합니다. 여기에서 벗어나기 위해서는 어떤 틀을 떼어 버리는 것이 중요합니다. 책을 읽으면서 자신의 마음 속에 들어와 닿은 그 무엇을 또렷이 잡아 내는 것이 더 중요하기 때문이지요.

처음에는 그것 위주로 글을 쓰다가 차츰 글의 형식을 갖추어 쓰게 합니다. 독후감을 쓰는 형식은 여러 가지가 있습니다만, 크게 다음 세 가지로 나누어 볼 수 있습니다.

1. 설명문 형식: 책의 줄거리나 기본적인 내용, 작가의 생애와 사상, 작품의 세계 따위를 자세하게 설명하는 방법입니다.
2. 비평문 형식: 책의 내용을 자기의 관점에서 해설, 비판하면서 쓰는 좀 더 전문적인 형식으로 논설문의 성격이 강합니다. 책의 내용을 있는 그대로 요약 전달하는 설명문 형식과는 달리, 자기의 의견이나 생각을 논리적으로 주장하는 글입니다. 책의 내용에 대해 자신이 다르다고 생각하는 부분이 있다면 그것을 중심으로 이야기를 풀어 나갈 때 활용하기 좋은 방법입니다.
3. 연구 보고문 형식: 책의 성격, 역사적 가치, 담겨 있는 사상 등을 살펴보는 형식인데, 아무래도 중학생들에게는 어려운 방법이겠지요.

물론 그 밖에 초등 학교 시절 써 보던 편지 쓰기 형식, 이야기 이어 쓰기 형식 따위도 권장할 만한 방법입니다.

그러나 중요한 것은 어떤 형식으로 쓰든
1. 책의 내용을 올바르고 정확하게 이해하는 데서 출발한다.
2. 서툴더라도 자기만의 생각과 느낌을 마음에서 우러나오는 대로 쓴다.
3. 문학 작품을 읽고 쓰는 경우, 작품 속 주인공의 생각과 행동이 '나'와 어떤 점이 같고 어떤 점이 다르다고 생각되는지 비교해 본다.

중학생들에게 권할 만한 책

〈맨발의 겐〉(아름드리 출판사, 만화책입니다.)
〈몽실 언니〉(권정생, 창작과비평사)
〈꽃들에게 희망을〉(트리나 포올러스, 분도)
〈내 영혼이 따듯 했던 날들〉(아름드리)
〈작은 인디언의 숲〉(E.T. 시튼, 두레)
〈나의 라임오렌지 나무〉(바스콘셀로스, 박동원 옮김, 동녘)

4. 책을 읽고 떠오르는 느낌을 정리하는 습관을 기른다.

는 점을 염두에 두면 좋겠습니다.

주장하는 글 쓰기

일상적인 삶 가운데서 부딪친 문제를 중심으로 자신의 주장을 펴도록 해 줍니다. 이것은 어떤 글감을 제시하기보다는 아이들이 관심을 가지고 있는 부분, 그 중에서도 특히 억울하거나 고쳐졌으면 하고 바라는 부분이 있다면 그것이 무엇인가를 찾아 내어 자신의 생각을 쓰게 하는 것입니다.

교복 입는 문제, 머리 모양 자유화에 관한 문제, 학교 폭력 문제, 모둠 숙제에 관한 문제, 수행 평가에 관한 문제 등 이야기를 나누어 보면 아이들은 아이들 나름대로 여러 가지 문제에 부딪치고 있다는 것을 알 수 있답니다. 그것에 대한 자신의 의견(그것이 좋다, 나쁘다 혹은 옳다, 그르다 하는)을 세운 다음 왜 그렇게 생각하는지 밝혀 쓰게 합니다.

쉽고 소박하게 접근하세요. 욕심 부리지 않는 것이 중요하답니다.

책읽기와 내 생각
선생님들의 수업 사례 1_조용명 선생님

아이들과 재미있게 만나는 몇 분 선생님들의 수업 사례를 보여 드립니다. 이 글들을 찬찬히 읽어 보시면 하나같이 아이들을 사랑하는 마음이 그득한 선생님들을 만나 보실 수 있으리라 생각합니다.

교사: 얘들아, 아이들이 읽는 이야기를 뭐라고 하지?
아이들: 동화요.
교사: 맞아. 그러면 동화를 쓰는 사람을 뭐라고 하지?(칠판에 쓰면서)
아이들: 작가요, 동화 작가요.
교사: 그러면 어른들이 읽는 이야기를 뭐라고 하지?
(1,2학년은 생각하다가 대답하고 3학년 정도는 금방 대답한다.) 소설이요.
교사: 맞아. 소설을 쓰는 사람을 뭐라고 하게?
아이들: 소설 작가요, 소설가요…….
교사: 소설을 쓰는 사람은 그냥 소설가라고 해.
교사: 그럼 동화나 소설 말고, 짧은 글로 감동을 주는 글이 뭐지?
아이들: (생각하다가) 시요. 동시요.
교사: 그러면 시 쓰는 사람을 뭐라고 하게?
아이들: 시작가요,(하는 아이도 있고) 시인이요(하는 아이도 있다.)…….
교사: 그렇지. 시 쓰는 사람을 시인이라고 하지. 있잖아, '안도현' 이라는 아저씨가 있거든. 이 아저씨는 뭐 하는 사람이게?
아이들: 동화 작가요.

교사: 때앵~

아이들: 소설가요.

교사: 때앵~

아이들: 시인이요.

교사: 맞아. 시인이야. 돌아가셨게, 지금도 살아 계시게?(친근감이 느껴지도록 질문)

아이들: 돌아가셨어요, 살아 계세요…….

교사: 지금도 살아 계셔. 지금 45살 정도 되셨어. 너희들 아빠보다 나이가 많으시니, 적으시니?

아이들: (조금 많아요, 되게 많아요…… 대답하느라 시끌시끌…….)

교사: 이 아저씨는 요즘에도 가끔 TV에 나오셔. 이 아저씨한테 박남준이라는 친구가 있거든. 박남준 아저씨는 무슨 일을 하게?

아이들: 소설가요, 동화 작가요, 시인이요…….(와글와글)

교사: 박남준 아저씨도 시인이야.(맞힌 아이는 맞았다고 좋아라 하고) 나이도 안도현 아저씨랑 비슷해. 그런데 이 아저씨가 어디 사는지 아니? 모악산에 사셔. 모악산은 산 이름이야. 너희들이 아는 산 이름을 말해 볼래?

아이들: 백두산, 금강산, 원미산, 성주산, 지리산, 설악산…….(시끌시끌)

교사: 모악산은 전라도에 있는 산이야. 거기에 박남준 시인이 살아.
(산 모양의 그림을 그리고 중간쯤에 집을 하나 그린다. 계속 그림을 그리며……)
그런데 박남준 아저씨네 집 앞에는 모악산 꼭대기부터 골짜기를 타고 내려오는 물줄기가 있는데, 그 물줄기가 아저씨네 집 앞에서 잠깐 쉬어간대. 너희들이 깔고 앉는 돗자리 있잖아? 그 돗자리만한 크기의 둠벙이 있대. 둠벙은 구덩이처럼 조금 파인 곳에 물이 고인 것을 말하나 봐. ('둠벙'이라는 말이 사전에 없음) 그 둠벙에 물고기들이 살고 있었대. 무슨 물고기게?

아이들: (시끌시끌)

교사: 버들치라는 물고기야.

아이들: 아…….(이름이 익숙하니까 마치 알고 있다는 듯이)

교사: 그런데 박남준 아저씨는 버들치를 보고 "버들치야, 안녕?" 그러지 않고 "중태기야, 안녕?" 그런대.

아이들: 왜요?

교사: 아마 그 곳 사람들은 버들치를 중태기라고 하나 봐. 경상도 사람들이 "아기"를 "얼라"라고 하는 것처럼.

아이들: 아…….(끄덕끄덕)

교사: 그런데 말이야, 너희들 배터리가 뭔 줄 알아?

아이들: (몰라요 하는 아이, 자기가 생각하는 것을 대답하는 아이…….)

교사: 배터리가 뭐냐면, 빳데리 있잖아. 건전지 같은 것.

아이들: 아…….

교사: 건전지는 전기를 통하게 할 수 있지?

아이들: 네.

교사: 어느 날 있잖아, 어떤 아저씨가 배터리를 등에 지고 모악산에 올라왔대. 왜 그랬을까?

아이들: (다음 말을 기다리는…….)

교사: 배터리로 물 속에 전기를 통하게 하면 무슨 일이 생기지?

아이들: (그제야 이해가 간다는 듯) 고기들이 다 죽어요. 고기들이 기절해요.

교사: 그 다음에는 어떻게 되지?

아이들: 물 위로 떠올라요.

교사: 맞아. 그 아저씨는 왜 그럴까?

아이들: 물고기를 먹을라고요.

교사: 응, 맞아. 물고기들을 뜰채로 떠서 생선 매운탕을 끓여 먹으려고 그랬을 거야. 그런데 이 아저씨가 전기로 모악산을 지지지지직 지지면서 박남준 아저씨네 집 앞까지 왔대. 그러니까 박남준 아저씨가 뭐라고 했게? "아저씨, 여기 중태기 많아

요, 어서 와요." 했을까?

아이들: 아니요.

교사: 그러면?

아이들: 안 돼요.

교사: 응, 맞아. 박남준 아저씨가 안 된다고 했대. 막 화를 내면서 "여기 있는 물고기 주인은 나요. 모악산에 있는 물고기들은 모두 내가 기르는 거요. 당신은 말이야, 인간도 아니야." 그러면서 막 소리를 질렀대. 그래서 이 배터리 진 아저씨가 뭐라 그랬을까?

아이들: 이게 왜 당신이 기르는 거예요? 거짓말하지 마요.

교사: 응, 그랬겠지. 그래도 이 박남준 아저씨는 막무가내로 딱 버티고 서서 "아, 내가 주인이에요." 했대. 배터리 진 아저씨는 그걸 보고 어땠을까?

아이들: 기가 막힐 것 같아요. 재수없다고요. 짜증난다고요. 어이없다고 할 것 같아요.

교사: 아마 그랬을 것 같아. 그래서 그 아저씨가 어이없어서 그냥 내려갔을 것 같아. 그래서 지금도 그 둠벙에 버들치가 새끼들을 데리고 살고 있대. 그 일이 있고 나서 박남준 아저씨가 안도현 아저씨한테 이 얘기를 했대. "도현아, 이런 일이 있어서 내가 이렇게 했다." 하면서. 안도현 아저씨가 뭐라고 했을까?

아이들: 잘했다고요.

교사: 선생님 생각에도 참 잘했다고 했을 것 같아. 안도현 아저씨는 무슨 일을 하는 사람이라고 했지?

아이들: 시를 쓰는 사람이요.

교사: 응. 그래서 안도현 아저씨가 이 이야기를 시로 썼대.

아이들: 어떻게요?(눈을 반짝반짝)

교사: 궁금하지? 읽어 줄까? 말까?

아이들: 읽어 줘요.

그래서 시를 읽어 주었어요.

모악산 박남준 시인네 집 앞 버들치에 대하여

안도현

모악산 박남준 시인네 집 앞에는
모악산 산꼭대기에서부터 골짜기 타고 내려오던
물줄기가 잠시 쉬어가는 곳이 있는데요,
그 돗자리만한 둠벙에요,
거기 박남준 시인이 중태기라 부르는
버들치가 여남은 마리 살고 있지요
물속에서 꼬물거리는 고것들
비린내나는 것들
한 냄비 끓여 잡숴 보겠다고 어느날
중년 아저씨 한 분이 배터리 등에 지고
전기로 모악산 옆구리를 지지며
골짜기 타고 올라왔다지요
안된다고,
인간도 아니라고,
박남준 시인이 버티고 서서 막았지요
모악산 물고기들 모두 자기가 기르는 거라고요,
자기가 주인이라고 했다지요
지금 거기 버들치가 여남은 마리
어린 새끼들 데리고 헤엄치는 것은요,
다 그 거짓말 덕분이지요

_〈그리운 여우〉(창비) 중에서

시를 읽어 주니 "동화 같아요." 하는 아이도 있고, "재밌다." 하며 웃는 아이도 있어요. 그리고 아이들과 또 한참 얘기했어요.

"이 세상에 배터리를 진 아저씨 같은 사람만 있으면 어떻게 될까?"
하고 물었더니 똘똘한 아이 한 명이 "세상이 망해요." 하고 대답을 해요. 먹이사슬 이야기도 나오고요. 박남준 아저씨가 세상을 지키고 있다는 것에 동의를 하더라고요. 이제 학년이 바뀌어 언니나 형들이 되었으니 '무엇이 소중한가?' 하는 생각을 가끔 했으면 좋겠다는 말을 했어요.

저는 가끔 이 시를 읽어요. 이 시를 읽으면 '모악산 물고기들 모두 자기가 기르는 거'라고 말도 안 되는 소리로 벅벅 우기는 시인의 모습이 눈에 보여요. 침도 튀기며 목에 핏대도 세우지 않았을까 싶어요. 배터리 등에 진 아저씨는 너무 어이가 없어서 그냥 졌겠지요. 말도 안 되는 소리 하는 시인을 한심하다는 듯 보았겠지요. 그 아저씨가 시인의 눈과 마음을 어떻게 알 수 있겠어요. '비린내나는 것들'이 그저 한 냄비 매운탕감이지만, 시인에게는 우주라는 걸 그 아저씨가 어찌 알겠어요. 하잘것없는 것에 의미를 부여하는 그런 사람들이 없다면 정말 이 세상은 끝나는 거겠지요.

저는 이 시를 읽고 생명에 관한 문제, 환경에 관한 문제를 떠나서 어떤 자세로 살아가야 하는가, 하는 생각을 많이 했어요. 저는 박남준 시인 같은 사람들에 의해 지구의 역사는 이어진다고 생각해요. 박남준 시인도 훌륭하고요, 친구의 삶을 가치 있게 평가할 줄 아는 안도현 시인도 훌륭합니다. 참 좋은 거짓말입니다.

보고 듣고 한 것으로 시 쓰기
선생님들의 수업 사례 2_나명희 선생님

- 3학년
- 10월 마지막 주 토요일 늦은 2시에서 5시까지
- 어린이 대공원에서

1 글쓰기 전에

'좋은 시란 어떤 시인가?' 그리고 '지금까지 좋은 시라고 알고 있었던 시가 왜 좋은 시가 아닌가?' 하는 정도만 살펴본 다음 아이들과 함께 토요일 오후 어린이 대공원으로 나갔다.

보기글은 〈허수아비도 깍꿀로 덕새를 넘고〉와 〈엄마의 런닝구〉, 여러 선생님들의 문집에서 보고 듣고 쓴 시들로 골랐다. 공원 긴 의자에 앉아 먼저 그 시들을 같이 보았다. 본 그대로 들은 그대로 자기들만의 표현과 느낌으로 쓴 시들을 짧은 도움말을 붙이면서 읽어 나갔다.

그리고 아이들에게 이렇게 말했다.

"지금까지 동시라고 알고 있는 것들은 다 잊어버려. 그리고 너희가 보고 듣고 하는 것들을 그대로 자기 느낌, 자기 표현으로 쓰는 거야. 그러기 위해서는 좀 찬찬히 살펴봐야겠지? 시를 쓴다는 생각보다 누군가에게 또는 자기에게 말을 하는 것처럼 자연스럽게 한번 써 봐."

그러고는 손바닥만한 종이들을 나누어 주었다.

2 함께 읽은 시

바람 소리
박철순(광명 구일2)

나무 밑에 있으니
바람 소리가
파라파라거린다.
그 소리가 좋다.
바람이 피리를 분다.

까치
김오원(청리3)

수양버드나무가
말랑말랑합니다.
까치 꽁대기가
꼼짝꼼짝합니다.

벌레 소리
김진복(청리4)

오줌을 누러 일어나니
귀뚜라미 소리와 또 무슨
벌레인지 종종종 한다.
그 소리는 참 고왔다.
나도 그 소리를 낼 것 같다.
내려고 내려고 해도
그 소리는 빌빌빌 한다.
이제 그 소리는 못 낼 것 같다.

3 아이들 시

플라타너스 잎
서진화(광남3)

나뭇잎을 살살 밟아보기도 하고
딱딱 밟아보기도 했다.

나뭇잎은 언제나 쓱쓱 거린다.
비둘기들이 밟아도
부스럭 부스럭 소리가 난다.

청소부아저씨는 자꾸만
떨어지는 잎들을 치우시느라고
고생을 하신다.

분수
서진화(광남3)

분수에서 물이 튀고 있어요.
햇빛 때문에 눈이 부셔
못 보고 있어요.
눈이 너무너무 부셔요.

노란 은행잎
이슬기(광남3)

나무에 은행나무잎이 다닥다닥 붙었다.
바람이 불 때는 우리를 반긴다.
"슬기야, 안녕?"

- 고치기 전

손바닥잎

손바닥잎이 길가에 떨어져 있다.

손바닥잎에 걸으면

쓰레기 치우는 소리가 나고

과자 부스러지는 소리가 난다.

빠스르~ 빠스르~

- 고친 뒤

손바닥잎

손바닥잎이 길가에

떨어져 있다.

손바닥잎에 걸으면

과자 부스러지는 소리가 난다.

빠스르~ 빠스르~

4 수업을 마치고

　아이들이 쓴 글들이 시가 되는가 되지 않는가까지는 생각하지 않기로 했다. 시를 쓰기 위해서는 먼저 잘못 알고 있는 동시의 틀을 깨뜨리고 자기만의 느낌과 생각들을 자기만의 표현으로 써야 한다고 생각하는데, 바로 이 날은 그런 연습을 하기 위한 나들이였다.

　그래서 스스로 보고 듣고 느낄 수 있도록 아이들과 떨어져 혼자 걷기도 하다가 "어머 이것 좀 봐." "음, 이 소리 좀 들어 봐." 이런 식으로 아이들 옆으로 끼어들어 들여다보게도 했다. 이런 경험들이 아이들 생활 속에 녹아들어 늘 스치며 살았던 사람살이와 자연에까지도 눈과 귀를 활짝 열고 살 수 있다면 얼마나 좋을까.

　넉넉한 토요일 오후, 공원으로 나온 즐거운 마음 탓이었나 보다. 아이들 글이 참 맑다.

갈래별 글쓰기 상담
Q&A

Q1 독서록을 쉽고 재미있게 쓰려면

초등 3학년인 제 아이의 담임 선생님께서는 매일 독서록 숙제를 내 주십니다. 학기 초에는 그래도 쓰는 '시늉'을 하더니 지금은 거의 써 가지 않습니다. 글 쓰는 걸 싫어하고 어려워해서 더 그러는 것 같습니다. 또 독서록을 쓰더라도 책의 내용을 그대로 베껴 씁니다. 선생님께서는 반 전체 아이의 이름을 벽에 붙여 놓고 독서록을 낸 아이 이름에다 스티커를 붙여 주십니다. 아직도 3학년을 마치려면 멀었는데 어떻게 해야 할까요?

A1 요즈음은 학교 숙제로 독서록을 써 오라는 곳이 참 많습니다. 처음에는 좀 쓰는 듯하다가 날마다 써 가는 것이 어려워서인지 아이들이 중간에 포기하는 일이 많더군요. 그런데 생각보다 학교 선생님들은 독서록에 그렇게 많은 비중을 두지는 않습니다.(물론 독서지도 시범학교 같은 곳은 조금 다르겠지요.) 다만 부모님들이 너무 앞서서 걱정하고 있는 게 아닌가 싶습니다.

독서록을 쉽고 재미있게 쓰려면

1. 우선 책을 즐겁게 읽도록 해야겠지요? 책을 읽은 뒤에는 책 이름과 지은이 이름, 출판사 이름을 적게 합니다.
2. 그런 다음 어디서부터 어디까지 읽었는지 책의 쪽수를 적게 합니다.
3. 읽은 부분 가운데 제일 잘 떠오르는 부분은 어디인지 짧게 쓰도록 합니다.
4. 자기가 쓴 부분을 읽으면서 떠오르는 느낌이 있으면 적게 합니다. 물론 아무 느낌이 없으면 안 써도 되지요. 그런데 늘 느낌이 없다고 말하는 아이가 있다면 책 읽는 방법이 잘못되지는 않았는지, 책 선정이 잘못되지는 않았는지 살펴봐 주는 것이 좋겠습니다.

독후감은 책(혹은 어떤 작품)을 다 읽고 난 후 자신의 느낌을 중심으로 적은 글을 말합니다. 물론 그 느낌이 일어나게 된 내용을 요약해서 적기도 하지요. 이에 견주어 독서록은 그 날 하루에(혹은 어떤 기간 동안) 읽은 책의 제목이나 내용, 느낌을 간단히 기록해 놓는 것을 말하지요. 독후감이 비교적 완성된 글이라면 독서록은 메모라고 생각해도 좋을 것입니다.

날마다 책을 읽고 독서록을 쓴다는 것은 결코 쉬운 일이 아닙니다. 물론 책 읽는 습관과 책을 읽고 나서 정리할 수 있는 능력을 길러 주기 위한 목적에서 그런 숙제가 있는 것이라 생각은 합니다만, 의도했던 것과는 달리 아이들에게 너무 어려운 짐이 되는 것은 아닌가 하는 생각이 드는 것 또한 사실입니다. 독서록 쓰는 것을 지나치게 강조하다 보면 오히려 아이가 평생 책을 멀리하게 될 수도 있거든요.

아이 이름 위에 붙여 주는 스티커……. 선의의 경쟁을 통해 아이들의 의욕을 높여 주려고 하는 일이겠지요. 황선미 님이 쓴 〈나쁜 어린이표〉라는 책을 한번 읽어 보시기 바랍니다. 스티커 제도와 그것을 붙이는 아이들의 마음 같은 것에 대해 잘 그려 놓은 작품이랍니다.

Q2 독후 활동을 통한 갈래별 글쓰기에 대해

글쓰기 지도를 시작한 지 1년 된 교사입니다. 갈래별 글쓰기 수업을 할 때 갈래별 순서를 정하고 하는 게 나은지요? 저는 책을 읽고 여러 가지 독후 활동을 통해 갈래별 글쓰기를 하고 있는데, 학부모님들은 그런 저의 방식이 미덥지 않은가 봅니다.

A2 글쓰기 자체만 놓고 생각을 하면, 어느 정도 순서는 정하고 공부하는 것이 아이들이 글을 쓰기에 편하지 않을까요? 예를 들어 서사문 쓰기 공부를 충분히 한 다음에 설명문이나 감상문을 쓰고, 학년이 조금 높은 아이들이라면 논설문을 쓰는 식으로요.

독후 활동을 통한 갈래별 글쓰기라고 하면, 책을 읽고 나서 책 속의 사건과 비슷한 일을 내 경험에서 떠올려 보고 그것을 '서사문'으로 쓰게 하는 것을 말씀하시는 게 아닌가 생각해요. 그것도 좋은 방법이지요. 그런데 어떤 때는 그것과 비슷한 체험이 딱히 떠오르지 않을 때도 있고, 또 이런 방식으로 글쓰기 지도를 하다 보면 정작 독후감에서 중요한 것이 무엇인가를 또렷하게 알지 못하는 수도 있습니다.

독후감은 어디까지나 책에서 출발하는 글이고 책을 읽으면서 받은 느낌을 잘 드러나게 써야 하는 글인데, 그만 서사문에 머물게 되는 일도 많거든요. 그러면 서사문이라 하기에도 독후감이라 하기에도 어정쩡한 글이 되고 맙니다. 그래서 글쓰기를 꼭 책읽기에 붙이지 않았으면 합니다.

다시 말해 책을 읽고 쓰는 글로 갈래별 글쓰기 지도를 하는 것은 그리 바람직하지는 않다고 봅니다.

Q3 1학년 아이어 일기 쓰기는

아이가 이번에 초등학교에 입학했습니다. 학교에서는 벌써부터 일기를 쓰라고 하는데, 하루에 있었던 일을 다 쓰려고 하거나 어디 놀러간 일을, 준비한 것부터 돌아와서 씻고 정리한 것까지를 모두 쓰려고 하니 그게 힘이 들어 어쩔 줄 몰라 합니다. 어떻게 지도해야 할까요?

A3

아이들이 처음 일기 쓰기를 시작하면서 일의 어디서부터 어디까지를 써야 하는지를 모르는 경우가 많이 있습니다. 학교에서 있었던 일을 쓰려고 하면서 아침에 일어나는 것부터 이야기를 시작하거든요.

이 때에는 우선 아이가 무슨 이야기를 하고 싶어하는지 말로 합니다. 말로 할 때에는 쓸데없이 아침에 일어난 일부터 시시콜콜 말하지는 않거든요. 그러면 이야기를 잘 들었다가 "아, 공부 시간에 선생님한테 사탕 받은 이야기를 하려고 하는구나. 그럼 그 이야기만 써 봐." 하면서 장면을 잘라 기준을 만들어 주세요.

그리고 다른 아이들이 쓴 글을 보여 주는 것도 좋은 지도 방법입니다. 예를 들어, 어떤 한 가지 일만 쓴 글을 보여 주면서 아침에 일어나는 일부터 다 쓰지 않아도 된다는 점을 일러 주는 것이지요. 제일 먼저 생각나는 것 한 가지만 써 보도록 격려해 주세요. 아이들은 금방 익힌답니다. 작은 일에도 칭찬과 격려를 아끼지 말아 주세요.

Q4 답사를 마친 뒤에는 어떤 형식으로 글을 써야 할까요?

경주 답사를 마치고 돌아온 아이들에게 글쓰기 지도를 하려고 합니다. 보고서 형식, 설명문이나 서사문 형식 등등 이론은 여러 가지 떠오르는데, 무엇이 좋을지 알고 싶습니다.

A4

답사를 다녀오고 쓰는 글이라고 해서 꼭 어떻게 써야 한다는 형식이 있지는 않아요. 다만 자기가 쓰고 싶은 말이 무엇인가에 따라 그 형식을 골라서 쓸 수 있겠지요.

예를 들어 경주에 갔다가 박물관에서 새롭게 본 것이 마음에 남는다면 그것을 중심으로 글을 쓰게 될 것이고,(서사문 가운데 '본 일 쓰기'가 될 수 있겠네요.) 경주로 출발할 때부터의 일정을 훑으면서 다녀온 곳곳에 대해 인상에 남는 것들을 쓰게 될 수도 있겠지요.(흔히 쓰는 기행문 형식입니다.) 경주에 가서 알게 된 것이 있다면 그것을 설명하는 글로 쓸 수도 있는 것입니다.

어디를 다녀왔으니 어떤 글을 써야 한다고 생각할 일이 아니라 어디를 다녀오고 나서 가장 하고 싶은 말이 무엇인가를 먼저 또렷이 붙잡는 것이 좋겠습니다. 할 말이 또렷하면 거기에 알맞은 형식은 스스로 찾는 수가 많습니다.

한 가지 사족을 붙인다면, 어디를 다녀와서 쓰는 글들은 밋밋한 경우가 아주 많아요. 그것은 아이들이 여행을 다니면서 '주체'로 움직이기보다는 그저 어른들을 따라다니거나 여러 가지 경험들을 한꺼번에 백화점식으로 나열해 버리기 때문이지요.

이런 점을 알고 지도를 하시면 더욱 좋을 것입니다.

Q5 논술 지도, 어떻게 시작할까요?

초등 5학년에 올라가는 5명의 아이들을 맡고 있는 교사입니다. 이 가운데 남자 아이 2명은 독서량이 많아서인지 말하는 것을 들어 봐도 또래보다 수준이 높습니다. 그런데 여자 아이 2명은 독서량이나 사고하는 능력이 상대적으로 떨어집니다. 나머지 여자아이는 보통 수준이고요. 이 아이들에게 논술에 대해 어떻게 방향을 잡고 무엇부터 시작을 해야 할지 막막합니다.

A5 어떤 갈래든 가장 먼저 할 일은 자기 체험을 소중히 하고 그것을 정확하게 쓰는 일부터 충분히 해야 한다는 것입니다. 논술이라는 것도 결국에는 '삶'으로 귀착되는 것이기 때문이지요. 삶을 바탕으로 정립된 자기 생각을 펴내는 일, 이것이 모든 글쓰기의 시작입니다. 그러면 궁금해하시는 '논술 지도'에 대해 이야기를 해 볼까요?

1. 글쓰기에도 단계가 있다

처음부터 딱딱한 글쓰기는 시키지 마세요. 더욱이 아이의 삶과 동떨어진 논제를 주고 아이를 괴롭히는 일은 하지 마시기 바랍니다. 그것은 글쓰기 교육이 아니라 고문이거든요. 글쓰기에도 단계가 있습니다. 우선 서사문 쓰기를 통해 글쓰기와 친해지게 하고 글을 쓰는 자신감을 붙여 주는 것이 좋습니다. 서사문은 자신이 겪은 일을 쓰는 것이므로 누구나 쉽게 쓸 수 있는 갈래입니다. 또한 사실을 정확하게 쓰는 습관을 통해 글 쓰는 힘을 붙여 주는 것이 좋습니다. 글쓰기 공부를 하면서 조급해하지 마세요. 모든 일이 그렇듯이 글쓰기도 기초가 튼튼하면 어떤 글이든 잘 쓸 수 있습니다. 기초를 제대로 공부하지 못하고 겉보기에만 근사해 보이는 글을 쓰게 해서는 안 됩니다.

2. 글 솜씨의 문제가 아니라 생각하는 힘의 문제다

다른 갈래의 글도 마찬가지지만 쓰는 법을 몰라서 못 쓰는 경우는 별로 없어요. 대부분 쓸 게 없어서 못 쓰거든요. 특히 논술이 자신의 생각을 글로 쓰는 것이라면 그 생각을 풍부하게 떠올릴 수 있도록 도와 주는 것이 더 좋겠지요.(p154 '생각하는 법' 참조)

3. 아이가 책을 '어떻게' 읽는가에 관심을 갖자

"쟤는 책을 참 잘 읽어." 하는 말을 할 때 대부분 '잘'의 의미를 '많이'로 생각하기가 쉬워요. 하지만 책을 잘 읽는다는 것이 곧 많이 읽는다는 것과 동일한 의미는 아닙니다. 좋은 책을 '많이' 그러면서 '깊이' 읽는 것은 불가능하거든요. 무조건 많이만 읽으면 된다는 생각보다는 제대로 읽어야 한다는 생각으로 바뀌어야 하겠습니다. 그리고 요란한 독후 활동이 오히려 책읽기와 글쓰기를 망치고 있는 경우가 많습니다. 독후 활동은 그것이 목적이 아니라 아이들이 책과 친해지고, 책을 제대로 읽도록 하는 데 도움을 주고자 하는 것입니다.

4. 아무리 지식과 정보가 우선인 세상일지라도 그래도 '문학' 이다

아무리 지식이 소중하고 대학 입시가 중요하다고 해도 어릴 적의 책읽기는 역시 문학이 최고입니다. 인성이나 감성, 가치관의 문제를 다룬다는 중요성은 말할 것도 없거니와 아이들의 흥미를 고려해도 그렇습니다. 더욱이 문학은 구체의 상황으로 말하고 있기 때문에 가장 매력적인 자료이며 도구입니다.

5. 실제 삶에서 자연스럽게 우러나오는 공부가 되어야

논술 공부가 생각하는 힘을 길러 주는 공부라고 해서 아주 엉뚱한 상황을 임의로 만들어 그것을 어떻게 풀어 가면 좋을까를 궁리해 보게 하는 사람들이 많아요. 하지만 그것보다는 실제의 삶과 자연스럽게 연결된 경우를 생각하는 것이 더 좋은 방법이랍니다.

6. 내가 가르치는 사람이 누구인지 잊지 마라

논술을 가르친다고 선생님들이 여기저기 다니면서 여러 가지를 배우십니다. 그런데 어떤 곳은 아주 '장검을 휘두르는 방법'을 가르쳐 줍니다. 선생님들은 그것을 배워 가지고 와서 아이들에게 전수해 주려고 합니다. 그런데 어쩌나요? 이 아이는 '과도'도 제대로 못쓰고 있어요. 내가 만나는 아이들이 누구인가를 잊지 마세요. 초등 아이들과 공부를 한다면 그 아이들의 수준과 단계에 맞도록 지도하는 것이 당연한 일이지요. 초등 아이들과 공부를 하면서 논술 고사를 두어 달 앞둔 대입 수험생 논술 지도처럼 가르치는 일은 절대로 없어야 할 것입니다.

Q6 책과 친해지는 방법을 알려 주세요

초등 2학년 남자 아이와 1학년 여자 아이를 둔 엄마입니다. 어렸을 때는 제가 책을 많이 읽어 주었는데, 지금은 "잠자기 전에 책 읽고 자야지?"라는 말을 하지 않으면 하루에 한 번도 책을 보지 않습니다. 스스로 책 읽는 습관을 갖게 하고 싶습니다.

A6 이것은 많은 부모님들이 갖고 계시는 궁금증입니다. 어려서는 곧잘 책을 읽는 것 같더니 날이 갈수록 책하고 멀어진다고 하시는 분들이 많습니다.

이런 때에 아이들이 책과 친해질 수 있는 방법 몇 가지를 소개해 드립니다.

아이들이 아직 1학년 2학년이라면 어머니가 책을 읽어 주는 것이 좋은 방법이라고 할 수 있습니다. '에구, 지들이 글자도 다 아는데 뭘 읽어 주기까지…….' 하고 생각하실 수 있겠지만, 잔잔한 어머니의 목소리를 통해서 읽었던 내용은 두고두고 아이들 마음 속에 살아 있게 됩니다. 부모님들은 아이가 글자를 읽기 시작하는데 계속 책을 읽어 주면 혹시 아이 스스로 책 읽는 습관이 생기지 않을까 봐 걱정을 합니다. 또 글자를 더 익혀야 한다고 생각하거나, 바쁜 일상사 때문에 시간을 쉽게 내지 못하는 경우가 많습니다. 그래도 계속 관심을 갖고 자투리 시간을 쪼갠다거나 자기 전에 조금씩 읽어 주는 것이 좋습니다. 초등 학교 저학년 아이들 가운데 책 읽기를 싫어하는 경우는 무리하게 혼자 책을 읽도록 한 게 그 원인이 되는 일도 많습니다.

그러다가 학년이 올라가면 어떤 정점 부분까지만 읽어 주고 슬그머니 읽기를 중단해 봅니다. 그러면 그 뒤의 내용이 궁금해서 견딜 수가 없는 아이는 스스로 책을 집어 들기도 합니다. 어머니가 읽어 주는 몇 쪽이 책 읽기를 겁내는 아이들에게는 책으로 들어가는 창구 역할을 해 주는 것이지요.

두 번째로 아이들과 같이 동화책을 읽으면서 우리 집에만 있는 녹음 테이프를 만들어 보는 것입니다. 아이들이 아직 저학년이니까 글이 많은 해설 부분은 부모님이 맡고, 등장 인물들은 아이들이 하나씩 나누어 잠시 연습을 한 뒤 녹음을 합니다. 첫머리에 무슨 동화를 언제 녹음했다고 밝혀 주는 것이 좋습니다. 그리고 식구들이 둘러 앉아 감상을 합니다. 이 활동은 대부분의 어린이들이 즐거워하며, 쉽게 책의 나라로 빠져들 수 있게 해 줍니다.

세 번째로는 아이들이 좋아할 만한 책을 골라 주는 것입니다. 어린이 책읽기 지도에서 중요한 것은 아이의 신체적 발달이나 학년에서 벗어나, 그 아이의 독서 학년을 파악하는 것입니다. 독서 학년은 틀에 맞출 수가 없으니 아이의 수준에 맞는 책을 어머니가 관심을 갖고 골라 주시는 것이 바람직하다고 할 수 있지요.

1,2학년 어린이면 재미있게 볼 수 있는 책으로 〈토끼 불알을 만진 노루〉(어린이도서연구회

엮음, 우리교육) 〈바람 도깨비〉(어린이도서연구회 엮음, 우리교육) 〈당나귀 실베스터와 조약돌〉(윌리엄 스타이그 지음, 다산기획) 〈옛이야기 보따리 1~10〉(서정오 엮음, 보리) 정도를 권해 드릴 만합니다. 직접 한번 확인해 보시고 선택하세요.

네 번째, 독후감 쓰기의 중압감에서 벗어나게 해 주세요. 요즈음은 학교에서도 독서 교육을 강화한다는 차원에서 1학년 어린이에게까지 독후감 쓰기 숙제를 내는 경우가 많습니다. 그러나 책을 읽는 목적은 독후감을 쓰기 위한 것이 아니라 아이가 그저 즐겁게 책 속에 파묻혀서 새롭고 흥미 있는 세계를 맛보면 충분한 것입니다. 책을 읽고 나서도 너무 그 내용을 캐묻지 않는 것이 좋습니다. 아직은 재미있게 읽고 책에 흥미를 붙이기만 하면 되는 시기이니까요. 편안한 마음으로 지켜보시기 바랍니다.

다섯 째, 책을 눈에 띄기 쉬운 곳에 놓아 둡니다. 간혹 집안 정리에 너무 신경을 쓴 나머지 책이 서가에만 꽂혀 있게 하는 것을 볼 수 있습니다. 그러나 아무 때나 손이 닿을 만한 곳에 책을 놓아 두어, 크게 마음먹지 않아도 책을 펴들 수 있는 환경을 만들어 주는 것이 독서 습관을 들이는 데 좋은 방법임을 덧붙여 말씀드립니다.

Q7 어린이가 쓴 시와 어른이 어린이를 위해 쓴 시의 차이점은 무엇인가요?

시는 보통 상징법과 이미지에 의해 쓰여지는데, 아이들의 시를 읽어 보면 생활에 대한 열거뿐인 느낌이 듭니다. 어린이가 쓴 시와 어른이 어린이를 위해 쓴 시(시문학)의 차이점에 대해 알려 주세요.

A7 '어린이 시는 반드시 이렇게 써야 한다.'는 절대 불변의 원칙 같은 것은 있을 수 없겠지요. 다만 시 쓰기가 아이들의 마음을 답답하게 하는 틀이 되어서는 안 된다고 생각합니다. 시를 통해 아이들의 마음이 더 자유롭게 펼쳐지고 더 아름답게 가꾸어지기를 바라는 것이지요.

물론 시는 리듬이나 상징, 이미지 같은 요소가 중요한 것이 사실입니다. 그러나 아이들은 그런 것을 걱정하지 않고 자기 마음 속에 있는 말을 그대로 토해 내듯 쓰면 되는 것입니다. 아이들의 글은 보고 듣고 한 일을 사실 그대로 씁니다. 그리고 자기의 말과 생각으로 쓰지요. 거기에 어른들의 지도를 받는 부분이 조금 더 포함이 되겠지요. 반면, 어른들이 쓴 문학 작품은 있을 수 있는 이야기를 상상으로 지어 만들고 아이들에게 읽히기 위해서 아이들이 '잘 아는 말'로 어른 스스로 쓰는 글이지요.

이렇게 견주어 보면 어린이가 쓰는 글은 어른이 어린이에게 주려고 쓰는 글(문학 작품)과는 아주 다른 것을 알 수 있습니다. 이렇게 아주 다른 것을 다만 '어린이들이 읽는다'는 사실 때문에 한 가지로 보아 넘기기 쉽습니다. 어린이가 자기들의 세계를 그대로 말하는 것과 어른이 어린이가 되어서(혹은 어린이인 양) 쓰는 글은 차이가 있는 것이지요. 그리고 문학 작품이 직간접 체험의 바탕 위에 작가적 상상력(허구)을 더해서 이루어지는 것이라면 어린이의 글은 체험 그 자체가 전부라고 할 수 있습니다.

아이들의 시라고 해서 상징이나 이미지가 없는 것은 아닙니다. 상징이란(이것을 아주 어렵게 말하는 사람들도 많으나 저는 제 수준으로 쉽게 말씀드리겠습니다.) 모양 상象 구할 징徵, 즉 '모양 구해 주기'라고 할 수 있겠지요. 아무 모양이 없는 것을 일정한 모양으로 만들어 주는 일인 것입니다.

이미지도 그렇습니다. 이미지란 언제나 우리의 감각에 호소를 하며, 구체적인 것을 통해 추상적인 의미를 전달하지요. 감각 지각의 모든 대상과 특질을 가리킨다고 할 수 있겠습니다.

그러나 보다 중요한 문제는 아이들은 시를 기교로 쓰지 않는다는 것입니다. 자기의 마음을 그대로 토해 써서 읽는 사람에게 감동을 준다면 그것은 좋은 글이지요. 무언가 말은 근사하게 써 놓은 것 같은데 아무런 감흥이 없다면 그 글은 좋은 글이라고 할 수 없겠지요?

물론 어휘의 선택도 훌륭하고 구조도 나무랄 데 없고 감동도 주고 이러면 더할 나위 없이 좋은 일이겠지만, 아이들이 그리 한다는 것도 힘들고 그럴 필요도 없습니다. 어른들의 문학 작품을 보는 잣대로 어린이 시를 보려고 하지 않았으면 좋겠습니다.

Q8 일기의 글감은 어떻게 찾나요?

저희 집 아이는 초등 3학년인데, 일기 한번 쓰려면 아주 끙끙댑니다. 무엇을 써야 하는지 글감을 잡지 못하기 때문인 것 같아요. 일단 글감을 찾으면 그럭저럭 쓰는데, 무엇을 쓰는지를 결정하기가 그렇게 어려운 모양입니다.

A8 아이들이 일기 쓰기를 어려워하는 까닭으로는

1. 무엇을 써야 할지 모르기 때문
2. 어떻게 써야 할지 모르기 때문

으로 크게 나누어 생각할 수 있습니다.

1. 아이가 무엇을 써야 할지 몰라서 어려워하는 경우라면 글감 찾기 지도를 해 주세요.

① 누구에게 말하고 싶은 일

학교에서 있었던 일 가운데 부모님께 들려 주고 싶은 이야기가 있다면 그것이 바로 좋은 글감이지요. 또 집에서 있었던 일 가운데 동무들이나 선생님에게 자랑하고 싶은 일이 있다면 그것 또한 좋은 글감이라고 할 수 있지요.

② 누구에게도 말하고 싶지 않은 일

실수한 일, 부끄러운 일, 잘못한 일 따위는 글감으로 정하기 싫어하는 경우가 많습니다. 그 까닭은 자기 일기를 누군가 보고 이것저것 간섭을 한다는 생각이 먼저 들기 때문입니다. 그러나 잘못한 일을 솔직하게 말할 수 있는 사람이 잘한 일도 당당하게 말할 수 있습니다. 또 자랑하거나 칭찬 받을 일만 생각한다면 쓸 거리는 반 이하로 줄어들 것입니다. '드러내어 자랑하고 싶지는 않은 일'을 잣대로 해서 글감을 고르도록 해 보세요. 이 경우 먼저 부모님, 선생님과 아이 사이에 깊은 믿음이 있어야 할 것은 두말할 필요가 없겠지요.

③ 억울하고 답답한 일

억울하고 답답한 일을 겪으면 누구나 하소연을 하고 싶어집니다. 이런 점에서는 '누구에게 말하고 싶은 일'과 비슷하기도 합니다만, 이 경우는 혼자 입을 꾹 다물고 새기는 경우가 많겠지요. 이런 억울한 이야기 따위를 쓴 일기가 나오면 일단 그 아이는 당당하고 바르게 자라고 있구나 하고 반갑게 맞아 줄 일입니다.

그 밖에 좀 더 구체적인 글감 찾기는

- 아침에 잠에서 깨어 학교에 오기 전까지 있었던 일
- 학교 오면서 본 일, 친구들과 이야기 나눈 것
- 공부 시간에 들은 것이나 배워서 알게 된 것
- 쉬는 시간, 점심 시간에 일어난 일
- 학원에서 있었던 일
- 집에 와서

하는 식으로 아이의 생활을 작게 나누어서 생각해 보는 방법도 있습니다. 그리고 일기 쓰기 직전, 방금 전에 무슨 일이 있었는지 생각해 보는 것도 좋은 방법이지요.

그래도 쉽게 글감을 찾지 못한다면 다른 아이들이 쓴 글을 읽어 주세요. 또래들이 쓴 글을 몇 번 들으면 '아, 나한테도 저런 일이 있었어. 저런 걸 쓰면 되는구나.' 하고 쉽게 알아차릴 수 있어요. 또 수첩을 가지고 다니다가 쓸 거리가 생기면 곧 제목을 적어 보는 방법도 있답니다.

위에 적은 일들을 꾸준히 해 나가다 보면 나중에는 아이 스스로 쓸 거리를 찾아 냅니다. 한두 번 해 보고 포기하지 마시고 꾸준히 하면 좋겠습니다.

2. 어떻게 써야 할지 몰라서 어려워하는 경우라면 우선 아이에게 하루에 있었던 일 가운데 가장 기억에 남는 일 한 가지를 이야기하게 합니다. 어머니는 그것을 아이 모르게 받아 적습니다. 단 아이가 한 표현 그대로 말이에요. 그런 다음 아이의 이야기가 끝나면 받아 적은 걸 읽어 줍니다. 아이는 자기 이야기가 그대로 글로 나타나 있어서 무척 재미있어 한답니다.

아이 말을 받아 적어 주는 것은 두 가지 의미가 있습니다. 하나는 아이의 말을 기록해 주는 측면이고, 또 하나는 말하는 것을 그대로 쓰면 글이 된다는 것을 알려 주는 중요한 측면입니다. 아이는 그것을 보면서 '응, 말하는 것처럼 쓰면 되는구나.' 하는 것을 느끼게 되지요. 한두 번 정도 이런 작업을 되풀이해 보세요. 아이가 금방 글쓰기에 익숙해지리라 생각합니다. 책을 많이 읽는 아이 가운데에는 마치 자신의 글도 책처럼 잘 써야 한다고 생각해서 글쓰기를 어려워하는 경우도 있거든요.

그 다음 아이에게 많이 뛰어 놀 시간을 주세요. 할 말이 많은 생활을 하게 되면 자연 쓸 거리도 많아지잖아요. 이것저것 만지고 살피고 직접 해 보고 하는 일이 아이들에게는 아주 소중한 시간이 될 것입니다.

한 가지 덧붙여 말씀드리면 아이의 생활이 너무 바쁘면 일기를 쓸 시간이 없어서 일기 쓰기를 어려워하는 경우도 있답니다. 어떤 경우인지 어머니가 살펴보시고 아이와 함께 행복한 글쓰기 시간을 만들어 보세요.

Q9 글의 중심내용을 파악하지 못해요

초등 5학년인 딸이 글쓰기를 너무 어려워합니다. 글쓰기가 두렵다는 표현을 하거든요. 3학년 때부터 일 주일에 한 번씩 글쓰기 지도를 받아 왔는데, 지금도 논설문 같은 것은 무엇이 중요한 것이지 파악하는 힘이 없는 것 같아요. 책은 많이 읽는 편이 아니지만 그렇다고 아주 안 읽는 것도 아닌데 정말 걱정이 태산입니다.

A9 아이가 글쓰기를 어려워하는 것 같아 안타까우시다고요? 5학년이나 되었으니 자기 생각을 조근조근 써 내려갈 수 있으면 참 좋겠는데 말이지요.

글을 지도하실 때 너무 갈래를 나누지 말아 보세요. 오늘은 감상문이다, 오늘은 설명문이다, 이런 식으로 갈래를 나누게 되면 글쓰기에 익숙하지 않은 아이들은 긴장하기 쉬워요. 몇 학년이 되었든 글쓰기는 겪은 일을 정확하게 쓰는 연습부터 충분히 하는 것이 좋습니다.

글에는 사실이 중심이 된 글과 느낌(또는 생각, 의견)이 중심이 된 글이 있는데, 논술의 열풍으로 느낌이나 생각이 중심이 된 글을 빨리 잘 쓰게 하려는 어른들이 늘고 있습니다. 그런데 사실을 정확하게 쓰면 느낌은 저절로 전달되는 경우가 많아요. 독후감같이 간접 경험을 쓰는 글보다는 자기의 직접 경험을(아주 사소한 것이라도) 글로 써 보는 공부를 먼저 해 보면 어떨까 싶습니다. 그렇게 글 쓰는 힘을 길러 놓은 후 느낌이나 감상이 주가 되는 글을 써 보게 하세요.

Q10 일기내끼 '오늘'을 쓰지 말라는 말에 대해서

아이들에게 일기 쓰기를 지도할 때 '나는'이나 '오늘'이란 말을 되도록 쓰지 말라고 가르칩니다. 아이들이 쓰는 대로 그냥 두어야 할까요?

A10
흔히 아이들 일기 지도를 하면서 '나는 오늘'을 쓰지 말라는 경우가 많습니다. 자신이 한 일이니까 '나'가 필요 없고, 일기에 날짜가 있으니까 '오늘'을 쓸 필요가 없다는 것이지요. 그러나 '오늘'은 어느 한 순간의 점이 아니라 하루 24시간이 연결되어 있는 어떤 선이라고 볼 수 있습니다. 그러니 '아침에 일어나자마자'도 오늘이고 '학교 갈 때'도 오늘이고 '잠자기 직전'도 오늘입니다.

날짜가 있으니 '오늘은 쓰지 말라.'고 지도하는 것보다 오늘 가운데서도 더 또렷한 때를 밝혀 적도록 지도하는 것이 맞는 방법입니다. '오늘을 적지 말라.'고 하는 지도에 익숙해지다 보니 아이들이 글을 쓰면서 '언제'를 밝히는 것을 자꾸 놓치게 됩니다.

Q11 체험 학습 보고서는 어떤 형식으로 써야 하나요?

초등 1학년 아이를 둔 엄마입니다. 방학 숙제로 체험 학습 보고서를 써 오라고 하는데, 어떤 식으로 써야 할지 모르겠습니다. 견학문과 비슷한 건가요? 아니면 좀 다른 건가요?

A11
체험 학습 보고서는 말 그대로 자기가 무언가를 체험(실제로 보고 듣고 겪은 일)하고 그것을 다른 사람에게 알리는 형태의 글을 말합니다. 그런데 아직 1학년 아이들에게는 이런 말이 어렵겠지요?

견학이라는 것도 실제 눈으로 보고 배우는 것이니 체험의 하나이지요. 그러니 체험 학습 보고서는 견학문 형식으로 쓸 수 있습니다.

'체험 학습 보고서' …… 말이 좀 어려워서 그렇지 자기가 체험한 일을 그대로 적으면 되는 것입니다. 다른 형식은 생각하지 않으셔도 돼요. 특히 1학년 아이들에게는 더욱 그렇습니다. 어떻게 쓰느냐보다는 무엇을 쓰느냐가 더 중요하거든요. 다만 체험한 기간, 체험한 곳, 체험한 일, 그 일을 마치고 난 소감 따위가 구체로 나타나면 아주 좋겠지요.

방학 중의 경험 가운데 한 가지(혹시 특별히 과제로 요구한 일이 있다면 그 일)를 정성껏 쓰도록 지도해 주세요. 아이가 편안한 마음으로 마음껏 쓸 수 있도록 쉽게 말씀해 주시면 좋겠습니다.

Q12 독서록을 줄거리만 씁니다

초등 1학년 딸을 둔 엄마입니다. 책을 즐겨 읽는 편이라 독서록을 써 보게 했더니, 줄거리만 씁니다. 자신의 생각이나 느낌이 없이 그저 줄거리만을 줄줄 쓰는 딸이 너무 감성이 없는 것 같아 걱정이에요.

A12

우선 아이가 감성이 없는 것이 아니라는 말씀을 먼저 드리고 싶어요. 자기 감정을 나타내기가 어려워 줄거리만 쓰고 있는 것일 수도 있고요. 대체로 독서록을 줄거리도 쓰고 느낌도 써야 한다고 생각하기 때문에 느낌을 쓰고 싶어도 줄거리를 쓰느라 힘을 다 빼서 느낌을 적지 못하는 수도 있습니다. 느낌을 말로, 글로 나타내지 못한다고 해서 안 느끼거나 못 느낀 것은 아니랍니다.

그리고 1학년 아이들이 독서록을 쓰는 것은 어려운 일입니다. 물론 간혹 잘하는 아이도 있습니다만 대개는 어려워합니다. 책을 읽고 나서, 느낌 한 줄만 써도 괜찮다는 것을 알려 주세요.

줄거리를 적지 않고 느낌만 적는 글을 쓰게 해 봐도 좋겠네요. 그렇게 되면 당연히 길이가 짧아지겠지요. 한 줄 혹은 두 줄 정도 적지 않을까요? 글의 길이를 걱정하는 어린이일수록 줄거리를 길게 늘어놓는 경향이 있기도 하니, 먼저 아이를 잘 살펴봐 주는 게 좋겠습니다.

　결론적으로 '1학년 어린이들은 독서록을 쓰는 것이 어렵다. 느낌이 없어서 안 쓰는 것이 아니라 쓰는 것이 어렵기 때문에 나타내지 못할 수도 있다. 느낌만 적은 짧은 글도 좋은 글이다.' 라는 것을 알려 주는 정도로 정리해 볼 수 있겠습니다.

Q13 겪어 보지 않은 일을 주제로 글을 쓰려면

아이가 통일 안보 글짓기를 해야 한다고 합니다. 어디서부터 어떻게 써야 할지 아이도 저도 모르고 있습니다.

A13
6월만 되면 각급 학교에서는 어린이들에게 분단 상황이나 통일에 대한 관심을 불러일으키려고 통일 안보에 대한 글쓰기 숙제를 많이 내 줍니다.
　이런 숙제는 아이들이 참 어려워합니다. 직접 경험해 보지 않은 일은 글로 쓰기가 힘들거든요. 이런 때는 분단 현실이나 통일에 대한 이야기를 듣는다든가, 그런 내용을 담고 있는 동화를 읽고 자기 생각을 쓰게 하면 조금은 쉽게 글을 쓸 수 있겠습니다.
　참고로 6.25 전쟁이나 분단 통일에 관련된 내용을 담고 있는 동화로는 〈가엾은 나무〉 〈점득이네〉 〈종갑이와 할아버지〉 〈다람쥐 동산〉(이상 권정생) 〈육촌형〉(이현주) 〈언청이 순이〉(서정오) 〈호수 속의 오두막집〉(이원수) 같은 것들을 들 수 있습니다.
　이런 책들을 읽고 나서 간접 체험을 바탕으로 한 자기 생각을 써 보도록 지도해 주시는 것이 좋을 것 같습니다.

Q14 일기에서 구어체 말을 그대로 사용해도 되나요?

　초등 2학년 모둠 아이들의 일기 글을 검사하다 보면 구어체가 자주 사용되고 있음을 알 수 있습니다. 그러면 저는 맞춤법과 함께 문어체로 수정을 해 줍니다. 그런데 일기라는 것은 자기의 느낌, 생각을 솔직히 표현하는 것이 중요할 것 같은데, 이런 저의 행동이 아이들에게 스트레스를 주는 건 아닌지 걱정이 됩니다.

A14 우선 일기를 '검사한다'고 생각(말)하지 마시고, 아이 일기를 함께 '읽어 준다'라고 표현을 바꾸어 보세요. 그러면 아이들 일기를 대하는 마음이 훨씬 넉넉해지실 겁니다. 언어가 사고를 규정하는 경우가 참 많잖아요.

아이들 글에서 구어체 표현이 나오는 것은 아주 당연한 현상입니다. 글이란 원래 하고 싶은 '말'을 글로 쓰는 것이기 때문이지요. 다만 말과 글이 늘 꼭 같은 것은 아니어서(예를 들면 말은 그 상황에 따라서 생략을 해도 자연스럽게 의사 소통이 되는 경우가 많지만 글은 꼭 그렇지 않은 것처럼) 글은 말보다 좀 더 격식을 갖추게 되는 것이 조금 다를 뿐입니다.

그런데 어린아이들의 경우는 말하는 대로 글을 쓰는 일이 아주 흔하고(이것이 바람직한 일입니다.) 그렇기 때문에 자연 구어체의 표현이 글에 나타나게 마련이지요.

말을 쓸데없이 줄이는 일은 마땅하지 않습니다. '그런데'를 '근데'로 적는다거나 '나는'을 '난'으로 적은 것 같은 경우, 본디말을 살려 내서 표현하는 것이 바른 방법입니다. 그런데 사실 우리가 입으로 말을 할 때는 "그 아이가~" 하는 것보다 "걔가~" 하고 말하는 일이 더 많지요? 사례로 지적해 주신 정도는 그냥 놔 두셔도 좋습니다. 더욱이 아이들이 이제 2학년인데요. 괜찮습니다.

맞춤법은 정확히 배우고 익혀야 하는 것이지만 글쓰기에서 너무 맞춤법을 강조하다 보면 아이가 글을 쓰는 것을 두려워할 수 있답니다. 글자 틀릴까 봐 글을 못 써서야 되겠어요?

어떤 1학년 아이가 쓴 글이에요.

"오늘은 엄마가 짜장면을 시켜줏다. 나는 짜장명이 디게 맛시따."

틀린 글자가 있어도, 띄어쓰기가 맞지 않아도 무슨 말을 하려는지 다 알아들을 수 있잖아요? 일기는 우선 자기가 쓰고 싶은 것을 마음껏 쓰게 하면 됩니다. 맞춤법은 아이들이 서서히 익힙니다. 그리고 어느 순간이 되면 또 금방 익힙니다. 맞춤법에 너무 부담 갖지 않으시면 좋겠네요.

Q15 마음에 남는 독서 지도를 하고 싶어요

저희 아이는 초등 5학년인데, 독후감을 쓰라고 하면 책을 보고 그대로 베낍니다. 읽은 내용이 머릿속에 남지 않는가 봐요. 독후감이라고 쓰고도 자기의 느낌이나 생각이 전혀 없습니다. 그런데 책은 일 주일에 4권 정도 읽어요. 한 주에 독후감 한 편을 억지로 받아 두는데, 그래도 될까요? 책의 양보다 읽은 후 마음에 남는 독서 지도를 하고 싶습니다.

A15 질문 내용을 정리해 보면

  1. 책을 많이 읽기는 하는데 독후감을 쓸 때 자기 느낌이나 생각이 없다. 마음에 남는 독서를 하도록 해 주고 싶다.
  2. 일 주일에 한 편 정도는 억지로라도 독후감을 쓰게 하는데 괜찮은가?
  3. 동화를 읽고 나서 내용이 기억이 안 난다고 하는데 어떻게 하면 좋을까?
하는 것으로 요약해 볼 수 있겠네요.

  우선 1번과 3번에 관련된 말씀입니다. 책은 많이 읽는 것보다 제대로 읽는 것이 중요합니다. 잘못 생각하기 쉬운 것이, 일 주일에 책을 몇 권 읽는가 하는 것만으로 아이의 독서 능력을 평가하려고 하는 것이지요. 얼마나 많이 읽었는가보다는 얼마나 제대로 내용을 잘 씹어 가면서 읽었는가에 관심을 갖는 것이 좋겠습니다. 또 책이 아이의 수준과 잘 맞는지도 살펴보아야 하고요.

  읽고 나서 책 내용을 잘 모르겠다고 하는 경우는 대개
  ① 독해 능력이 떨어져서 내용 파악을 잘 못하는 경우
  ② 빨리 대충대충 읽어서 내용을 잘 알지 못하고 지나가는 경우
  ③ 내용을 알면서도 확인하는 과정이 귀찮아서 모르겠다고 해 버리는 경우
따위로 생각해 볼 수 있습니다.

  ①의 경우라면 우선 짧은 글을 읽고 그 글을 파악하는 훈련부터 시켜 주세요. 또 글을 다 읽게 하지 마시고, 한 문단 내지는 한 장면을 읽고 무슨 내용이 있었는지를 파악하게 하는 방법도 있습니다. 느낌이나 생각도 우선 내용을 잘 파악해야 떠오를 수 있는 것이

니까요. 그리고 이런 경우에는 단편 동화를 권하는 것이 더 좋습니다.

②의 경우라면 소리내어 읽게 하는 것이 좋습니다. 눈으로 휙 지나가는 독서 습관을 고치려면 소리내어 꼭꼭 짚어 가면서 읽는 것이 내용 파악에 도움이 되지요. 저도 가끔 글을 읽다가 막히는 경우가 있으면 그 부분만 중얼중얼 소리내어 읽곤 한답니다.

③의 경우라면 자신과 둘레에 관심과 애정을 갖는 일부터 가르치는 것이 좋겠습니다. 혹시 아이가 책을 읽고 나면 꼭 내용을 확인하려고 하는 일이 있지는 않았는지요? 만일 그렇다면 그 횟수를 줄이도록 하세요. 책을 읽는 목적이 내용 확인을 위해서가 아니잖아요? 우선 즐겁게 읽기만 해도 충분하지요.

느낌이나 생각이 책을 읽을 때마다 떠오르는 것은 아닙니다. 어떤 책은 읽어도 그저 무덤덤한 것이 있고, 어떤 책은 그야말로 가슴에 무언가 팍 꽂히는 느낌이 들게 합니다. 표현하지 못한다고 해서 느낌이나 생각이 없어지는 것은 아니지요. 그것은 그대로 아이의 마음 속에 남아 아이의 생각이나 생활 태도에 영향을 주게 되는 것입니다.

독후감을 억지로 쓰는 일은 권하고 싶지 않습니다. 다만 학생으로서 기본적인 능력이니만큼 갖추어야 하지 않나 하는 정도로만 생각하는 것이 좋겠습니다. 다른 일도 다 마찬가지겠지만 글이란 무엇보다도 쓰고 싶어서, 쓰고 싶은 마음이 우러나서 써야 할 것입니다. '써라'가 아니라 '쓰고 싶은 마음이 우러나게' 해 주면 좋겠는데, 이게 쉽지는 않지요. 마음을 조금 느긋하게 생각해 보세요.

학년별 추천 도서

1학년

〈가방 들어 주는 아이〉 고정욱/사계절

〈감자꽃〉 권태응/창비

〈강아지똥〉 권정생/길벗어린이

〈고릴라〉 앤서니 브라운/비룡소

〈까막눈 삼디기〉 원유순/웅진닷컴

〈내 이름은 나답게〉 김향이/사계절

〈너 그거 이리 내 놔!〉 티에리 르냉/비룡소

〈동화책을 먹은 바둑이〉 노경실/사계절

〈돼지책〉 앤서니 브라운/웅진닷컴

〈마법의 설탕 두 조각〉 미하엘 엔데/소년한길

〈수학은 너무 어려워〉 베아트리스 루에/비룡소

〈엄마 없는 날〉 이원수/웅진닷컴

〈에밀은 사고뭉치〉 린드그렌/논장

〈장갑〉 에우게니 M.라쵸프/한림출판사

〈종이밥〉 김중미/낮은산

〈짜장 짬뽕 탕수육〉 김영주/재미마주

〈하느님의 눈물〉 권정생/산하

〈학교야 공차자〉 김용택/보림

〈학교에 간 사자〉 필리파 피어스/논장

〈햄스터가 도망쳤다!〉 이상권, 이단후/샘터

〈화요일의 두꺼비〉 레셀 에릭슨/사계절

2학년

〈나는 싸기 대장의 형님〉 조성자/시공주니어

〈내 동생〉 주동민/창비

〈내게는 소리를 듣지 못하는 여동생이 있습니다〉 피터슨/히말라야

〈당글 공주〉 임정자/우리교육

〈데굴데굴 공을 밀어 봐〉 곽영직/웅진닷컴

〈두꺼비 신랑〉 서정오/보리

〈똑딱똑딱〉 제임스 덴버/그린북

〈리디아의 정원〉 사라 스튜어트/시공주니어

〈미술관에 간 윌리〉 앤서니 브라운/웅진닷컴

〈삼신 할머니와 아이들〉 정하섭/창비

〈선인장 호텔〉 브렌다 가버슨/마루벌

〈설탕으로 만든 사람〉 아니카 에스테를/비룡소

〈아무도 내 이름을 안 불러 줘〉 한국글쓰기연구회/보리

〈아씨방 일곱 동무〉 이영경/비룡소

〈아홉 살은 괴로워〉 김정희/푸른나무

〈어두운 계단에서 도깨비가〉 임정자/창비

〈엄마야 누나야〉 겨레아동문학연구회/보리

〈작은 집 이야기〉 버지니아 리 버튼/시공주니어

〈장난꾸러기 코피트코〉 어린이도서연구회/우리교육

〈지구를 살려 줘〉 실비아 바이스만/시공주니어

〈할머니의 조각보〉 패트리샤 폴라코/미래 M&B

〈헬렌켈러〉 햇살과 나무꾼/어린이중앙

〈황소와 도깨비〉 이상/다림

3학년

〈개구리가 알을 낳았어〉 이성실/다섯수레

〈꽃들에게 희망을〉 트리나 포올러스/시공주니어

〈나비 때문에〉 이원수/우리교육

〈나쁜 어린이표〉 황선미/웅진닷컴

〈도망자 고대국〉 김영주/우리교육

〈만년 샤쓰〉 방정환/길벗어린이

〈미운 돌멩이〉 어린이도서연구회/오늘

〈밤안개〉 이원수/웅진닷컴

〈밤티 마을 큰돌이네 집〉 이금이/푸른책들

〈선생님, 우리 선생님〉 패트리샤 폴라코/시공주니어

〈소중한 우리 명절 이야기〉 강난숙/대교출판

〈시집 간 깜장돼지 순둥이〉 김병규/샘터

〈애니의 노래〉 미스카 마일즈/새터

〈우동 한 그릇〉 구리 료헤이/청조사

〈원숭이 꽃신〉 정휘창/여우오줌

〈입체주의: 천 개의 눈을 가진 화가들〉 린다 볼튼/보림

〈조커, 학교 가기 싫을 때 쓰는 카드〉 수지 모건스턴/문학과 지성사

〈콩, 너는 죽었다〉 김용택/실천문학사

〈학교에 간 개돌이〉 김옥/창비

〈행복한 청소부〉 모니카 페트/풀빛

4학년

〈갯벌 탐사 도감〉 김종문/예림당

〈거인들이 사는 나라〉 신형건/푸른책들

〈나는 무슨 씨앗일까?〉 박효남 외/샘터

〈나무를 심은 사람〉 장 지오노/두레아이들

〈난 뭐든지 할 수 있어〉 아스트리드 린드그렌/창비

〈난 이제부터 남자다〉 이규희/세상모든책

〈너랑 놀고 싶어〉 배봉기/산하

〈돌아온 진돗개 백구〉 송재찬/대교출판

〈로테와 루이제에리〉 히 캐스트너/시공주니어

〈루이 브라이〉 마거릿 데이비슨/다산기획

〈보고 배우는 문화 유산1-서울 편〉 강민숙 외/여명미디어

〈새끼개〉 박기범/낮은산

〈새처럼 날고 싶은 화가 장욱진〉 김형국/나무숲

〈수일이와 수일이〉 김우경/우리교육

〈아낌없이 주는 나무〉 쉘 실버스타인/시공주니어

〈아주 특별한 우리 형〉 고정욱/대교출판

〈오세암〉 정채봉/창비

〈옥수수 박사 김순권 이야기〉 조호상/우리교육

〈잔디숲 속의 이쁜이 1,2〉 이원수/웅진닷컴

〈하느님이 우리 옆집에 살고 있네요〉 권정생/산하

5학년

〈간송 선생님이 다시 찾은 우리 문화 유산 이야기〉 한상남/샘터

〈과학의 발견〉 찰스테일러/비룡소

〈괭이부리말 아이들〉 김중미/창비

〈까보 까보슈〉 다니엘 페나크/문학과지성사

〈꼬마 니콜라〉 르네고시네/문학동네

〈나도 민들레처럼〉 김녹촌/지식산업사

〈독도를 지키는 사람들〉 김정렬/사계절

〈머리가 뻥 뚫리는 수학〉 나까다노리오/웅진닷컴

〈못나도 울엄마〉 이주홍/창비

〈문제아〉 박기범/창비

〈반지 엄마〉 백승남/한겨레신문사

〈벙어리 엄마〉 박상규/창비

〈사라진 세 악동〉 송언/한겨레신문사

〈세계 명화와 함께 하는 그리스 로마 신화〉 박현철/푸른숲

〈안녕 할아버지〉 엘피도넬리/창비

〈엄마 신발 신고 뛰기〉 어린이문학협의회/우리교육

〈엄마는 파업중〉 김희숙/푸른책들

〈연싸움〉 린다 수 박/서울문화사

〈열두 살에 부자가 된 키라〉 보도새퍼/을파소

〈웃는 기와〉 이봉직/오늘의 문학사

〈풀코스 우주 여행〉 김지현, 김동훈/현암사

〈하늬와 함께 떠나는 갯벌 여행〉 백용해/창조문화

6학년

〈그 개가 온다〉 크리스티네 뇌스트링거/우리교육

〈까마귀 알퐁스〉 에르빈 모저/계림북스쿨

〈나의 라임오렌지나무〉 바스콘셀로스/동녘

〈내가 나인 것〉 야마나카 히사시/사계절

〈너를 부른다〉 이원수/창비

〈물에서 나온 새〉 정채봉/샘터

〈미나마타의 붉은 바다〉 하라다 마시즈미/우리교육

〈빌 아저씨의 과학 교실〉 빌 나이/비룡소

〈사금파리 한 조각 1, 2〉 린다 수 박/서울문화사

〈상계동 아이들〉 노경실/시공주니어

〈세계 미술사 박물관〉 클라우디오메를로/사계절

〈아무도 모르는 작은 나라〉 사토 사토루/논장

〈압록강은 흐른다(상, 하)〉 이미륵/다림

〈엄마의 역사 편지 1, 2〉 박은봉/웅진닷컴

〈오이대왕〉 크리스티네뇌스트링거/사계절

〈왜 나를 미워해〉 요시모토 유키오/보리

〈우리 몸 탐험〉 리처드 워커/다섯수레

〈운수 좋은 날〉 현진건/소담출판사

〈일하는 아이들〉 이오덕/보리

〈진달래가 된 소년〉 연변민간문학연구회/창비

〈클로디아의 비밀〉 코닉스버그/비룡소

〈태양을 훔친 화가 빈센트 반 고흐〉 염명순/아이세움

〈평화는 힘이 세다〉 로라 자페/푸른숲

참고한 책들

통합교육을 위한 삶쓰기 논술교육 김슬옹(2000), 인간과자연사
글쓰기의 문제해결전략 린다 플라워·원진숙, 황정현 옮김 (1998), 동문선
국어교육학 원론 박영목·한철우·윤희원(1996), 교학사
아동의 상상력과 창조 비고츠키·팽영일 옮김(2001), 창지사
발달의 이론 윌리엄 C. 크레인·서봉연 옮김(1992), 중앙적성출판사
삶을 가꾸는 글쓰기 교육 이오덕 (2004), 보리
신나는 글쓰기 이오덕(1993), 지식산업사
어린이 시 열두 마당 이오덕(1993), 지식산업사
우리 문장 쓰기 이오덕(1992), 한길사
글쓰기와 글쓰기 교육 이지호(2002), 서울대학교출판부
아동 발달의 이론 정옥연(2003), 학지사
논술비법 진형준(2003), 살림
창조적 삶을 위한 명상의 일기 언어 트리스틴 레이너·장호정 옮김(1991), 고려원
글쓰기교육의 이론과 실제 한국글쓰기연구회(1990), 온누리